# 사회 과정 중심 글쓰기
## : 작문교육 패러다임의 전환

# Teaching Composition as a Social Process

by Bruce McComiskey

# 사회 과정 중심 글쓰기
## : 작문교육 패러다임의 전환

브루스 맥코미스키 지음 · 김미란 옮김

도서출판 경진

# 감사의 말

여러 학생들과 교수자들, 친구들, 동료들이 이 연구 과제project에 큰 도움을 주었다. 물론 글쓰기는 사회적 과정이라서, 비판적으로 읽고 의견을 나누어준 사람들이 없었더라면 이 글을 결코 쓸 수 없었을 것이다. 먼저, 아직 초고 상태였을 때 이 책을 나누어 읽어준 동료들과 친구들인 신시아 리안Cynthia Ryan, 존 트림버John Trimbur, 토드 구드손Todd Goodson, 프랭크 파머Frank Farmer, 제프리 윌리엄스Jeffrey Williams, 트레이시 베이커Tracey Baker에게 감사의 말을 전하고 싶다. 또한 유타주립대학교 출판사의 편집자 마이클 스푸너Michael Spooner와 동 대학교 출판사의 익명의 비평가들이 보내준 격려와 유익한 논평에도 감사드린다.

20년이 넘도록 글을 쓰고 가르치는 일에 대한 나의 애정을 다양한 방식으로 북돋아 준 얀 뉴립Jan Neuleib, 에드워드 쉬아파Edward Schiappa, 재니스 로어Janice Lauer, 제임스 벌린James Berlin 그리고 아버지 토마스 맥코미스키Thomas McComiskey께도 깊이 감사드린다.

다른 어떤 연구 과제도 마찬가지이지만 수업을 듣고 내가 이 책에서 설명한 과제를 수행해준 학생들이 없었다면 이 연구 과제 역시 제대로 완성하지 못했을 것이다. 진심으로 학생들에게 고마움을 느낀다. 신중하게 구상된 교육 과정이라도 적극적으로 참여하는 헌신적인 학생들이 없다면 성공할 수가 없다.

이 책의 몇 장은 그 일부나 전체가 다른 학술지나 책에 실렸다. 『작문 포럼Composition Forum』, 『고급작문Journal of Advanced Composition: JAC』, 『수사학 비평Rhetoric Review』, 『전문대학 영어 교육Teaching English in the Two-Year College: TETYC』, 『대학 작문의 혁신Reforming College Composition』의 편집자들에게 감사드린다.

# 머리말

글쓰기 교수자로서의 내 경력은 일리노이주립대학교의 작문 프로그램에서 대학생 수업 조교로 있었던 1980년대에 시작되며, 그때부터 글쓰기를 정식으로 가르치게 되었다. 처음에는 버스를 타고 학교에서 집으로 돌아가는 길에 도널드 머레이Donald Murray와 피터 엘보Peter Elbow의 저서들을 읽으면서 개인성과 창조성에 대한 표현주의자들의 열정에 도취되었고 나중에는 대학원에서 그들의 열의에 매료되었다. 그러나 교실에서 수업할 때 학생들이 중요한 수사학적 문제를 해결하도록 돕는 구체적 전략이 부족해서 이따금씩 불편을 느꼈다. 이런 일이 있은 후에 곧, 그리고 부분적으로는 좀 더 다른 방법을 '추구'한 결과, 나는 카네기 멜론의 인지주의자들인 린다 플라워Linda Flower와 존 헤이즈John Hayes의 저서를 읽기 시작했고, 실은 글쓰기의 과정이라는 특정한 관점이 정립되어 있고 교육되고 있음을 알게 되었다. 하지만 그들의 인지적 과정 모델은 지나치게 입력과 출력, 중앙의 (극소) 처리과정을 갖춘 컴퓨터 모델처럼 보이기 시작했다. 그래서 나는 여전히 교실 수업에 불만을 느꼈던 것이다. 그런데 1980년대 후반에서 1990년대 초반에 퍼듀대학교에서 대학원 과정을 밟으면서 제임스 벌린을 만나게 된 것이다.

여러분은 "그리고 내가 적용한 방법의 오류를 발견했다"는 식으로 이야기가 계속되리라고 생각할지도 모르겠다. 하지만 그런 식으로 이어지지는 않으며, 아니면 적어도 그렇게 간단하게 이루어지지는 않는다. 벌린은 내 진로career에 막대한 영향을 끼쳤다. 나는 대학원 수업에서 우리가 작문에 적용한 사회 이론을 통해 새로운 에너지를 발견했지만, 글쓰기 과정을 가르치면서 느끼곤 했던 실용주의의 힘은 여전히 간과했다. 그때 우리는 작문과 관련된 정교한 사회 이론들을 다룬 수많은 논문들을 읽었다. 그중 지금도 연구하고 있는 다수의 다른 논문들은 내가 '글 읽고 저자 따라 쓰기read-this-essay-and-do-what-the-author-did'[1](강조는 저자)라고 부르는 글쓰기 교수법을 활용한 것이다. 학생이 롤랑 바르트Roland Barthes의 에세이 「장난감Toys」을 읽고 자신이 선택한 장난감에 대한 에세이를 그와 유사하게 쓰거나 존 피스크John Fiske의 텔레비전에 대한 에세이를 읽고 쇼를 한 편 선택해서 비평하는 것이 그 예이다.

비록 나는 분명히 글쓰기 교육을 위한 사회적 접근을 강력하게 지지하지만, 결과 중심의 교육적 실천에 무익하게 되돌아가기 때문에 문화 이론에서 내용을 끌어오는 작문 수업에는 반대한다. '사회적 내용social-content'에 초점을 맞추는 작문 과정은 제재題材인 문화 정치학에 숙달하도록 이를 최전면에 내세우며, 학생들은 배운 것을 증명하기 위해 글을 쓴다. 이러한 수업에서는 사회 제도와 문화적 산물에 대해 학생들이 스스로 비판할 수 있는

1) (옮긴이 주) 이후에는 저자 강조일 경우 일일이 밝히지 않는다.

기회도 얻기 전에, 아직 연구 중에 있는 제도와 산물의 윤리적 성격을 교수자와 그가 지정해준 텍스트가 미리 판단해준다. 그리고 선 결정된 윤리적 판단이 이 수업의 내용이기 때문에 학생들은 글쓰기를 인식의 과정으로 바라보지 못하게 되는 것이다.

그런데 1987년에 이미 카렌 버크 르페브르Karen Burke LeFevre가 창안invention[2]을 사회적 행위로 보아야 한다고 주장했다. 르페브르는, 표현주의 교육학과 인지주의 교육학을 결합시키는 전략은 공정하게 말한다면 그들만이[3] 다룰 수 있는 고유한 영역이 아니라고 주장하였던 것이다. 그래서 나는 1990년대 초부터 점차적으로 '사회 과정social-process' 글쓰기 교육의 실체를 조사하기 시작했다.

내가 '사회적 내용' 중심의 작문 수업이 빠뜨린 것이라고 믿는 것은 바르트와 피스크 같은 많은 비판 이론가들이 여러 해 동안 자신들의 주제에 접근하면서 복잡한 발견법heuristics[4]을 발

2) (옮긴이 주) 일반적으로 invention은 창안으로 번역되므로 본고에서도 그와 같은 번역 관례를 따랐다. 하지만 옮긴이 주 3)의 설명에서도 드러나듯이 글쓰기에 대한 관점에 따라 창안의 내용을 구성하는 방식은 매우 다르다.
참고로, invention heuristics은 창안을 위한 발견 학습으로, invention notes는 창안 기록지(맥락에 따라서 창안 기록으로 옮기기도 함)로, exploratory invention notes는 창안을 위한 탐구 기록지로, heuristic invention은 발견 학습을 통한 창안으로 번역하였다.

3) (옮긴이 주) 여기서 '그들'은 고전 수사학을 받아들인 인지주의자들을 가리킨다. 즉 카렌 버크 르페브르는 창안의 내포를 둘러싸고 '그들'과 담론 투쟁을 벌임으로써 이를 고전 수사학의 협소한 틀에서 해방시켜 사회적 과정으로 재정립하고자 하는 것이다.

4) (옮긴이 주) heuristics가 일반 저자가 활용하는 글쓰기 방법을 지칭할 때는 발견법으로, 교수자와 학생들을 위한 글쓰기 방법을 가리킬 때는 발견 학습으로 번역하였다. 둘 다를 동시에 지칭할 때에는 발견법/발견 학습이라 표현하였다.
참고로, heuristics inquiry notes는 발견 학습을 위한 탐구 기록지로, heuristics

전시켰다는 사실이다. 이를테면 『신화학Mythologies』에 실린 마지막 글은 실은 바르트가 널리 알려진 자신의 책을 출판하기 위해 착수했던 발견적 과정을 감추고 있다. 다시 말해 바르트는 글쓰기 과정에서 연구에 때로 활용할 수 있는 일련의 복잡한 토포이topoi5)를 발전시켰는데, 이 토포이는 장난감에 대한 그의 에세이를 읽는다고 쉽사리 추론될 수 있는 것이 아니다(책 전체를 다 읽는다고 해서 가능해지는 것도 아니다). 이 문제는 '신화화된' 과정이 되어 버려 '사회적 내용' 중심의 작문 수업에서 학생들에게 해결 불가능한 과제를 떠안긴다. 학생들은 바르트의 에세이처럼 쓰도록 방치되지만, 바르트가 끌어낼 수 있었던 일종의 발견적 과정 없이 글을 쓰는 것은 불가능한 일이다.

내가 설명하고 있는 발견법에 대한 더 구체적인 예를 제시해 보겠다. 칼 맑스Karl Marx의 「정치경제학비판 서문」이 출간된 이래 수많은 좌파들과 맑스주의 사회 이론가들은 맑스가 상세히 설명한 생산·분배6)·교환·소비의 순환을 문화 비판의 지침으로 활용해 왔다. 그리고 순환의 각 '계기'를 통해 비평가들은 자기 자신 및 분석 대상에 대해 질문했다. 이것은 사회적으로 오염되지 않은 개인들의 창조적인 언어적 잠재력을 풀어놓기 위한 질문이나 정신의 인지 능력을 제어하기 위한 질문이 아니라, 생산적

---

inquiry는 발견적 탐구로 번역하였다.

5) (옮긴이 주) 그리스어로 '장소(place, space)'를 뜻하며, 일반적으로 머릿속에 있는 생각들의 방 즉 장소를 토포이라고 부른다.

6) (옮긴이 주) 맥코미스키가 후기 근대적 관점에서 맑스의 분배 개념을 사용할 때는 특별한 경우가 아니면 저자가 염두에 두고 있는 구성적 특성을 살리기 위해 '배치'로 번역한다.

인 비판적 글쓰기로 이어지는 주제와 전략에 대해 논하기 위한 질문이었다.

사회 과정 작문 교육학은 비판적 글쓰기를, 우리의 주체성을 구성하는 문화적 영향력을 수사학적으로 탐구하고 그에 정치적으로 개입하는 행위로 간주한다. 작문 과정이 이러한 교육학에 초점을 맞추고 있기는 해도, 작문이란 항상 자율적인 개인들이나 구조화된 정신보다는 차라리 특수한 사회 정치적 맥락 안에 놓여 있는 것이다. 글쓰기 과정을 맥락화하려는 최근의 시도는 작문 행위에 영향을 미치는 사회 서사social narratives와 이데올로기 같은 문화 권력에 집중한다. 예컨대 제임스 벌린은 「글쓰기 수업에서의 수사학과 이데올로기Rhetoric and Ideology in the Writing Class」에서 역사적으로 특수한 경제적·사회적·정치적 맥락 안에 필연적으로 얽혀 있는 물질적 조건, 사회적 이데올로기, 개인적 해석 간의 변증법적 상호작용으로 글쓰기 과정을 설명한다(488~493). 사회 과정 작문 수업에서 제공하는 텍스트는 학생들이 사회 제도와 문화적 산물—이러한 텍스트는 학습할 내용이 아니라 협상의 대상이다—에 대한 비판적 관점을 정립하지 못하도록 가로막는 여러 이데올로기적 관점들을 재현한다. 그러나 내가 지적한 것처럼 제공된 읽기 자료들은 저자와 교수자가 이용할 수 있는 유일한 사회 과정 발견법/발견 학습도, 최상의 사회 과정 발견법/발견 학습도 아니다. 사회 이론은 사회 제도와 문화적 산물에 대해 체계적으로 질문할 수 있는 풍부한 비판적 방법론을 제공하며, 이러한 방법론은 다양한 경제적·문화적·정치적·사회적 맥락에서 글쓰기 과정의 방향을 안내하는 수사학적 발견 학습으로 쉽게 전환된다.

『사회 과정 중심 글쓰기: 작문교육 패러다임의 전환』은 이 머리말에서 내가 간략하게 제시한 몇 가지 관심사에 대한 응답이자, 이 책에서 두루 제기될 더 많은 관심사에 대한 응답이기도 하다. 1장은 작문 연구의 지도를 다시 그리려고 조심스럽게 도전하면서, '사회 과정' 교육학을 텍스트적·수사학적·담론적 관심사라는 더 넓은 지도scheme 안에 들여놓는다. 2장에서는 내가 문화적 생산, 맥락적 배치, 비판적 소비의 순환에 기초한 문화 연구의 방법론을 결집한 '사회 과정 수사학 탐구social-process rhetoric inquiry'라고 부르는 쪽으로 초점이 더 분명하게 이동하며, 3장에서는 작문 연구에서의 '후기 과정post-process' 운동 안에 이 사회 과정 교육학의 위치를 지정한다. 4장에서는 후기 근대적 주체성의 본질을 다루고[7] 랩 음악과 노동의 맥락에서 그것이 '후기 과정' 글쓰기에 미친 영향을 탐구하면서 3장의 초점을 확장한다.

『사회 과정 중심 글쓰기: 작문교육 패러다임의 전환』의 마지막 두 장은 중심 주제인 '학교 교육'을 통해 사회 과정/후기 과정 작문 연구에 대해 검토한다. 5장에서 나는 대학 안내 책자에 대한 비판과 새로운 안내 책자 만들기에 초점을 맞춘 글쓰기 과제를 위한 틀 구조로써 (언어학, 수사학, 담론 연구의 복잡한 이론적·방법론적 통합인) 비판적 담론 분석에 집중하며, 6장에서는 후기 근

7) (옮긴이 주) 국내에서는 통상 탈근대주의로 번역되는 postmodernism을 여기서는 후기 근대주의로 번역하였다. 이 책에서 맥코미스키가 '후기'는 단절이 아닌 '확장'임을 강조하면서 논의를 펼치고 있기 때문이다. 이에 따라 탈근대나 탈근대적 주체성도 후기 근대, 후기 근대적 주체성으로 번역하였다. 단, 저자가 생각하는 후기 근대적 의미를 내포하지 않는 경우에만 postmodernism을 탈근대주의로 옮겨 적었다.

대적 문화가 학생들의 '학문적' 정체성에 미친 영향을 조사한다.

이 책의 각 장은 내가 작문 이론과 중요한 관련이 있다고 믿고 있는 사회 이론의 여러 측면들을 설명하며, 대개의 장 또한 크게는 이 사회 이론에 기대고 있는 수사학적 탐구를 위한 발견 학습을 소개하고 설명한다. 이 발견 학습은 학생들을 구속하기 위한 것이 아니라 탐구와 교육적 실천으로 이끌기 위한 것이다. 다시 말해 문법소 계통망 같은 고도로 조직화된 발견법과는 달리 여기서 설명하는 발견 학습은 협상을 위해 의도된 것이다. 학생들은 가장 적합한 방법으로 발견 학습을 이용해야 하며, 교수자들은 발견 학습이 교육적 목적에 이바지하는 측면들을 제시해야 한다.

이 책에서 논하는 대부분의 사회 이론은 (폭넓고 다양한) 후기 근대적 입장을 채택한다. 그리고 후기 근대적 관점에서의 발견적 탐구heuristics inquiry는 자율적인 개인이라는 창조적 요구나 구조화된 정신이라는 인지적 요구에 봉사하지 않는다. 대신 후기 근대적인 발견적 탐구는 사회적 맥락에서 수사학적 탐구를 할 수 있는 기회를 제공한다. 가장 중요한 것은 이 맥락이 변함에 따라 비판적 글쓰기를 통해 우리와 우리 학생들을 안내하는 발견 학습 역시 바뀌어야 한다는 점이다.

# 옮긴이의 말

한국의 대학 글쓰기 교육은 지난 십여 년간 글쓰기에 대한 이론적 기반을 다지고 실제적 경험을 축적하면서 질적 성장을 꾀하는 단계에 이르렀다. 이것은 1990년대 이후 글쓰기 연구자들이 인지구성주의와 사회구성주의에 기초한 과정 중심 작문 이론을 본격적으로 도입하면서 글쓰기 교육의 새 장을 연 데서 기인한 바 크다. 주지하다시피, 기왕의 결과 중심주의적 학습 방법에서 탈피한 이 작문 이론은 글쓰기 과정에 대한 일관성 있고 체계적인 학습 전략을 제공하면서 대학 글쓰기 교육의 질적 전환을 이끌었다.

최근에는 인지와 사회를 상호 보완의 입장에서 바라보는 것이 교육 현상을 좀 더 잘 설명할 수 있다는 점에서 두 가지 관점을 통합한 인지–사회 작문 이론이 글쓰기 연구자들에게 큰 설득력을 얻고 있다. 그래서 대학의 글쓰기 연구자들은 인지–사회 통합적 관점에 입각해 있는 작문 이론을 수용하면서 대학 글쓰기의 고유한 목표와 방향을 모색하고 있는 상황이다. 대체적으로 볼 때 이 연구자들은 글쓰기의 의미 구성 주체가 개인이 아닌 담론 공동체라는 관점에 기초해 '문제 해결 과정으로서의 글쓰기 목표'를 제시하고 있다.

하지만 연구자들 중에는 글쓰기 이론과 방법론을 더욱 정교하게 다듬기를 희망하면서 더 진전된 논의를 찾고 있는 사람들도 존재한다. 이들이 새로운 방법론을 추구하는 이유는 다양하겠지만, 무엇보다도 인지－사회 통합적 관점에 기초한 과정 중심 이론에서 대학 글쓰기의 방법을 찾는 것은 한계가 있다고 느끼기 때문이다. 말하자면 이 관점은 대학생들의 논리력, 창의력, 비판력을 키우는 데 기여할 수 있는 이론을 자체 내에 만족할 만큼 갖추고 있지 못하다고 판단하고 있는 것이다. 인지－사회 통합적 관점에 입각한 과정 중심 작문 이론은 글쓰기의 사회적 성격을 강조하기 위해 담론 공동체만을 부각시키는 경향이 강하며, 그렇게 되면 글쓰기 수업은 학술적 담론 공동체에 진입하도록 '봉사'하는 교육에 머무를 위험이 크다. 또한 장르 선택과 각 장르의 미시 장르 및 주제 선정, 주제에 맞는 문제 설정, 문제 해결 전략을 선택할 때에도 실제로는 글쓰기의 사회적 성격이 크게 고려되지 않는다는 점이 한계로 드러나는 것이다. 그럼에도 불구하고 인지－사회 통합적 관점에 기초한 과정 중심 이론은 여전히 대학의 글쓰기 교육에서 중심을 차지하고 있다.

한 연구자의 지적에 따라 이러한 상황을 설명하자면, 미국의 글쓰기 연구는 비판적 접근법, 표현주의 접근법, 수사학적 접근법 같은 다양한 접근법이 공존하고 있지만, 한국의 연구에서는 비판적 접근법, 표현주의 접근법을 찾아보기 어렵다. 그리고 이는 과정 중심 작문 교육 연구에 초점을 맞춘 수사학적 접근법이 지나치게 조명되고 비대해진 상황과 관련이 있는 것이다. 물론 비판적 읽기는 부분적으로 이루어지고 있지만, 텍스트의 논리를 가능하게 하는 맥락 자체를 비판하거나 대항적 맥락에 입각해서 텍스트를 비판하는 것까지 허용되어 있지는 않다.

이 책을 번역하게 된 나 역시도 같은 문제점을 느끼고 있으며, 한계를 극복하기 위해서는 새로운 방법론이 필요하다고 생각하고 있다. 그리고 현재는 문화 연구와 비판적 담론 분석이 한국의 대학 글쓰기에 어떻게 기여할 수 있는가를 모색 중이다. 맥코미스키는 이 과정에서 만난 연구자이다. 그는 '사고 자체에 대해 사고할 수 있는 방식'을 가르칠 수 있는 글쓰기 교육 모델을 구상하는 데 기여한 미국의 글쓰기 연구자이다.

맥코미스키의 『사회 과정 중심 글쓰기: 작문교육 패러다임의 전환』을 번역해서 국내에 소개하고 싶다는 생각이 간절했던 이유는 이 책이 과정 중심 작문 이론과 방법론의 한계(혹은 수업의 한계)를 이론적·실제적으로 극복할 수 있는 방안을 자세하게 제시하고 있기 때문이다. 따라서 이 책은 국내의 글쓰기 연구자들과 글쓰기 전공 대학원생들, 나아가 글쓰기 수업을 담당하는 교수자들에까지 두루 도움이 될 것이라고 생각한다.

그렇다고 해서 맥코미스키가 인지주의에 기초한 과정 개념을 전적으로 거부하거나 폐기하려 하는 것은 아니다. 다만 그는 기왕의 과정 개념이 협소하기 때문에 확장이 필요하다고 본다. 이 책에서 저자가 자세히 설명하고 있지만 그는 과정 개념의 확장을 작문연구에서의 후기 과정 운동The Post-Process Movement in Composition Studies이라 칭한다. 여기서의 '후기'는 기존의 연구 성과에 대한 거부나 단절이 아닌 '확장'을 의미하는 것이다. 그가 이 책에서 후기는 확장을 뜻한다고 표 나게 강조하는 것은 후기 과정을 주장하는 켄트와 도브린이 기왕의 과정 운동을 강경한 태도로 비판하고 있기 때문이다. 맥코미스키의 견해에 따르자면 이들의 운동은 후기 과정이 아닌 탈과정 운동에 해당한다.

후기 과정 운동을 주창하는 맥코미스키는 텍스트의 맥락을 실제 사회로 확장한다. 그에 의하면 우리가 처한 현실은 경계와 영역의 '해체'가 특징인 후기 근대적 상황에 다름 아니며, 이는 글쓰기 영역에서도 근대적인 영역주의의 고수가 아닌 다양한 분과 학문의 소통과 접맥을 요청한다. 이에 따라 그는 문화 연구와 비판적 담론 분석의 장점을 적극적으로 수용한다. 하지만 맥코미스키는 그 동안 문화 연구와 비판적 담론 분석이 글쓰기에 접맥되었을 때 언어보다는 내용을 중시한 경향이 있었다고 비판하는 것을 잊지 않는다. 그들은 읽기와 쓰기에 의해 사회화가 완수되는 과정보다는 사회화라는 개념 자체에 더 주목하였던 것이다.

그에 따르면 작문 연구는 텍스트적이고, 수사학적이며, 담론적인 작문의 세 수준을 표현할 수 있어야 한다. 텍스트적이든, 수사적이든, 담론적이든 어느 하나의 수준에만 과도하게 관심을 기울이면 글쓰기에 대한 제한적이고 불균형적이며 부정확한 관점을 학생들에게 제공하게 되기 때문이다.

그가 이 세 수준의 상호 관련성을 유지하고 각 수준의 균형을 맞추면서 글쓰기를 교육하기 위해 택하는 방법은, 발견 학습에 기초한 '사회 과정 수사학 탐구'이다. 이 방법은 문화적 생산, 맥락적 배치, 비판적 소비의 순환 과정을 밟으면서 글을 쓰도록 학생들을 이끄는 것이 특징이다. 그에 의하면 작문 연구는 담론을 생산하는 인지적·사회적 과정을 광범위하게 탐구해 왔지만, 배치와 소비의 과정(그리고 생산, 배치, 소비의 전체적 순환 과정)은 대부분 무시하였다. 이러한 수사적 과정의 통합이 사회 과정 수사학 탐구의 목표이다.

맥코미스키가 제안하는 사회 과정 수사학 탐구는 한국의 글쓰기 연구자와 교수자들이 대학 글쓰기의 방법론을 확장하는 데 중요한 시사점을 제공한다. 무엇보다 이 탐구법은 지금까지의 글쓰기 이론의 성과를 수렴하는 동시에 한계를 극복하고 있다. 지금은 린다 플라워 같은 인지주의 작문이론가들이 사회구성주의 작문이론가들의 견해를 받아들여 '사회-인지적 접근'을 중시하게 되면서 글쓰기 교육에 대한 인지적 접근과 사회적 접근의 날카로운 대립이 해소되기는 하였으나, 담론의 전체적 순환 과정은 인지와 사회를 통합하고자 하는 최근 북미의 작문 이론가들조차 여전히 간과하고 있기 때문이다. 한국의 글쓰기 교육에서도 사정은 다르지 않다.

또 하나 중요한 점은 문화 연구와 비판적 담론 연구의 강점을 수용한 그의 방법론이 한국의 대학 글쓰기 교재에서 생략되어 있거나 간과되어 있는 맥락 중심의 학습 과정을 매우 구체적으로 보여준다는 것이다. 이는 한국의 대학 글쓰기 수업에 필요한 주제뿐만 아니라 방법론을 모색하는 데 많은 시사점을 제공해 준다고 생각한다. 그런 점에서 맥코미스키의 『사회 과정 중심 글쓰기: 작문교육 패러다임의 전환』이 대학 글쓰기 교육을 이론적·실제적으로 더욱 발전시키기 위해 전념하고 있는 연구자들에게 실질적인 도움이 되기를 바란다.

마지막으로 국내의 현실에 비추어 번역서를 출판하는 것이 결코 쉬운 일은 아님에도 불구하고 기꺼이 책을 내기로 결정해 주시고 번역을 마칠 때까지 오랜 기간 기다려주신 도서출판 경진의 양정섭 대표님께 깊이 감사드린다. 또한 모든 어려움을 감내하면서 이 책이 나올 수 있도록 애써주신 편집 관계자 여러분께도 고마운 마음을 전한다.

2012년 5월

옮긴이 김미란 씀

# 차 례

## 일러두기

- 이 책은 다음 책을 완역한 것이다.
  Bruce McComiskey, *Teaching Composition as a Social Process*, Logan, Utah: Utah State University Press, 2000.
- 원주와 옮긴이 주 모두 본문 하단에 1 2 …로 표시하여 각주로 처리하였다. 주를 구분하기 위해 옮긴이 주 앞에는 (옮긴이 주)라고 명시했다.
- 인명이나 핵심어 같이 원어 병기가 필요한 단어들은 처음 한 번만 원어를 병기하였다.
- 저자가 보충설명을 위해 사용한 ( ), – –, [ ]는 그대로 남겨두었다.
- 저자가 이탤릭체나 대문자로 강조한 것은 고딕체로 표시했다.
- 저자 강조는 ' '로, 저자 인용은 " "로 표시하였다.

# 1장 작문의 세 가지 수준

TEACHING COMPOSITION AS A SOCIAL PROCESS

# 1장 작문의 세 가지 수준

수사학과 작문을 연구하는 몇몇 학자들은 오랜 시간 동안 작문 연구의 '지도를 그리고', 다루는 범위의 폭을 파헤치고, 종사자들을 각 진영으로 나누는 경계를 정의하기 위해 여러 틀을 제안해 왔다. 리차드 펄커슨Richard Fulkerson의 작문에 대한 (모방적·표현적·형식주의적·수사학적) 네 가지 철학과 제임스 벌린의 (신전통주의적current-traditional·표현주의적·인지주의적·인식론적) 주요 교육학 이론들은 작문 연구를 학문적으로 구조화함으로써 토대와 스키마scheme,1) 유명론적 스크린terministic screens2)으로서 기여했으며, 지금도 기여하고 있다. 그러나 내가 점점 더 도움이 되지 않는다고 깨달은 이 작문 지도들maps의 한 가지 특징은, 주로 최근 몇 년 동안 글쓰기 교수자들을 분산시키키고 불균등한 범주들로 분할하

1) (옮긴이 주) 정신적인 모형이나 구조 틀로서, 인간은 이것으로 새로운 경험을 해석하고 이해한다. 아동의 인지 구조와 인지 발달 과정을 파악하기 위해 피아제가 폭넓게 사용한 바 있다(데이비드 스탯, 정태연 옮김, 『심리학 용어 사전』, 1999, 끌리오, 95쪽).

2) (옮긴이 주) 유명론적 스크린은 개념을 통제하고 권력 관계를 구조화하는 측면을 가리키는 용어이다. 그에 대해서는 이 책의 4장에서 좀 더 자세하게 다루고 있다.

려고 시도하고 있다는 점이다. 펄커슨은 네 가지 철학이 모두 가치가 있다고 말할지라도 분명히 수사학적 접근을 선호하며, —애매한 대답을 싫어하는—벌린은 자신이 인식론적 수사학을 편애한다고 솔직하게 털어놓는다.

1994년에서 1998년까지 수사학과 작문 조교수로 있었던 동캘리포니아대학교에서 나는 (주로 문학 연구로 훈련된) 수업 조교들에게 글쓰기 교육에 포함되는 주요 개념들과 방법론을 소개하기 위해 기획된 대학원 수준의 세미나 '작문 교육: 이론과 실천'의 일부를 맡아 가르쳤다. 나는 항상 학생들에게 대략적인 참고 사항과 우리가 세미나 내내 검토할 소논문 및 교재를 배치할 수 있는 범주를 제공하기 위해, 펄커슨의 철학과 벌린의 이론에 대해 토론하면서 이 강좌를 시작했다. 그런데 내가 알게 된 것은 학생들이 펄커슨과 벌린에 반발한다는 점이었다. 그들은 '의탁하기'를 원치 않았고 '마구 뒤지며 찾기'를 원했다. 학생들은 찾은 것을 하이픈으로 연결시키고 싶어 했다. "나는 수사학적-표현주의자"이거나 "나는 인식론적-형식주의자이다".

처음에는 좀 우려스러웠고 불안하기도 했지만, 그때 나는 작문 연구에 대한 자신의 스키마를 평가하는 벌린의 신중한 태도를 기억해냈다. 벌린은 『수사학과 실재Rhetoric and Reality』의 「후기」에서 다음과 같이 실토했던 것이다.

> 1975년에 이르기까지 수사학과 글쓰기에 대한 논쟁에서 내가 사용했던 분류법은 이후 사실에 근거해 입증되지 못한다. 가장 중요한 이유는, 대체로 사회적으로 정의된 담론 공동체에서 지식을 발견하고 생성

하는 방법인 수사학과 관련하여, 인식론 쪽으로 이동하는 주체적·교류적transactional 범주들 안에 특정한 수사학적 경향이 존재해 왔기 때문이다. (183)

그래서 나는 펄커슨과 벌린의 작문 연구 지도가 지금까지의 (말하자면 그들의 지도는 역사적 정당성이 있다는) 원칙을 대표했지만, 그 지도들이 현재나 미래의 원칙을 대표하지는 않는다고 믿는다. 예를 들어 린다 플라워의 『의미 협상의 구조The Construction of Negotiated Meaning』와 쉐리 그라딘Sherrie Gradin의 『수사학과 연애하다Romancing Rhetorics』 같은 최근의 중요한 몇 가지 연구들은 20년 전에는 모순어법으로 간주되었을 법한 복합 명사들을 만들어낸다. 플라워는 자신의 연구를 '사회 인지적social cognitive' 글쓰기 이론이라 부르며, 그라딘은 자신의 작업을 '사회 표현주의social expressivist'라 칭한다. 분할과 범주화가 아니라 통합과 협상이 작문 연구의 미래를 정의하고 있다.

이 장에서 나는 글쓰기 교수자인 우리를 갈라놓는 경계에 초점을 맞추는 대신 우리의 공통성을 조명하는 작문 연구의 새 지도를 제안한다. 작문 연구의 새 지도는 텍스트적이고, 수사학적이며, 담론적인 작문의 세 수준을 표현한다. 작문의 텍스트적 수준에서 우리는 글쓰기의 언어적 특징에 주의를 기울인다. 작문의 수사학적 수준에서 우리는 의사소통 상황이라는 (독자·목적 등의) 생성적이면서 한정적인 요건에 초점을 맞춘다. 작문의 담론적 수준에서 우리는 저자로서의 정체성을 조건 짓는 제도적 (경제적·정치적·사회적·문화적) 권력force에 주목한다. 작문의 이 세

갈래 지도는 의식적이든 그렇지 않든 우리 모두가 학생들을 세 가지 수준에서 교육하기 때문에 글쓰기 교수자로서의 우리의 공통성을 규명한다.

오랫동안 글쓰기 교수자들이 텍스트적·수사학적 수준에 교육적 에너지를 지나치게 쏟은 반면, 작문의 담론적 수준은 최근 몇 년 동안에 상당한 주목을 받았다. 담론적 수준에서의 글쓰기에 대한 관심은 맥신 헤어스톤Maxine Hairston의 「다양성, 이데올로기, 글쓰기 교육Diversity, Ideology and Teaching Writing」이 대표적 사례가 되는 몇 가지 반대에 부딪혔다. 그런데 헤어스톤의 작문 교육학이 비록 '개인주의적인' 이데올로기 전략에 경사되어 있고, 가장 위험한 것은 이 전략을 고찰하지 않은 채로 내버려두는 것이라 해도 그녀에게 응답한 많은 사람들에게서 우리가 배우는 것이 있다.[3)]

나는 작문의 세 가지 수준에 대한 균형 잡힌 접근이 학생들로 하여금 글쓰기 과정에 대해 가장 충분하고 효과적으로 이해하도록 이끈다고 주장한다. 이러한 목적을 위해 나는 우리가 작문 교실에서 세 가지 수준을 모두 구현할 필요가 있다고 믿는다. 그것은 돌아가면서 상호 평가를 하도록 학생들을 이끄는 것뿐만 아니라 작문의 세 수준에 모두 주의를 기울여서 수업 내용을 편성하는 교수자의 논평까지 포함한다.

3) 예를 들어 헤어스톤의 논문에 대한 반응은 CCC 1993년 5월호 '반론'란(248~257쪽)에 실린 존 트림버, 로버트 우드(Robert Wood), 론 스트릭클랜드(Ron Strickland), 윌리엄 셀린(William Thelin), 윌리엄 루스터(William Rooster), 토니 메스터(Toni Mester)의 글을 보라.

나는 독자 개념을 구체적으로 언급하면서 작문의 텍스트적·수사학적·담론적 수준을 설명하는 방식으로 이 장을 시작할 것이다. 여기에서 출발하는 것은 본성을 바꾸어 작문의 이론과 실천에 대한 새로운 관점을 강제하는 독자의 변이성 때문이다. (독자 이론 전체를 기술하는 것이 나의 목표는 아니다. 대신 나는 '독자'가 경험한 변모의 사례로 지난 수십 년 동안 가장 잘 알려진 몇 가지만을 언급한다.) 다음으로 나는 문헌들 특히 학생들의 보고서에 나타난 '독자 인식'을 텍스트적·수사학적·담론적 수준에서 분석하기 위해 발견 학습에 대해 논하고, 한 학생이 기숙사 화장실의 상태에 대해 쓴 편지에 이 발견 학습을 적용한다. 마지막으로 나는 작문의 세 수준에 모두 주의를 기울이는 통합적인 글쓰기 교수법이 필요하다고 제안한다.

## 독자와 작문의 세 수준

작문의 텍스트적 수준에서 독자는 '허구'나 '환기되는 독자audience invoked'로 나타난다. 이를테면 「작가의 독자는 언제나 허구다The Writer's Audience Is Always a Fiction」에서 월터 옹Walter Ong은 구술의 시대에 독자의 수사학적 개념은 경청자들의 직접적 현존에 지배되었다고 주장한다. 그로 인해 구술자들orators은 독자란 발화와 무관한 존재라고 생각했던 것이다. 그러나 새로운 의사소통 기술이 출현하고 근대 문화에서 텍스트를 읽고 쓰는 능력이 중요해짐으로써 실제 독자는 시야에서 사라지게 되며 우리는 읽고 쓰는 텍스트의 언어적 특성에서 그들을 되찾게 된다. 옹은 "작가가 글쓰기에 성공한다면, 일반적으로 그것은 독자를 상상해서 허구화할 수 있었기 때문이다. 이것은 일상생활에서가 아니라, 독자를 상상해서 윤색해 내었던 이전의 작가들에게서 배워 알게 된 것이다. 이전의 작가들도 문자로 쓴 서사written narrative가 처음 등장했던 때로 되돌아가서 그때의 작가들이 독자를 허구화한 방법을 습득했다"(11)고 설명한다. 그래서 개별적인 독자들이 글 텍스트written texts를 채택하는 기술은 말로 하는 대화가 아닌 텍스트에 매개된 독자와 저자의 대화를 통해 습득되는 것이다. 옹은 계속하기를, 이렇게 모든 작가들은 "독자에게 꾸며낸 역할을 배정하고 할당된 배역을 연기하도록 요청하면서 그들을 허구화한다"(17). 작가들은 독자를 안내하는 언어적 단서들을 통해 '꾸며낸 역할'을 텍스트에 삽입한다. 예를 들어 옹은『무기여 잘 있거라』에서 어니스트 헤밍웨이가 "특수한 종류의 한정어인 정관사"와 "지시대명사 'that'"의 특별한 사용을 통해 독자를 허구화하고, 그들을 '친숙한' 역할이나 '너-와-나'의 역할로 인도한다고 주장한다(13).

옹이 독자는 단지 구술적인 의사소통 방식에서만 '존재하며' 문자화된 의사소통 방식에서는 '허구화된다'고 믿는 반면, 더글러스 파크Duglas Park, 러셀 롱Russell Long, 리사 에드Lisa Ede, 안드레아 런스포드Andrea Lunsford는 독자가 텍스트 자체의 질로서, 그리고 텍스트의 생산을 조건 짓는 수사학적 제약의 복잡한 그물망으로서 글쓰기 과정에 영향을 미친다고 주장한다. 파크가 말하듯이 "그래서 '독자'의 의미는 두 가지 일반적인 방향으로 나뉘는 경향이 있다. 하나는 작가가 타협해야 하는 독자인 텍스트 바깥의 실제 사람들을 향한다. 다른 하나는 실제 독자나 청자의 자질과 일치할 수도 있고 그렇지 않을 수도 있는, 요청되거나 환기되는addressed or evoked 일련의 태도, 관심사, 반응, 지식의 정도로 암시되는 독자와 텍스트 자체를 향한다"(249). 파크와 롱은 둘 다 후자인 텍스트적 독자—독자를 알아차리게 하는 "텍스트의 특징"(파크, 250), "작가가 독자에게 제공하는 신호"(롱, 225)—가 글쓰기 과정에서 교수자와 학생들이 고려해야 하는 가장 중요한 독자의 표지라는 데 의견이 일치한다.

독자는 작문의 수사학적 수준에서 '호출되는 독자audience addressed'로 등장한다. 에드와 런스포드는 "독자를 환기되는 자로 상상하는 사람들은 문자화된 담론의 독자가 작가의 구성물임을 강조한다"는 파크와 롱에 동의한다(에드와 런스포드, 160). 그러나 롱과 파크가 텍스트에 기반한 독자 개념이 작가가 주의해야 할 가장 중요한 것이라는 견해를 제시하는 반면, 에드와 런스포드는 독자에 대한 통합적·수사학적 접근을 강화하는 데 찬성한다. 호출되는 독자는 수사학적 상황에 '현존하는' 존재인 것이다. 에드와 런스포드에 따르면, "독자를 호출되는 자로 상상하는 사람들은 독자의 구체적인 실재성을 강조한다. 또한 그들은 독자의 태도, 신념, 기대에 대한 지식이 (관찰과 분석을 통해) 가능할 뿐만 아니라 본질적이라는 가정을 공유한다"(156). 하지만 에드와 런스포드는 "따라서 독자에 대한 가장 완전한 이해는 호출되는 독자라고 부르는 관점과 환기되는 독자라고 부르는 관점의 통합을 포함한다"고 주장한다. 에드와 런스포드는 '독자'라는 용어가 "실제적으로나 결과적으로 생겨나는, 담론이 의도하는 독자를 가리키는 것이 아니라 [환기되든 호출되든] 글을 쓰는 동안 작가에게 영향을 미치는 독자의 이미지, 생각 혹은 행위 등 모든 것을 가리킨다"(168)는 견해를 제시하는 것이다.

작문의 담론적 수준에서 우리는, 작가의 의식적 선택에서 작가의 사회적 구성 및 글쓰기가 이루어지는 제도적 맥락으로 이동한다. 『독자와 수사학Audience and Rhetoric』에서 제임스 포터James Porter는 학생들이 글을 효과적으로 쓰기 위해서는 담론적 수준에서의 글쓰기를 이해해야 한다고 주장하며(105~117), 그와 유사하게 제임스 벌린도 『수사학, 시학, 문화Rhetorics, Poetics and Cultures』에서 "그나 그녀가 역할을 수행하는 온전한 기호론적 [혹은 담론적] 맥락을 작가가 더 많이 이해하면 할수록, 진행 중인 논의에 텍스트가 효과적으로 개입할 가능성은 더욱 커질 것"(130)이라고 주장한다. 텍스트의 맥락 및 의사소통을 위한 공동체의 전반적인 '규칙'에 대한 철저한 이해가 없으면, 작가의 전언은 품위 있든 합리적이든 결코 진지하게 받아들여지지 않을 것이다.[4] 담론적 관점에서 문화와 글쓰기는 분리 불가능하다. 문화 없는 글쓰기란 존재하지 않으며 글쓰기 없는 문화 역시 존재하지 않는다. 리차드 하비 브라운Richard Harvey Brown은 "사회 구조는 언어의 구조로 이해될 수 있으며, 이러한 구조는 발화 행위를 통해 형

---

4) 린다 드리스킬(Linda Driskill)은 1986년의 챌린저호 폭발 사건이 오링(O-rings)의 장착에 잠재적인 문제가 있음을 알았던 티오콜사(Thiokol)의 공학자들이 나사(NASA)의 '모델 기반 논리(model-based logic)'(pp. 139~142)라는 맥락에서는 논리적으로 모순되는 의사소통 방식인 '유추'를 통해서 1월 28일로 예정되어 있던 발사의 연기를 요청하였기 때문에 발생했다고 지적한다. 다시 말해 티오콜사 공학자들은 자신의 경고를 정당화하는 데 필요한 담론적 지식이 부족했기 때문에 효과적인 의사소통에 실패하였으며, 그 결과는 비극적이었다. 극히 적은 담론적 실패조차 인명의 손실을 초래하므로, 나는 무수한 담론적 실패가 저자와 공동체 둘 다에 심각한 경제적·정치적·사회적 영향을 미칠 수 있다고 생각한다.

성된다"(227)고 하면서 사회적·담론적 상호작용을 강조한다. 게다가 문화 연구 역사가 그레엄 터너Graeme Turner에 따르면, 담론은 "개별 텍스트나 텍스트 더미에서 흔적을 발견할 수 있는 사회적으로 생산된 이념군(群)들과 사고방식들을 지시하지만, 그것은 또한 더 넓은 역사적·사회적 구조나 관계 안에 놓이기를 요구한다"(32~33).

작문 행위의 담론적 수준에서는 독자가 '공동체'와 '문화'로 나타난다. 독자에 대한 통합적·수사학적 접근을 시도한 에드와 런스포드는 공동 논문 「호출되는 독자/환기되는 독자」에서 (호출되면서 환기되는) 독자의 복잡한 관계에 대해 논하는 방식으로 독자에 대한 자신들의 통합적·수사학적 접근에 대해 설명하고, 논문의 말미에서 다음과 같은 관측으로 결론을 맺는다. "그리고 논문이 간행된 뒤에, 우리가 알고 있다고 생각한 독자에 대한 지식을 수정해야 할지도 모르며, 완전히 새로운 독자의 존재를 인정해야 할지도 모른다." 생각건대 이것은 실제로 일어났으며, 런스포드와 에드는 「독자의 재현」에서 새로운 독자 개념—담론적 개념—의 가능성을 검토하는 것이다. 여기서 런스포드와 에드는 이전의 논문 「호출되는 독자/환기되는 독자」에 대한 자기비판을 시도한다. "이 논문에서 수사성rhetoricity을 전면화하고 작동중인 문화적·규율적·제도적 효과를 조사하고 알아내기 위해 애쓰면서, 이전 연구를 비판적 탐구에"(169) 종속시키는 것이다. 가령, 작문 연구에서의 최근의 '사회적 전환'(트림버)에 확실히 영향을 받은 런스포드와 에드는 이전 논문이 작문에 가해지는 담론의 중대한 압력을 무시했음을 인정한다.

> 「호출되는 독자/환기되는 독자」에서 비록 우리가 어떤 수사학적 상황에서는 학생들이 교수자보다 권한이 적기 때문에 자유를 구속받는다는 점을 인정한다 하더라도, 우리는 실제 독자에 의해서뿐만 아니라 그보다 훨씬 더 강력하고 광범위한 제도적·담론적 틀 구조 안에 위치를 지정 받는 독자에 의해 학생 저자의 행위agency와 정체성이 형성되고 제약받는 다양한 방식을 추적하지는 않는다. 우리는 문해력이 필요한 학술적 에세이 같은 장르를 통해 저자와 독자를 불러내어 통제하고 제약하는 강력한 이데올로기의 작동 효과를 고려하지도 않는 것이다. (170~171)

런스포드와 에드는 계속해서 "교수자와 학생들—우리가 예전보다 현재 더 잘 이해하고 있는—은 자신의 운명을 써나가는 자유로운 개인 행위자들이 아니라 차라리 다양한 담론 안에서 구성되는 주체들이며, 교실은 이데올로기와 제도의 영향을 받지 않는 마법의 원이 아니"(173)라고 말한다. 정체성, 이데올로기, 틀 구조는 작문 과정의 담론적 수준에서 저자와 독자 둘 다에게 부과되는 제약이다.

## 통합된 작문 이론을 향하여

나는 (독자뿐만 아니라 글쓰기와 그 상황의 모든 국면에 관련된) 작문의 세 수준 모두에 주의 깊은 관심을 기울이는 것이 성공적인 글쓰기 과정을 특징짓는다고 주장한다. 다시 말해 나는, 텍스트적이든, 수사학적이든, 담론적이든 어느 하나의 수준에만 과도한 관심을 기울이는 것은 글쓰기가 이루어지는 방식에 대한 제한적이고 불균형적이며 부정확한 관점을 학생들에게 제공하는 일이라고 믿는다. 작문의 텍스트적 수준에 지나치게 초점을 맞추는 글쓰기 과정은 특수한 수사학적 상황에 의해 글쓰기에 부과되는 압력을 무시하며, 문법과 문체를 학습하는 과정이 되는 경향이 있다. 수사학적 수준에 지나치게 초점을 맞추는 글쓰기 과정은 텍스트와 사회 제도가 학생들의 글쓰기 과정에 미치는 영향을 무시하며, 수정과 (호출되는) 독자에 대한 인식을 강조하는 경향이 있다. 그리고 담론적 수준에 지나치게 초점을 맞추는 과정은 글쓰기 과정을 전적으로 무시하여, 문화 연구 과정이 되는 경향이 있다. 작문의 세 수준이 상호 관련되어 있으며 세 수준의 균형을 유지하는 것이 중요하다는 것을 설명하기 위해, 나는 먼저 텍스트적·수사학적·담론적 수준에서 독자를 분석하기 위한 발견 학습을 소개할 것이며, 그 다음으로 기숙사 남자 화장실의 상태에 대한 학생의 편지에 이 발견 학습을 적용할 것이다. (발견 학습은 결코 완전하지 않으며 그렇게 되려고 의도하지도 않는다. 물론 다른 교수자들은 자신의 교육적 관심을 드러내는 다른 질문을 개발할 것이다.)

발견 학습: 독자 분석하기

텍스트적 수준

–체재: 텍스트의 체재는 어떻게 독자에게 특정한 역할을 부여하는가?

–문체: 텍스트의 문체는 어떻게 독자에게 특정한 역할을 부여하는가?

–장르: 텍스트의 장르는 어떻게 독자에게 특정한 역할을 부여하는가?

수사학적 수준

—저자의 역할: 저자는 독자와 관련해 어떻게 자신의 역할을 정의하는가?
—독자의 태도: 저자는 독자가 수용적이라고 보는가? 적대적이라고 보는가? 혹은 중립적이라고 보는가?
—저자의 목적: 독자와 의사소통하려는 저자의 목적은 무엇인가?
—기대 행위: 저자는 독자가 텍스트를 읽은 뒤에 어떤 특정한 행위(들)를 하길 원할 것인가?

담론적 수준

—제도: 어떤 제도가 의사소통의 승인에 관여하는가? 이 제도는 어떻게 의사소통에 바로 영향을 미치는가?
—주체성: 저자는 독자와 관련하여 주체성의 어떤 측면(계급, 인종, 젠더, 성, 나이 등)을 환기시키는가? 저자는 주체성의 이러한 측면을 긍정적인 방식으로 환기시키는가, 부정적인 방식으로 환기시키는가? 혹은 중립적인 방식으로 환기시키는가?
—문화적 가치: 저자가 속한 공동체의 이상적인 시민은 누구인가? 일반적으로 이들은 어떤 가치를 고수하고 있는가?
—사회적 가치: 저자의 공동체 외부에 있는 세계의 이상적인 시민은 누구인가? 저자가 이들에게 부여하는 가치는 무엇인가? 이 가치는 저자가 속한 공동체 외부의 시민이 고수하는 실제의 가치와 어떻게 다를 것 같은가?

체재, 문체, 장르는 독자에게 특정한 역할을 부여하는 텍스트의 호출(즉 알튀세르Althusser가 '호명interpellation'이라고 부르는 것인)에 초점을 맞춘다. 저자의 역할, 독자의 태도, 저자의 목적, 기대 행위는 저자와 독자의 수사학적 관계에 중점을 둔다. 제도, 주체성, 문화적·사회적 가치는 의사소통의 담론적 맥락에 초점을 맞춘다. 세 수준 중 하나로만 분석했을 때보다 각 항목에 속해 있는—텍스트적·수사학적·담론적 수준의—질문을 개개의 글에 적용했을 때 글쓰기 상황에 대해 훨씬 더 많은 것이 밝혀질 수 있다.

다음 편지는 동캘리포니아대학교의 일학년 작문 수업을 듣는 한 학생이 쓴 것이다. 내가 빌 스미스라고 부르려 하는 그 학생은 편지에 문제를 해결할 수 있는 누군가에게 '제도적' 문제를 설명할 것을 과제로 요구받았다.

**빌의 편지**

321 가레트 홀
동캘리포니아대학교
그린빌, NC27858
1997년 11월 7일

관리자 프레드 리조
공중위생과
동캘리포니아대학교
그린빌, NC27858

리조 씨에게

가레트 홀의 화장실이 불결하다는 점에 대해 편지를 씁니다. 요즘 청소 직원들이 더러운 화장실을 그대로 내버려두고 있습니다. 위생과에서는 게으름을 묵인하지 않는 것으로 알고 있습니다. 그래서 상황을 리조 씨에게 알려야 할 필요가 있다고 느꼈습니다.

근로자들의 부주의한 태도는 정말 사라져야 합니다. 그들의 게으름 때문에 저를 포함한 기숙사생들은 글자 그대로 공중위생과의 저주 받은 화장실을 사용해야 합니다. 바닥은 젖어 있는 데다 오줌으로 뒤덮여 있고, 변기는 사용한 휴지와 똥오줌으로 가득 차 있습니다. 화장실을 사용하는 모든 사람들에게 이것은 부당한 일입니다.

저는 리조 씨가 월요일만이 아니라 일주일 내내 깨끗한 화장실을 사용할 수 있도록 보장하는 더 엄격한 일정표를 짜야 한다고 생각합니다. 근로자들은 일을 더 많이 해야 하고, 더 자주 와야 합니다. 근로자들은 모두 화장실을 좀 더 청소해서 보수를 더 받기를 원할 것입니다.

청소 직원들에 대해 제가 드린 말씀을 검토해 주시리라 믿습니다. 저는 리조 씨가 원하는 것이 동캘리포니아대학교에 다니는 학생들에게 최상의 환경을 제공하는 것임을 알고 있습니다. 감사합니다.

진심을 담아서
빌 스미스
동캘리포니아대학교 학생 드림

앞에서 제시한 발견 학습에 기초했을 때 빌의 편지에 대해 많은 해석을 내리는 것이 가능하다는 말로 시작하겠다. 다음은 내 논평의 일부이다. 텍스트적 수준에서 빌의 편지는 자신의 독자에게 진지한 공식적 역할을 부여한다. 텍스트를 읽기 전에 우리는 빌이 '공식적인' 업무에 전형적으로 사용되는 '풀블록full block' 편지 체재를 활용하고 있음을 본다. 우리가 편지 텍스트를 읽기 시작할 때 빌이 '~에 대해', '묵인되지 않는', '필요가 있다고 느꼈습니다'와 같은 표현으로 격식을 갖추기 위해 애쓰고 있다는 것을 발견한다. 계속해서 우리는 그가 직권을 가진 위치를 독자에게 부여하는 문제-해결 구조를 사용하고 있음을 본다. 요컨대 빌은 체재, 문체, 장르를 통해 편지의 독자에게 존경받으면서 문제를 해결할 수 있는 직권을 가진 역할을 부여하려고 시도한다. 대개의 기준으로 볼 때 빌의 편지는 작문의 텍스트적 수준에서 꽤 성공적이다.

수사학적 수준에서 빌은 훨씬 더 직접적으로 의견을 주장한다. 빌은 두 가지 역할을 택한다. 첫 번째로 그는 화장실의 상태를 역겨워하는 가레트 홀의 거주자이다. 두 번째로 그는 프레드 리조가 '최상의 환경'을 제공하기를 원하는 동캘리포니아대학교 학생이다. 위생 관리자는 분명히 캠퍼스의 모든 화장실을 청결하게 유지하는 데 세심한 주의를 기울일 것이므로 빌은 독자가 자신이 서술한 문제와 해결책을 수용할 것이라고 본다. 그래서 빌의 목적이나 기대 행위는 프레드 리조가 근로자들이 게으름과 전투를 치룰 수 있게 보상금을 마련하도록 자극하는 것이다. 빌은 자신의 역할 및 설명한 문제에 대한 독자의 태도를 명확하게 생각해냈고, 목적 또한 분명했다. 하지만 글이 성공한 정도에 대해서는 몇 가지 면에서 의문이 제기될 수 있다. 예를 들어 리조 씨는 빌이 게으르다고 한 사람들과 필시 친밀한 관계를 맺고 있을 것이다. 따라서 리조 씨는 빌이 애초에 생각한 것처럼 편지를 긍정적으로 받아들이지 않을지도 모른다. 또한 리조 씨는 아마도 바쁜 사람일 테고, 빌의 희망은 과장된 것이라 소수의 동캘리포니아대학교 학생들만 만족할지도 모른다. 하지만 무엇보다 빌은 자신의 수사학적 상황에서 결정적인 몇 가지 측면들을 분명히 고려했고 그의 작문 과정은 이에 따라 이루어졌다.

최종적으로 우리가 담론적 수준으로 이동했을 때 빌의 편지는 실패하기 시작한다. 편지를 구성하는 데 영향을 미친 동캘리포니아대학교의 제도적 역할이 무엇인지 이해하기 위해, 나는 먼저 이 대학에 대해 몇 가지를 언급해야만 한다. 동캘리포니아대학교는 파티 학교party school로 악명이 높다. 매년 들어오는 동캘리포니아대학교 신입생들은 악명을 더욱 부풀린 이야기를 듣는다. 예컨대 『플레이보이』지는 매년 그 지역 최고의 파티 학교들을 소개하는 특별란을 만든다. 소문에 의하면 동캘리포니아대학교는 몇 해 동안 최고의 파티학교 목록에 올랐지만, 한 해에는 떨어졌다. 그런데 특별란의 하단에 "정정당당하지 않은 동캘리포니아대학교—아마추어에 적격이다"라는 평가가 뒤따랐던 것이다. 나는 이 기사를 보지 못했으며 누가 보았는지도 모른다. 그리고 이 이야기가 사실일 가능성은 별로 없을 것이다—사실을 썼는가가 의미 있는 것은 아니다. '플레이보이 이야기'는 동캘리포니아대학교에서 전해 내려오는 전설을 구성하는 중심 요소 중 하나이며, 이 이야기가 (그와 비슷한 다른 이야기들뿐만 아니라) 새로운 전수자들(예를 들면 신입생)이 정체성을 구축하는 제도적 공간을 만들어내고, 바로 그 정체성이 동캘리포니아대학교 학생 저자가 다양한 수사학적 상황에서 자신의 역할을 인식하는 데 큰 영향을 미친다. 빌의 '동캘리포니아대학교 학생' 정체성/주체성은 술에 만취해서 더러운 휴지와 똥오줌으로 변기를 엉망으로 만들어 놓는 것은 정상적인 것이며 자신과 모든 동캘리포니아대학교 학생들의 정당한 권리라는 생각을 갖게 한다. 달리 말하면 문제를 설명하는 빌의 편지에서 어질러 놓은 학생들은 제외되어 있을 뿐만 아니라 더욱이 '게으른' 위생과 근로자들의 희생자들로 재현되어 있는 것이다. 빌은 대학 자체의 맥락에서 '동캘리포니아대학교 학생들'은 비난받지 않을 특권이 있음을 암시하면서, 그들을 (불결한 화장실) 문제로 불편을 겪는 공동 집단으로, 위생과 근로자들은 제대로 청소하지 않거나 자주 청소하지 않음으로써 문제를 일으키는 외부인으로 철저하게 구축한다. 이러한 정체성의 구성과 빌의 수사학적 전략은 결과적으로 동캘리포니아대학교 학생들과 그들의 배설물을 확실하게 분리시킬 것을 요구한다. 담론적 관점에서 빌의 편지를 검토할 때, 우리는 빌의 수사학적 목적이 편지가 자신이 속한 공동체의 구성원들에게 큰 도움이 되길 바라는 것이었음을 알게 된다.

작문의 세 수준을 살피면서 우리는 수사학적 상황에 대한 빌의 접근에 문제가 크다는 것을 발견한다. 그리고 담론적 수준에서의 발견적 질문heuristic questions을 통해 드러난 문제는 수사학적·텍스트적 수준에서 편지의 성공 여부를 재조명하게 만든다. 예컨대 편지에서 빌은 자신과 모든 동캘리포니아대학교 학생들을 적어도 자기가 비난하는 위생과 근로자들의 사회 계급보다는 한 단계 위에 있는 특정한 사회 계급의 구성원들로 구축해낸다. 프레드 리조는 동캘리포니아대학교의 위생과 관리자이므로, 그가 화장실을 사용하는 학생들보다는 화장실을 청소하는 위생과 근로자들의 정체성과 연관 지어 자신의 사회 계급적 정체성을 구축할 것이라고 가정하는 것이 대체로 안전할 것이다. 요컨대 담론적 수준에서 의사소통 상황을 검토하면 이내 빌이 계급에 의거해 독자를 고려하고 있다는 문제가 밝혀진다. 수사학적 수준에서만 고찰했다면 그 문제는 표면에 나타나지 않았을 것이다. 더욱이 편지에서 빌이 선택한 담론적 틀 구조는 독자를 모욕할 가능성이 있으며, 편지의 공식적인 언어와 문제 해결 구조 또한 리조 씨를 특히 얕잡아본다는 인상을 줄지도 모른다. 모순적인 것은 아닐지라도 자신과 동료 근로자들을 모욕하는 수상쩍은 공식적 역할을 자기에게 요구한다고 여길지도 모르는 것이다.

작문의 텍스트적·수사학적·담론적 수준은 복잡하게 상호관련되어 있어, 한 수준에서의 성공은 모든 수준에서의 성공을 동시에 요구한다. 하지만 내가 지적하였듯이, 작문의 텍스트와 수사학적 수준은 작문의 역사에서 볼 때 그 동안 크게 주목받았기 때문에 이 책의 나머지 장에서는 텍스트적·수사학적 관심사와 분명하게 관계되어 있는 경우가 아니라면 대개 담론적 수준에 초점을 맞출 것이다. 독자들의 이해를 바란다. 그렇지만 적어도 담론의 텍스트적·수사학적 특질들에 대한 내적implicit 인식 없이는 누구도 작문의 담론적 수준을 고찰할 수가 없다.

# 2장

# 사회 과정 수사학 탐구

TEACHING COMPOSITION AS A SOCIAL PROCESS

2장

# 사회 과정 수사학 탐구

작문 연구가 '사회적 전환'을 경험했다는 증거는 많다. 존 트림버에 따르면, 사회적 전환은 몇몇 작문 교수자들 사이에서 초기의 과정 패러다임적 글쓰기에 내포되어 있는 개인주의가 지나치다는 불만이 점증한 결과이다. 1980년대 중반에 학술 담론, 전문적인 글쓰기, 범교과적 글쓰기writing across the curriculum에 대한 논쟁으로 연료를 보급 받으면서 파트리샤 비젤Patricia Bizzell, 리 오델Lee Odell, 제임스 리더James Reither와 같은 학자들은 이전의 분절된articulations 글쓰기 과정에 간직되어 있는 개인주의에 대해 의문을 제기하기 시작했다. 대신 글쓰기의 상이한 제도적 맥락(학술적·전문적·학과적)은 다른 글쓰기 과정을 요청한다고 주장한 것이다.[1] 나는 학생들에게 글쓰기 과정의 맥락적 특징을 알려 주는 최상의 방법이란 글쓰기의 사회적 본질과 기능을 가르치는 일

1) 나는 오델의 「텍스트를 넘어서: 글쓰기와 사회적 맥락의 관계(Beyond the Text: Relation between Writing and Social Context)」(1985)와 리더의 「글쓰기와 앎: 글쓰기 과정의 재정의를 위해(Writing and Knowing: Toward Redefining the Writing Process)」(1985), 그리고 비젤의 『학술 담론과 비판의식(Academic Discourse and Critical Consciousness)』에 수록된 1980년대의 논문 몇 편을 염두에 두고 있다.

이라고 믿는다. 이 둘은 학생들이 수업 시간에 생산하고, 교실 바깥에서 날마다 마주치는 글쓰기 텍스트 안에 존재한다.

내 경험으로는 작문 연구에 대한 사회적 접근을 시도하는 사람들은 현재의 선적 (그리고 회귀적) 모델lineal model에서 순환적 모델cyclical model로 글쓰기 과정의 개념을 확장한다. 선적 모델에서는 글쓰기 과정이 창안에서 시작해서 수정을 거쳐 최종본을 산출하는 것으로 마무리된다. 물론 과정 안에 있는 이 단계들은 회귀적이다. 우리는 수정하는 동안 빈약한 논증 등을 보강하는 상세한 설명을 더 마련해야겠다고 결정할 수도 있다. 그러나 글쓰기 과정의 선적 모델을 이용해서는 주제와 상세한 설명이 어디에서 왔는지, 에세이가 어느 방향으로 진행되며 언제 완성되는지 그리고 어떤 효과가 있는지를 밝히기가 어렵다. 데이비드 바르톨로뮤David Bartholomae가 지적하듯이, "글쓰기가 과정이라면, 그것은 또한 결과이다. 그것은 결과이지, 독해가 가능하도록 텍스트와 문체, 코드[2)]와 관습에 따라 저자의 위치를 정하는 글쓰기 계획이 아니다"(144). 최근 전문적인 글쓰기 및 범교과적 글쓰기, 학술 담론을 중시하는 작문 학자들 중에는 글 생산물written products에 대해 새로운 관심(글쓰기 과정에 기울이는 정도의 관심이지만)을 표명하는 이들이 있다. 하지만 그것은 텍스트의 생산을 촉진하고 강제하며, 텍스트에 대한 사회적·담론적 맥락을 제공하

2) (옮긴이 주) 코드는 텍스트적이거나 문화적인 특정한 지시 대상을 표현하는 데 사용되는 기호 혹은 기호체계이다. 초기 기호학자들이 코드가 무엇을 의미하는지 물었다면, 포스트구조주의 사상가들은 기표들로 가득 찬 세계에서 코드들이 어떻게 작용하는지를 탐구한다(빅터 E. 테일러·찰스 E. 윈퀴스트 편, 김용규·서영철·심미현 옮김, 『포스트모더니즘 백과사전』, 경성대학교출판부, 2007, 95쪽).

고, 담론 공동체에 들어가 대화에 참여할 수 있는 전 조건으로서 비판적 문해력을 저자에게 요구하는 한에서이다.

선적 (그리고 회귀적) 과정 모델에 대한 대안으로 최근 유행하고 있는 모델은 저자가 글을 쓸 때 발생하는 것에 대해 학생들이 그릇된 생각을 갖게 한다고 생각한다. 그래서 나는 텍스트의 사회적·담론적 삶뿐만 아니라 개인적이면서 협동적인 저자들의 작문 전략을 설명하는 글쓰기 과정의 순환적 모델을 제안한다. 그리고 나는 문화적 생산, 맥락적 배치, 비판적 소비의 순환에 기초한 수사학적 탐구를 위한 '사회 과정' 발견 학습이라는 형태로 이 모델을 제시한다. 이것은 사회 제도와 문화적 재현에 대한 비판적 분석을 위하여 문화 연구의 방법론들을 총괄한 것이다. 생산, 배치, 소비의 순환에 기반해 있는 창안을 위한 발견 학습 invention heuristics은 학생들이 맥락에 의해 제약되며(배치) 비판적 주체들에 의해 협상되는(소비), 사회적·구성적 힘(생산)으로 언어와 문화를 이해하도록 북돋는다. 이 장의 후반부에서 나는 광고 분석의 도구로 사용하기 위해 설계된 발견 학습에 대해 설명할 것이다. 문화 연구에 의거한 작문 수업에서 실시하는 비판적 글쓰기는 광고 분석을 통해 이루어지는 것이 가장 일반적일 터이다.

나는 '문화적 생산', '맥락적 배치', '비판적 소비'라는 용어를 사용함으로써 이 용어들이 유래된 전통적인 맑스주의적 개념들을 환기시키고 변형시키려 한다. 「정치경제학 비판 서문」에서 칼 맑스는 생산, 분배, 교환, 소비의 순환에 대해 설명하고 있다.[3)]

3) (옮긴이 주) 맥코미스키가 맑스의 「정치경제학 비판 서문」에서 인용한 내용은 김호균

"생산 과정에서 사회 구성원들은 인간의 욕구에 따라 자연의 산물을 전유한다(생산한다, 만들어낸다). 분배는 개개인이 이 생산물을 얻는 비율을 결정한다. 교환은 특정한 생산물을 개개인에게 공급하는 분배의 결과로 자신에게 허용된 몫을 다른 것과 바꾸길 원하는 일이다. 끝으로 소비를 통해 생산물은 향유를 위한 개인적 전유의 대상이 된다"(193~194). 그리고 맑스는 생산과 소비의 상호 이해를 주장함으로써 순환의 고리들을 결합시킨다. "생산은 소비로 연결되며, 소비의 재료를 창출한다. 생산이 없으면 소비의 대상도 없다. 그러나 소비 또한 생산으로 연결된다. 즉 소비는, 생산물이 이를 소비하는 주체에게 제공됨으로써 비로소 생산물이 되기 때문이다"(196). 물론 내가 이 책에서 전유한 맑스의 용어(생산·분배·소비)는 확실히 근대적인 것이다. 생산물은 소비재로 귀착된다. (근대주의적 감각으로) 재현되는re-presents 분배와 교환은 할당되는 상품과 돈을 지시한다. 소비에서 주체는 어떻게 해서든지 다른 소비재들을 생산할 수 있도록 본래 생산한 것보다 더 많이 생산하게 수요를 창출하면서 상품을 사용한다.

후기 근대적 문화 이론은 맑스의 생산, 분배, 교환, 소비의 순환에 대한 유물론적 설명을 문제 삼으면서, 이 유용한 발견법을 새로운 해석과 적용에 열어 놓는다. 후기 근대의 대량 생산 시대에 상품은 대부분 더 이상 소비자의 필요를 만족시키기 위해 생산되지 않는다. 대신 상품들은 가능성potentialities으로만 존재하

---

이 번역한 『정치경제학 비판을 위하여』(중원문화, 1988)와 『정치경제학 비판 요강』 I(그린비, 2000)을 따른다. 부자연스러운 대목은 수정했다.

며, 생산의 실제 작업은 생산 가능한 상품들에 대한 소비자의 욕망을 창출하는 것이다. 상품의 물질적 생산은 욕망의 수사학적 구성보다 덜 중요해진다. 그래서 문화적 생산은 제도적 실천과 문화적 산물로 나타나는 사회적 가치의 창출이다. 후기 근대적 틀 구조 안에서 상품의 분배와 교환은 소비자의 욕망을 구성하는 문화적 가치의 맥락적 배치에 부차적이다. 따라서 배치는 특수한 제도적 실천과 문화적 산물로 표현되는 문화적 가치의 맥락을 포함한다. 예컨대 인종주의적인 문화적 가치를 영속화하는 어떤 기업의 특정한 인사 정책은 배치의 맥락에서 기능을 발휘한다. 성차별주의적인 문화적 가치를 영속시키는 몇몇 잡지의 특정한 광고도 배치의 맥락에서 기능을 발휘한다. 비판적 소비는 '독자'가 생산되고 배치되는 문화적 가치를 해석하는 사회적 이용social uses을 지시한다. 마지막으로 순환을 결합시키는 고리는 비판적 소비의 문화적 생산 능력 및 효과적인 문화적 생산을 위한 비판적 소비의 전제 조건에 의존한다.

몇몇 작문 학자들은 수사학적 탐구를 사회 과정의 길잡이로 활용하기 위해 특수한 문화 연구 방법론을 채택해 왔지만, 이 몇 안 되는 방법론은 학생들이 문화적 생산, 맥락적 배치, 비판적 소비의 순환 중 오직 하나의 '계기'에만 근시안적으로 집중하게 만들기 때문에 이론적·실천적 범위가 제한적이다.

예컨대 「작문과 문화 연구Composition and Cultural Studies」에서 제임스 벌린은 무엇보다도 롤랑 바르트의 광고 연구와 존 피스크의 텔레비전 연구에서 끌어온 문화 연구 방법론에 의거해 창안에 해당하는 수사학적 탐구를 위한 발견 학습에 대해 서술한다. 벌린이 지도하는 작문 수업에서 학생들은 아래의 수사학적 탐구를 위한 문화 연구 발견 학습을 이용해서 광고가 생산하는 문화적 의미에 대한 비판적 에세이를 쓴다.

> 이 [광고] 분석을 하기 위해 사용되곤 한 주요 장치들은 단 세 가지였지만, 그것들은 발견 학습의 역할을 하는 강력한 기호학적 전략이었다. 이중 첫 번째는 텍스트에 나타나는 이항 대립들의 위치location이다. 즉 그것은 용어에 의미를 부여하는 경계의 본질인 것이다. 두 번째는 논쟁을 필요로 하는, 의미 수준에서의 외연denotation과 함축connotation의 발견이다. 세 번째는 가령 호레이쇼 알저Horatio Alger의 신화[4]나 신데렐라의 플롯처럼, 문화적으로 특수하게 환기되는 서사 패턴들의 신뢰도이다. 이 세 가지는 인종, 젠더, 계급이 문화적으로 특수한 범주들로 코드화된 것들을 신뢰할 수 있는지에 대해 학생들이 다시 한 번 주의 깊게 살피면서, 설득력과 호소력을 지닌 기호학적 코드들을 조사할 수 있게 하는 탐구 장치의 역할을 담당했다. (51)

벌린의 발견 학습은 확립되어 있는 다양한 문화 연구 방법론에서 끌어온 것이지만, 그것이 학생들에게 광고의 문화적 의미 생산에 대한 비판을 넘어서도록 촉진하지는 못한다. 광고 분석과 특히 관련이 있는 벌린의 창안을 위한 발견 학습은 학생들이 텍스트가 어떻게 특정한 사회적 의미를 생산하는가를 확실하게

---

4) (옮긴이 주) 미국의 호레이쇼 알저 목사는 가난한 하층민들이 사회의 최상층으로 올라간 성공담을 130여 권의 시리즈로 발간함으로써 근면하고 검소한 개인은 빈곤을 탈출해 풍요로운 삶을 살 수 있다는 자수성가의 신화를 미국 사회에 심어주었다.

이해하도록 돕는다. 하지만 발견 학습을 이용하는 학생들은 광고(잡지, 텔레비전 쇼 등)의 기호학적 맥락이 어떻게 핵심 용어들의 함축적 의미를 조건 짓는지 혹은 특히 이 맥락이 특정한 이항대립이나 사회 서사를 환기시키기 위해 독자에게 미치는 영향이 무엇인지를 탐구하도록 자극받지는 못한다. 그리고 발견 학습을 이용하는 학생들은 핵심 용어, 대립, 서사(또는 이와 관련된 주체 위치)에 대한 특정한 비판적 입장을 정립하도록 고무 받지도 못한다. 바꾸어 말하면 벌린의 발견 학습은 배치 맥락의 기호론적 영향력이나 비판적 소비의 정치적 효력에는 관심을 두지 않고 문화적 의미가 어떻게 생산되는지 조사하는 '생산 비판production criticism'으로만 이어질 뿐이다.

제임스 포터 또한 문화적 맥락에서 글쓰기 과정의 특정한 국면을 강조하는 발견 학습을 발전시켰다. 『독자와 수사학Audience and Rhetoric』에서 포터는 배치의 맥락을 조사하기 위한 방법으로 '토론forum 분석' 발견 학습을 설명한다. 토론 분석은 독자와 공동체에 대한 사회학적 관점('실제 독자')에 의거해 더욱 포괄적인 발견 학습을 할 수 있도록 텍스트에 기반한 대안을 제공한다. 포터는 무엇보다 푸코Michel Foucault의 담론 구성체 이론을 도입해서, '토론'을 "담론 활동의 구체적 현장이자 물리적 장소"(95)인 "텍스트 체계textual system"(106)로 설명한다. 토론 분석은 "독자란 생산하는 (구술하거나 글로 쓴) 텍스트에 의해 정의되며 저자는 내부에서 수용될 수 있는 담론을 생산하기 위하여 이 텍스트 체계의 장場을 체계적으로 탐구해야 한다"고 가정한다(112). 포터의 토론 분석 발견 학습은 두 가지 주요 부분으로 이루어진다. '예비지식'을 갖춘 학생들은 조직적 협력, 목적, 구성원, 유래, 해당 토론의 평판에 대해 질문한다. '담론적 관습'을 알고 있는 학생들은 토론에서 발언하거나 글을 쓰는 것이 허용된 사람은 누구인지, 말하거나 글을 쓰는 대상이 누구인지, 토론에서 다루어지는 논점이나 화제는 무엇인지, 논점이 다루어지는 형식과 방법은 무엇인지 질문한다(114~145). 토론 분석은 특정한 담론 구성체를 형성하는 텍스트들을 저자들이[5] 자세하게 조사하도록 자극하며, 이러한 종류의 텍스트 비평을 통해 얻은 지식은 수사학적 효과를 위해 극히 중요하다. 하지만 토론 분석만 따로 분리해서 생각하면 이것은 불완전하다. 예비지식과 담론 구성체의 담론적 관습은 필연적으로 특수한 텍스트에서 문화적 의미가 어떻게 생산되는가에 대한 비판적 이해를 불가능하게 하며, 담론 구성체의 참여자들이 특정한 담론에 대한 비판적 주체 위치를 선택하도록 고무하지도 못한다. 토론 분석은 저자들에게 담론 구성체의 수사학적 유동성flow을 이해하는 것이 중요하다고 가르치지만, 배치의 맥락에 대한 근시안적인 강조는 저자들이 텍스트의 생산과 소비에 이용되는 특정한 수사학적 실천을 제대로 이해하지 못하게 만든다.

문화적 생산, 맥락적 배치, 비판적 소비의 순환이라는 세 가지 모든 계기에 대한 상세한 발견적 탐구에 참여하는 학생들은 문화 자체가 끊임없이 변화하는 과정이며 자신들의 글이 문화의 변화에 부분적으로 영향을 미칠 수 있다는 감각을 발달시킬

5) (옮긴이 주) 여기서의 저자는 글을 쓰는 학생들, 즉 학생 저자를 가리킨다.

수 있다. 그리고 사회 과정 수사학 탐구는 이러한 수사학적 중재 과정을 의식적으로 자신의 비판적 글쓰기에 끌어올 수 있도록 해준다. 이 장에서는 기왕의 과정 중심 글쓰기가 각 과정을 분절시켰던 것보다 작문에 대한 더 완전한 사회 과정적 접근을 전개하는 것을 목표로 삼는다.

### 문화적 생산, 맥락적 배치, 비판적 소비의 순환

나는 문화적 생산, 맥락적 배치, 비판적 소비의 순환이 문화 연구에서 설득력 있는powerful 글쓰기를 가능하게 한 근원이 되었으며, 문화 연구에 의거한 작문 과제에서도 그것은 설득력 있는 글쓰기를 이끌어낼 수 있는 비슷한 가능성이 있다고 믿는다. 「결국 문화 연구란 무엇인가?What Is Cultural Studies Anyway?」에서 현대문화연구소BCCCS[6]의 전 이사였던 리처드 존슨Richard Johnson은 생산, 배치, 소비의 순환을 사회 현상의 폭넓은 다양성을 이해하기 위한 '발견법'으로 설명하는데, 이 발견법은 문화적 의미를 생성해

---

6) (옮긴이 주) 문화 연구에 있어 가장 영향력 있는 연구 기관인 현대문화연구소(BCCCS: Birmingham Center for Contemporary Cultural Studies)는 초대 소장인 리처드 호거트(Richard Hoggart)의 지도 아래 1964년에 설립되었다. 이 연구소는 민족과 계급에 초점을 두면서 출발하였지만 이전의 사회학적 분석들보다는 문화적인 특징을 훨씬 더 강화시켰다. '문화와 사회'의 관계에 대한 연구에 집중하면서 특히 사회학, 인류학, 역사 연구에서 가져온 다양한 연구 및 분석 방법론을 통합해내는 성과를 거두었다. 스튜어트 홀이 호거트를 대신하여 현대문화연구소의 대리 소장을 맡으면서 문화 연구에 더욱 박차를 가했다는 점은 잘 알려져 있다.

이와 관련하여 문화를 지속적이고 다양한 협상의 장으로 정의하는 것은 현대문화연구소 버밍엄학파의 유산 가운데 하나임을 기억할 필요가 있다. 문화 연구는 권력의 구조와 문화 형식, 실천 간의 관계에 주로 집중하며, 버밍엄학파는 대중문화의 광범위한 주제들을 통해 이에 접근하였다(빅터 E. 테일러·찰스 E., 앞의 책, 123~124쪽; 제임스 프록터, 손유경 옮김, 『지금 스튜어트 홀』, 앨피, 2006, 80쪽).

내는 (모두 폭넓게 정의되는) 암호기encoder, 텍스트, 해독기decoder의 복잡한 상호작용에 주의를 기울인다. 작문 연구에서는 이러한 순환이 수사학적 탐구를 위한 발견 학습으로 간주되었을 때 가치가 있다. 즉 이것이 동인이 되어 글쓰기와 문화를 변증법적 사회 과정으로 이해하도록 학생들을 독려하게 되는 것이다. 문화적 생산, 맥락적 배치, 비판적 소비는 일상 문화에서 사회적 관계가 전개되는 가운데 이 결정적인 세 '계기'를 재현한다. 비록 내가 앞으로 각 계기를 분리시켜 논하여 순환을 완전한 과정으로 보지 못하게 만든다면 어떤 결정적인 진실이 희생되겠지만 말이다.

순환의 첫 번째 계기는 비판적 연구의 대상인 문화적 생산으로 분리된다. 문화적 생산에 대한 연구는 사회적 실천이 텍스트에 암호화되어 있는 문화적 가치를 어떻게 해독하느냐에 따라 좌우된다고 가정한다.[7] 그러므로 암호기가 텍스트에 '지배적 해독 preferred readings'[8]을 등록시키는 방식을 학생들이 이해하는 것은 매우 중요하다. 존 피스크가 지적했듯이, "지배적 해독은 잠재되어 있는 혁명적 의미를 봉쇄하기"(111) 때문이며, 독자들이 암호기의 경제적·정치적·사회적 욕망을 만족시키는 주체 위치를 채택하도록 제약하기 때문이다. 광고의 맥락에서 문화적 생산은 소

7) (옮긴이 주) encoding은 글의 맥락에 따라 암호화나 코드화로 번역하였다.

8) (옮긴이 주) 스튜어트 홀이 제시한 해독 모델 중 하나이다. 그는 독자의 텍스트 수용 방식을 세 가지로 구분하여, 저자의 의도대로 텍스트를 수용하는 것을 지배적 해독으로, 저자의 의도와 타협하는 것을 협상적 해독(negotiated reading)으로, 저자의 의도에 반대하는 것을 저항적 해독(oppositional reading)으로 명명했다. 이중 지배적 해독은 스튜어트 홀이 텔레비전의 뉴스 프로그램과 관련해서 처음 사용한 용어로, 지금은 일반화되어 다양한 텍스트에 적용되고 있다. 텍스트를 읽는 독자들은 '일탈적인 해독'을 가로막는 코드들을 통해 지배적 해독으로 유도된다.

비 욕망을 창출하는 것이며, 이러한 욕망은 광고주가 특정한 문화적 가치를 다른 사람들에게 장려하고 상품을 이 가치와 결합시킬 때 달성된다. 단어와 시각 자료 및 그 주관적인 의미의 결합을 (종종 무의식적으로) 통제하면서 연계시키는 기호의 조합을 통해 창출되는 문화적 가치는 보통 '이상적인' 소비자-독자와 사회적 실천을 함축한다. 광고의 시각 자료들은 상품과 주관적인 욕망의 결합을 기호화한다. 예를 들어 대부분의 사람들은 상류 계급의 생활양식을 품위 있는 아파트와 값비싼 보석과 연관시킨다. 리즈 클래이본Liz Claiborne이 아파트와 보석으로 향수 광고를 장식할 때, 독자들은 부에 대한 자신의 욕망과 결합시켜 리즈 클래이본의 향수를 소비함으로써 피상적이고 일시적으로 욕망을 만족시킨다. 리즈 클래이본의 향수와 상류 계급의 생활양식을 결합시키는 것은 무수히 가능한 문화적 가치들을 암시한다. 그중 하나는 "이상적인 부유한 여성은 아파트와 다이아몬드, 리즈 클래이본의 향수를 갖고 있다"는 것이다. 광고에 쓰인 단어들 또한 상품과 주관적인 욕망의 결합을 기호화한다. 가령 코카콜라 기업의 최고 경영자들은 새로운 콜라가 실패했음을 깨달았을 때, 본래의 비법으로 되돌아가 코카콜라 클래식이라는 새로운/오래된 상품을 광고했다. 물론 '고전적classic'이라는 단어는 시간이 지나도 변치 않는, 인생에서 가장 좋은 것이라는 이미지를 환기시키며, 코카콜라 기업은 소비자들이—사실은 지독한 마케팅 결과인—새로운/오래된 '고전적인' 상품을, 이윤이 아니라 품질이 최우선이었던 좋았던 옛 시절에 대한 향수어린 욕망과 결합시키기를 원하는 것이다. 코카콜라 클래식과 단순했던 과거에 대한 욕망의 결합은 어느 정도 있음직한 문화적 가치들을 암시하며, 그 중 하나가 "향수를 느끼는 이상적인 콜라 소비자들은 (새로운 세대가 선택하는 펩시 대신) 코카콜라 클래식을 마심으로써 과거를 기념한다"는 것이다. 시각 자료들 또한 단어들이 독자들에게 연상시킬지도 모르는 의미의 다의성을 제한하는 기능을 하며('마른dry'이라는 단어는 탈취제나 수분 크림의 이미지를 동반할 때 다른 가치를 기호화한다), 단어들은 시각 자료들이 불러낼지도 모르는 의미의 다의성을 한정하는 역할을 한다(노출된 여성 몸매의 실루엣은 '관능적'이나 '자연 그대로'라는 단어를 동반할 때 다른 가치를 기호화한다). 광고에서 이루어지는 이 서로 다른 결합은 지배적 해독을 조장하는 문화적 가치를 구축한다. 그것은 코드화하는 광고 제작자들이 광고된 상품에 맞게 소비자들이 해독하길 원하는 특정한 의미이다.

선전하는 문화적 가치는 대부분 독자에게 이상적인 정체성을 부여하고, 이상적인 사회적 실천을 촉진하며, 특수한 상품을 이상적인 실천에 연관시킨다. 문화적 가치는 피상적으로 묘사되고 표현된다. 그렇지만 그것은 어떤 우월한 주체성 안에 독자를 위치시키는 규범적인 행동의 명령으로서 문화적으로 작동한다. "이상적인 현대적 청년이 되길 원한다면, 지마 몰트Zima malt[9]음료를 마셔야 하"거나 "이상적인 강인한 남성이 되길 바란다면, 말보로 담배를 피워야 한다". 문화적 가치에서 어떤 요소가 빠져

9) (옮긴이 주) 몰트로 만든 맥아음료를 가리킨다. 맥주회사인 쿠어스가 판매 부진에서 벗어나기 위해 맥아로 만든 음료를 최초로 생산했고 판매를 위해 막대한 광고비를 들였으나 대중화에는 실패했다.

있는 것은 특정한 이상적인 실천이 다른 것보다 선호되도록 하기 위해서이다. 문화적 가치를 생성하는 동인動因은 흔히 자기 본위적이며, 살아가면서 그것의 영향을 받는 많은 사람들의 이익에 반하여 작동한다. 가령 값비싼 상품 광고의 문화적 가치는 대체로 무리하지 않고는 상품을 구매할 형편이 못 되는 중간 소득 가정과 저소득 가정을 상대로 한다. 예컨대 나이키 광고는 스포츠를 통해 빈민가를 탈출하는 꿈을 팔고, 주州에서 발행하는 복권 광고는 '확실한' 가능성을 통한 재정의 보장이라는 꿈을 판매한다. 비록 문화적 가치는 어떤 사회 제도social arrangement에서도 불가피하고 본질적인 측면이지만, 사회적으로 과소평가된 억압적인 문화적 실천으로 귀결되는 이 가치는 비판적 읽기를 통해서만 알아챌 수 있다. 그리고 가치를 구축하고 유지하는 제도와 문화적 산물에 대한 신중한 수사학적 중재를 통해서만 바뀔 수가 있다. 이것은 학생들이 광고 분석글에서 얻으려고 애쓰는 목표 중 하나이다. 하지만 광고와 같은 텍스트는—그 안에 그리고 그 스스로—순수한 의미를 담고 있어서 독자들이 아무런 비판을 하지 않고도 바로 텍스트의 실체를 파악해서 의미를 이해할 것이라고 가정하는 것은 순진한 일이다. 그러므로 우리는 더욱이 맥락적 배치와 비판적 소비의 양식을 이해할 때까지 문화적 가치를 바꾸어낼 수 없다.[10)]

순환의 두 번째 계기는 비판적 연구의 대상인 맥락적 배치로 분리된다. 문화적 가치의 분배 맥락을 조사하는 것은 중요하다.

10) (옮긴이 주) 글의 맥락에 따라 mode를 양식이나 모드로 번역하였다.

존슨이 지적한 것처럼 "맥락은 의미 생산에 결정적"(62)이기 때문이다. 우리는 광고를 배치하는 미디어를 비판할 때[11] "주관적인 형식이나 문화적인 형식이 실현되고 이용되는 것"(62)을 조사한다. 따라서 광고에서의 맥락적 배치는 잠재적인 소비자 독자에게 특정한 광고의 문화적 가치가 제공되는 장소location(개별 잡지, 텔레비전 쇼, 라디오 프로그램 등)이며, 이 장소는 광고가 환기시킬지도 모르는 의미의 다의성을 더욱 한정한다. 잡지의 맥락은 핵심어, 유행하는 화젯거리, 시각 자료, 주관적인 의미의 결합과 사회적 연결고리links를 통해 그 자체의 문화적 가치를 구축하며, 흔히 '이상적인' 독자와 사회적 실천을 암시한다. 표지 디자인, 차례, 사설, 편집자에게 보내는 편지, 정규 칼럼, 특집 기사와 사진, 인사란, 광고 등 모든 잡지의 제 요소들이 이 결합에 이바지한다. 이러한 결합을 통해 잡지가 지배적 해독 및 문화적 가치와 연결된다. 물론—대중지는 좀처럼 단일한monolithic 담론을 재현하지 않기 때문에—그중 일부는 충돌할 수도 있다. 예컨대 『에스콰이어Esquire』에서 특정한 핵심어(미디어, 패션), 유행하는 화젯거리(전기장치, 아르마니), 지배적인 시각 자료(매력적인 독신 남성이 입고 있는 고가의 캐주얼한 양복)는 청년들에게 재정을 초과하는 유럽풍의 멋진 외모에 대한 주체의 욕망을 구성해낸다. 또한 그것은 어느 정도 그럴듯한 문화적 가치를 함축하는 것이다. "이상적인 청년은 최신의 과학기술을 알고 있고, 그것의 (엘리트주의

11) (옮긴이 주) 의미가 잘 드러나도록 글의 맥락에 따라 매체와 미디어, 잡지로 번역하였다.

적인) 사회적 의미를 이해하"며 "이상적인 청년은 (반드시 낭만적인 목적을 위해서가 아니라) 자신감과 안락함을 위해 이름 있는 디자이너가 만든 옷을 입는다." 광고를 배치하는 미디어들은 이러한 결합을 통해 특정한 문화적 가치를 촉진하며, 이 문화적 가치는 광고에 내포되어 있는 가치를 지지하거나 뒤엎는다. 잡지 『자아Self』[12]의 지배적인 문화적 가치는 예컨대 "이상적인 부유한 여성은 안전한 운동과 식이요법 다이어트를 통해 얻은 활기찬 생활양식을 즐긴다." 이 두 가지는 베일리스 라이트Baileys Light 광고(인간의 신진대사를 느리게 하는 알코올은 운동을 어렵게 하고 대체로 다시 살이 찌게 만든다)를 뒤엎으면서 또한 그것을 지지한다(베일리스 라이트는 베일리스 아이리시 크림보다 칼로리가 33%, 지방은 50% 적어서 술을 한 잔 하면서 쉬고 싶을 때 선택하면 건강에 더욱 좋다).

존슨이 지적하듯이 "서사와 이미지는 항상 특정한 위치position[13]를 함축하거나 구성하고, 읽거나 본 것에서 위치를 정하게 한다". 그리고 어떤 미디어는—특히 대중지들—"[주체] 위치를 획득케 함으로써 수단을 자연화한다." 문화 연구의 목표는 "지금까지 의식하지 못한 채 고통 받던 (그리고 즐기던)" 이 주체 위치화의 과정을 "남김없이 분석하는 것이다"(66). 광고 분석글에서 학생들은 비판적 글쓰기를 위해 자신이 고른 광고가 실려 있는 잡지를 선택하여 그에 종속된 주체 위치화를 비판하며, 특히 일

---

12) (옮긴이 주) 중산층 여성을 대상으로 건강, 운동, 미용, 다이어트에 대한 정보를 주로 제공하는 미국 잡지이다.

13) (옮긴이 주) 주체 위치를 가리킨다. 주체 위치에 대해서는 본고의 233~234쪽에 있는 각주 36)의 설명을 참조하라.

관성과 모순을 찾으면서 잡지의 문화적 가치를 광고의 문화적 가치와 비교·대조한다.

순환의 세 번째 계기는 비판적 연구의 대상인 비판적 소비로 분리된다. 여기서 텍스트가 생산하고 미디어가 배치하는 문화적 가치라는 초점이, 생산되고 배치된 문화적 가치와 마주치는 주체성으로 전환된다. 소비에 대해 연구할 때 우리는 미디어가 '독자'인 우리에게 전달하는 메시지의 영향을 조사한다. 존슨은 독자의 주체 위치를 구성하는 미디어의 배치 능력powers을 인정하면서도, 독자 또한 대안적인 서사와 이미지를 구축하는 강력한 힘agency을 가지고 있다고 조심스럽게 지적한다. 즉 "인간과 사회 운동 또한 일관성과 지속성을 얻기 위해 애쓰며, 이를 통해 감정과 조건condition, 운명을 어느 정도 조절한다"(69). 이러한 조절은 '비판'을 통해 획득되며, 이 과정에서 우리는 "[미디어 문화의] 좀 더 유익한 요소들을 차지하면서 그 나머지는 거부한다"(38). 비판적 분석은 학생들이 텍스트에 구축된 주체 위치를 문제 삼는 데 도움을 주며, 문화 연구에 기반한 글쓰기 과제는 학생들이 공동체의 이익을 위해 사회 문제를 해결할 수 있도록 함으로써 자신들의 주체 위치를 구축하도록 북돋는다.

현대문화연구소의 전 이사였던 스튜어트 홀Stuart Hall 또한 「암호화Encoding/해독Decoding」14)에서 미디어는 생득적으로 권력에 내재된 문화적 가치를 촉진시키는 메타언어인 '지배적인 헤게모

14) (옮긴이 주) 스튜어트 홀은 암호화/해독 모델을 통해 텍스트와 텍스트 생산자, 텍스트의 독자 간의 관계를 설명한다. 여기서 암호화는 기호들이 코드로 조직화되는 과정을 말하며, 해독은 독자들이 코드를 해석하면서 의미를 창출하는 과정을 뜻한다.

니적' 코드를 사용하여 의미를 생성해내며, 미디어 텍스트는 미디어의 메시지인 소비자로서의 주체 위치를 구축하는 (지배적인 헤게모니적 코드에서 선택되는) 지배적 해독으로 암호화된다고 주장한다.15) 데이브 몰리Dave Morley가 지적하듯이, "텍스트는 담론이 '실제the real'와 투명하게 일치하는 '자연스러운 것'이므로 신뢰할 만한다고 호소하는 지배적인preferred 담론의 위치를 명기함으로써 확정된 읽기를 어느 정도 특권화한다"(167). 무비판적인 독자들은 지배적 해독에 순응하여, 지배 집단에 의해 미디어에 구축되어 있는 주체 위치를 받아들인다. 미디어에 새겨진 문화적 가치가 이 독자들에게는 비판적인 질문의 영역을 초월한, 자연에 속하는 보편적 진리로 보인다. 비록 광고와 그 배치 맥락은 때로 긍정적인 문화적 가치를 촉진하지만(가령 많은 신형 컴퓨터는 리바이스 광고가 이상적인 여성은 독립적이고 창조적이라고 암시하도록 자극했다), 독자인 우리는 곧잘 사회 진보에 뒤처지게 하는 가치에 무비판적으로 순응하고 그것을 객관적인 사실로 받아들인다. 우리가 문화적 가치를 심문하지 않고 그에 순응할 때 세계를 해석해주는 이러한 가치를 영속시키는 미디어를 허용하게 되며,

---

15) 하지만 지배적인 헤게모니적 코드가 특정한 관점에서만 지배적임을 유념하는 것은 중요하다. 다시 말해 하나의 사회적 합의나 담론적 구성물에서 지배적인 것(환경보호에 대한 민주당 담론에서의 환경 코드들)은 다른 사회적 합의나 담론적 구성물에 의해 주변화될 수 있다(초과된 공채 발행을 줄이려는 공화당 담론에서의 환경 코드들). 불행하게도 상당수의 문화 연구는 여전히 모든 미디어의 메시지를 단 하나의 '지배적인' 이데올로기적 관점에서 해독하면서 미디어를 단일한 담론으로, 미디어 독자들을 속기 쉬운 '대중'으로 이론화하고 있다. 1940년대와 1950년대에 프랑크푸르트 사회연구소의 회원들이 전개한 이 이론들이 나치의 비인도적인 범죄를 설명하는 데 기여한 바는 크다. 하지만 전체화하는 이 이론들이 후기 근대적인 미디어의 복잡하고 다의적인 특성에 적용되었을 때는 극단적으로 단순화된다.

흔히 그 가정에 함축되어 있는 잇속만 차리는 사회적 동기에 대해서는 아무런 의심도 하지 않고 해석을 받아들이게 된다. 하지만 로렌스 그로스버그Lawrence Grossberg가 주장하듯이, "텍스트가 특정한 지배적 해독을 암호화한다는 사실이 그에 알맞게 읽히게 될 것임을 보증하는 것은 아니다. 즉 우리는 간단하게 기원origin에서 효과를 가정할 수는 없는 것이다"(138). 몰리도 지배적 해독이 "텍스트에 명기된 단 하나의 읽기 방식이 될 수는 없으며, 서로 다른 독자들이 생각해낼 수 있는 유일한 읽기 방식도 분명히 아니"(167)라는 점에 동의한다.

하위문화가 존재하는 공동체들은 흔히 홀이 '저항적' 코드"oppositional" code라고 부른, 권력에 내재한 헤게모니적인 문화적 가치에 생득적으로 저항하는 메타언어를 만들어낸다. 그리고 지배적 해독으로 암호화된 '지배적인' 미디어 텍스트는 그와 충돌하는 해석 공동체의 가치를 증진시키기 위해 거부된다. 저항적 코드에 기반해서 독자들은 저항의 논리에 따라 신중하게 미디어가 재현하는 것을 해독한다. 독자들이 광고에 잠재되어 있는 메시지와 그 배치 맥락을 의식적으로 이해할 때 문화적 가치에 저항하고, 이 가치와 메시지의 문화적 함축을 받아들일 것을 거부하는 것이다. '저항적' 관점에서 미디어의 메시지는 '지배적'이기 때문에 억압적인 것으로 인식되며, 지배적인 헤게모니적 코드를 전복하는 (대개 주변화된) 대항 문화적 논리에 따라 붕괴된다. 예를 들어 환경론자들은 저항적 코드를 통해 편리함, 편안함, 절약은 전 생태계를 조직적으로 파괴하기 위한 선부른 핑계에 불과하다고 주장하면서 일회용 기저귀의 편리함, 편안함,

절약을 미화하는 광고의 지배적인 문화적 가치를 붕괴시킬지도 모른다. 그러나 저항적인 주체 위치에서의 저항은 반동적인 수사학적 실천에 이르게 될 수 있으며 저항적 수사학은 사회 변화의 가능성을 질식시키는 저항적인 독자의 반응을 이끌어 낼 수 있다.

대부분의 암호화는 문화적 가치를 설명하는 것이 불가능한 처지에 놓여 있을 때 지배적인 헤게모니적 코드를 대체하는 메타언어인 '협상적' 코드"negotiated" codes에 따라 작동한다. 협상적 코드는 저항적이지 않다. 그것은 지배적인 문화적 가치가 더 이상 특정한 사람들의 사회적·정치적 관심사를 만족시키지 못할 때 지배적인 헤게모니적 코드를 임시적으로 교정矯正하는 역할을 맡는다. 우리는 광고의 지배적인 문화적 가치가 반드시 적용되지는 않는 자신의 사회적 경험을 통해 특수한 상황을 환기할 때 광고의 문화적 코드와 협상하며, 이와 같은 협상 행위는 광고된 상품—광고된 상품의 사용—에 대한 우리의 욕망에 영향을 미칠지도 모른다. 가령 어떤 노동 계급 가정은 안락한 생활양식에 대한 욕망과 타협하면서 고양이 사료인 팬시 피스트Fancy Feast 광고에 순응하지만, 팬시 피스트 광고가 이익을 내려고 과도한 소비를 조장한다고 거부하면서 그와 협상할 수도 있는 것이다. 어떤 여성들은 여성적 감성에 대한 욕망에 순응하지만 한편으로는 거식증이 있는 모델을 기용함으로써 이상적인 여성의 몸은 가냘프다는 레블론 파이어 앤 아이스Revlon Fire and Ice 향수 광고의 암시에 저항하면서 그와 협상할 수도 있다. 어떤 아프리카계 미국인은 생머리에 대한 욕망에 순응하면서도 곱슬머리를 펴는 루스트라실크

럭셔리 캐어Lustrasilk Luxury Care의 크림 광고가 눈에 띄게 아프리카적인 패션으로 머리 스타일을 맞추는 식으로—광고 사진에서 모델들의 피부는 연갈색이다—재현한 인종적 중립성ethnic neutrality에 반발하면서 그와 협상할 수도 있다. 엘리자베스 엘즈워스Elizabeth Ellswotrh가 지적하는 것처럼, "협상은 타자와 의사소통할 때 수동적인 수취인이 아니라 오히려 같은 텍스트에서 다양하고 때로는 모순적인 의미를 능동적이고도 예측 불가능하게 구성해내는"(61) 독자를 요구한다. 그리고 독자의 개인적이고 집단적인 문화적 경험이 이러한 비규준적인 읽기를 만들어낸다. 몰리에 따르면 "특별히 성격이 뚜렷한 텍스트의 담론들을 제외하고는, 이것은 항상 텍스트에서 다른 담론들—다른 실천을 하는 주체에 의해 활성화되는, 다른 담론적 구성체에 의존하는 담론들—을 만나는 순간에 문화적·교육적·제도적으로 작동한다"(163). 이 '다른 실천'은 광고의 규준에서 벗어난 다양한 협상의 이유를 밝혀주며, 광고 분석글의 주된 비판적 초점을 구성한다.

존슨과 다른 학자들은 문화적 생산, 맥락적 배치, 비판적 소비를 비판적 소비와 미래의 문화적 가치의 생산, 배치, 소비간의 미래 지향적인 결합을 필연적으로 동반하는 순환적 과정으로 이론화한다. 모든 새로운 텍스트에서 문화적 생산, 맥락적 배치, 문화적 가치의 비판적 소비는 그것을 이용하는 문화의 특징(및 그 문화 안에 놓인 개인들)을 갖가지 다른 방식으로 변형시키며, 비판적 소비의 모든 사례가 생산, 배치, 소비의 다른 양식을 위한 새로운 요건을 발생시킨다. 문화적 가치에 대한 순응, 저항, 협상에 의해 문화가 변형됨에 따라, 새로 등장하는 문화적 욕구를 다루는 새로운 텍스트가 요청됨으로써 텍스트에 재현되는 새로운 경제적·사회적·정치적 가치가 생겨난다. 작문 연구는 무엇보다 학술 담론으로서 존속하는 문화 연구에 실제적인 유효성을 더해주는 비판적 소비와 미래의 문화적 가치의 생산, 배치, 소비 간의 이와 같은 결합 안에 있다. 독자, 목적, 문체의 문제에 대한 수사학과 작문의 특별한 관심사는 광고 분석을 통해 얻은 비판적 지식에 기초한 실천적인 수사학적 중재의 중요성을 분명히 해준다. 따라서 문화 연구가 실로 비판적 소비에서 비롯되는 "유용한 지식 생산의 연금술"(존슨, 38)인 한, 작문 연구는 '유용한 지식'을 미래의 문화적 가치의 생산, 배치, 소비에 영향을 미치는 '공유 지식'으로 변형시키기 위한 과정이다. 비판적 소비 자체만으로는 사회 개혁에 이를 수 없다. 다만 이 순환에 수사학적으로 신중하게 개입하는 것만이 문화 연구가 추구하는 혁신을 가능하게 한다.

[부록 A]에서 서술한 것은 학생들이 광고 분석 과제의 맥락에서, 발견적 탐구를 통해 찾아내고 자신의 비판적 에세이에서 설명한 몇 가지 문제를 해결하기 위해, 상품을 생산하거나 광고를 제공하는 회사 대표(문화적 생산을 하는 독자), 광고를 배치하는 잡지 편집자(맥락적 배치를 하는 독자), 그리고/또는 광고를 접하거나 정기적으로 잡지를 받는 소비자(비판적 소비를 하는 독자) 같은 세 부류의 적합한 독자 중 적어도 한 사람을 정해서 편지를 씀으로써 광고의 비판적 소비와 문화적 가치를 미래의 생산, 배치, 소비와 결합시키는 것이다. 이 편지를 쓰기 전에 학생들은 광고에서 장려하는 문화적 가치에 호의적일지도 모르는 각 독자의 지

식의 양quantity of knowledge과 광고에서 조장하는 문화적 가치의 미래의 생산, 배치 그리고/혹은 소비에 잠재된 개혁성을 지지할지도 모르는 각 독자의 태도의 질quality of attitude을 고려한다. 학생들의 (독자가 거의 지식이 없고/없거나 개혁에 긍정적인 태도를 취할 때는 정보를 제공하며, 독자가 지식이 충분하고/충분하거나 개혁에 적대적일 때는 설득하지만, 대부분의 편지는 정보 제공의 담론과 설득적인 담론을 혼합하는) 수사학적 목표를 결정하는 이 두 가지 고려 사항은 편지의 성공에 결정적이다. 각 독자의 지식과 태도를 조사하면서, 학생들은 편지를 보냈을 때 효과를 기대할 가능성이 있는 독자 중 어느 독자(들)가 해당 광고의 맥락 안에서 문화적 가치의 미래의 생산, 배치, 소비에 가장 큰 영향을 미칠 것 같은지 결정한다. 문화적 생산, 맥락적 배치, 비판적 소비의 순환에 수사학적으로 개입하는 이 과정은 '유용한 지식'을 공유 지식으로 변형시키는 일이다. 이것은 사회 변화의 가능성을 높이는 일로, 학생들이 비판적 에세이만 쓰고 작문 과정을 마무리 짓는다면 그 가능성은 낮아질 것이다.

문화적 생산, 맥락적 배치, 비판적 소비의 순환 안에 있는 세 가지 '계기'에 발견 학습을 광범위하게 적용하는 것—그리고 가장 중요하게는 (비판적 소비 및 문화적 가치의 미래의 생산, 배치, 소비를 연결시키는) 순환에 수사학적으로 개입하는 하는 것—은 사회 과정 수사학 탐구에서 매우 중요하다. 존슨이 지적하는 것처럼, 이 계기들 중 단 하나만을 전면에 내세우는 발견 학습은 그저 "과정 중에서 가장 눈에 잘 뜨이는 부분에" 적용하는 것일 뿐이며, 벌린과 포터의 설명처럼 이러한 발견 학습은 "고작 부분적이라는 점에서 불완전하며 자칫하면 판단을 그르치게 하여 과정 전체를 파악하지 못하게 만든다"(존슨, 46). 물론 이 '과정'은 문화 연구가 비판하고자 하는 현행의 사회적 관계의 순환인바, 이 과정에 속해 있는 하나의 계기에만 일방적으로 주의를 기울이게 되면 정치적 행위의 가능성을 가로막을지도 모르는 근시안적인 결론에 이르게 된다. 사회 과정 수사학 탐구는 문화적 생산, 맥락적 배치, 비판적 소비의 순환 안에 있는 세 가지 계기 모두를 현재 전개되고 있는 사회적 관계의 전 과정에 대한 균형 잡힌 발견적 탐구로 통합시킨다.

## 사회 과정 수사학 탐구

[부록 A]에서 나는 비판적 에세이와 실천적인 편지라는 두 가지 광고 분석 과제를 제시한다. 이 과제는 학생들이 [부록 B]의 창안을 위한 발견 학습에 참여하여 자기만의 응답을 해야 하기 때문에 의도적으로 추상화되어 있다. 과제에 설명되어 있는 것처럼 학생들은 먼저 널리 알려진 잡지 중 하나를 골라야 한다. 잡지의 '코드(들)'를 미리 알고 있으면 도움이 되기 때문이다. 나는 학생들이 『세븐틴Seventeen』, 『지큐GQ』,[16] 『롤링 스톤Rolling Stone』,[17] 『자아Self』, 『근육Muscle』, 『핫 로드Hot Rod』[18]

16) (옮긴이 주) 『GQ(Gentlemen' Quarterly)』는 1957년에 미국에서 창간된 남성 패션 잡지이다. 중산층 남성을 대상으로 한 한국판 『GQ』도 발간되고 있다.

17) (옮긴이 주) 1967년에 미국에서 창간되었으며 음악, 정치, 팝문화 등을 주로 다루고 있다. 대중문화 특히 대중음악에 대한 영향력이 큰 잡지로 알려져 있다.

18) (옮긴이 주) 자동차 스피드 경주에 대한 정보와 기사를 주로 제공하는 미국 잡지이다.

등과 같이 독자가 분명한 잡지를 선택하도록 지도한다. 『뉴스위크Newsweek』, 『타임Time』, 『우리들Us』,[19] 『사람들People』[20] 같은 잡지들은 실제로는 특정한 독자를 겨냥하면서도 서로 다른 '코드'들을 다양하게 끌어들이는 경향이 있는 독자들에게 폭넓게 초점을 맞추기 때문에 미디어의 문화적 가치를 비판하는 학생들을 헷갈리게 할 수 있다. 학생들이 과제에 맞는 잡지를 선택했으면 나는 표지 디자인, 차례, 사설, 편집자에게 보내는 편지, 정규 칼럼, 특집 기사와 사진, 인사란, 광고에 이르기까지 모든 것에 세심한 주의를 기울이면서 잡지를 처음부터 끝까지 읽으라고 요구한다. 학생들은 특정한 지배적 해독 및 문화적 가치와 잡지를 결합시키는 핵심어, 인기 있는 화제, 눈에 뜨이는 시각 자료를 특히 잘 살펴보면서 그것을 읽는다. 여기서의 목표는 학생들이 기사 몇 편과 광고를 선택적으로 경험하게 하는 것이 아니라 잡지에 대해 '총체적으로 경험하게' 하는 것이다. 학생들이 잡지에서 작동하는 '코드(들)'에 방향을 맞춘 다음 할 일은 광고를 하나씩 선택하는 것이다. 이 광고는 비판적·실천적 에세이의 초점이 될 것이다. 모든 광고가 과제에 적합한 것은 아니기 때문에 적당한 광고를 고르는 것은 매우 중요하다. 가장 좋은 광고는 문화적 가치를 촉진시키는 시각 자료와 글이 상당히 균형 있게 배합된 것이다. 시각적 재현과 문자적textual 재현이 균형 있게 섞여 있지 않은 광고는 문화적 가치를 구성하는 요소들의 상호작용을 확실하게

19) (옮긴이 주) 미국에서 발생되는 대중적인 연예 주간지이다.

20) (옮긴이 주) 미국에서 발행되는 연예 주간지이며, '올해의 베스트드레서' 등을 뽑음으로써 유명해졌다.

드러내 주지 못한다.

학생들이 잡지를 읽고 비판적 에세이에 적합한 광고를 고르는 동안, 나는 두 번의 수업 시간에 [부록 B]에 있는 발견 학습을 그들이 선택한 잡지와 광고에 적용하도록 거들어준다. 이 잡지와 광고는 수업에서 토론할 대상이기 때문에 학생들이 자신의 광고 비판글에 이용하는 것은 금지된다. 첫 번째 수업 시간에 나는 독자가 분명한 잡지의 복사본을 (필요에 따라) 여러 권 가져온다. 학생들은 모둠별로 [부록 B]의 발견 학습에 있는 '맥락적 배치'의 질문에 답하는 방식으로 잡지에 대해 조사한다. 모둠별로 30분 동안 잡지의 모든 면을 조사한 후 미디어가 장려하는 결합 방식 및 가치에 대해 토론한다. 잡지에 대해 토론하는 사이 학생들은 (내가 칠판에 적어 놓은) 반복되는 핵심어, 인기 있는 화제, 지배적인 시각 자료의 목록을 만든다. 보통 우리는 핵심어, 화제, 시각 자료로 칠판을 채우는데, 이 목록 중 일부는 상충할 수도 있다. 목록은 잡지에서 작동하는 다의적인 코드들을 드러내는 데 도움이 된다. 칠판이 목록으로 채워지면, 학생들은 잡지에서 반복되는 핵심어, 인기 있는 화제, 지배적인 시각 자료가 함축하고 있는 주관적인 의미와 그것이 암시하는 인간의 욕망도 찾아낸다. 칠판이 좀 비어 있으면 나는 학생들이 상호관계를 분명하게 볼 수 있도록 핵심어, 화제, 시각 자료의 목록 아래 의미와 욕망도 적어둔다.

다음으로 학생들은 잡지에 함축되어 있는 문화적 가치를 찾아내고, 나는 이 수업에서 무엇이 문화적 가치를 확실하게 표현해 주는지 토론할 수 있는 기회를 포착한다. 문화적 가치에 대한 효과적인 표현은 이상적인 정체성과 이상적인 사회적 실천이라는 두 가지 구성 요소를 포함한다. 먼저 학생들은 해당 잡지의 관점에서 질문한다. "잡지의 핵심어, 인기 있는 화제, 시각 자료는 어떤 이상적인 정체성을 구성하는가?" 우리가 살펴본 것처럼 『에스콰이어』의 핵심어, 화제, 시각 자료는 '청년'을 이상적인 독자로 정립하며, 『자아』의 핵심어, 화제, 시각 자료는 '건강한 여성'을 이상적인 독자로 구축한다. 어떤 잡지들은 두세 가지 다른 정체성을 수립할는지도 모른다. 다음으로 학생들은 잡지의 관점에서 재질문한다. "잡지의 핵심어, 인기 있는 화제, 시각 자료는 이상적인 독자를 위해 어떤 이상적인 사회적 실천을 구성하는가?" 『에스콰이어』의 핵심어, 화제, 시각 자료는 첨단 기계장치와 고가의 의류를 구입하는 것을 청년의 이상적인 사회적 실천으로 정립하며, 『자아』의 핵심어, 화제, 시각 자료는 안전한 운동과 다이어트를 건강한 여성의 이상적인 사회적 실천으로 구축한다. 대부분의 잡지는 이상적인 독자(들)를 위해 이상적인 사회적 실천을 다양하게 수립한다. 다음으로 우리는 (그에 대한 순응, 저항, 그리고/또는 협상을 주장하며) 검토 중인 잡지와 각각의 문화적 가치가 결합되는 방식을 비판하기 위해 [부록 B]의 발견 학습 중 '비판적 소비' 부분과 관련된 질문에 관심을 기울인다.

두 번째 수업 시간에 학생들이 잡지를 읽고 비판적·실천적 에세이를 쓰기 위해 광고를 선택하는 동안, 나는 학생들이 전 수업 시간에 조사했던 잡지에서 두세 개의 광고를 공동으로 정하게 한다. 여기서 우리는 균형 있는 광고와 그렇지 않은 광고의 차이에 대해 토론하며, 남은 수업 시간 동안 무엇을 평가할지 투표로 결정한다. 광고를 골라 한꺼번에 조사하면서 학생들은 광고에 사용된 단어 및 시각 자료와 그것들이 암시하는 주관적인 욕망을 결합시킨 목록을 만들기 시작한다. 학생들이 결합 방식을 살펴보면서 그것이 암시하는 문화적 가치 진술을 체계적으로 정리하기 시작하도록 나는 다시 이 결합 목록을 칠판에 적는다. 문화적 가치에 대해 체계적으로 진술하기 위해 학생들은 먼저 각 해당 광고의 관점에서 질문해야 한다. "광고의 핵심어와 시각 자료는 어떤 이상적인 정체성을 구축하는가?" 예컨대 IBM의 노트북 컴퓨터 광고에 사용된 단어와 시각 자료는 이상적인 소비자란 성공한 최고 경영자임을 암시한다. 캘빈 클라인 청바지 광고의 이상적인 소비자는 성적 매력이 있는 여성이며, 거버Gerber 유아식 광고의 이상적인 소비자는 아이를 맹목적으로 사랑하는 어머니이다. 어떤 광고들은 서로 다른 두세 가지 정체성을 구축할 수도 있다. 다음으로 학생들은 광고의 관점에서 "광고의 핵심어와 시각 자료는 이상적인 독자를 위해 어떤 이상적인 사회적 실천을 구성하는가?"를 질문한다. IBM의 이상적인 소비자인 성공한 최고 경영자는 (IBM) 노트북 컴퓨터로 밤늦게까지 일한다. 캘빈 클라인의 이상적인 소비자인 성적 매력이 있는 여성은 몸에 꼭 맞는 (캘빈 클라인) 청바지를 입는다. 그리고 거버의 이상적인 소비자인 아이를 맹목적으로 사랑하는 어머니는 집에 머물면서 아이들에게 (거버) 이유식을 먹인다. 어떤 광고들은 이상적인 독자(들)를 위해 이상적인 사회적 실천을 다양하게 구성할 수도 있다. 그 다음 우리는 (그에 대한 순응, 저항, 그리고/또는 협상을 주장하며) 각각의 문화적 가치와 광고된 상품이 결합하는 방식을 비판하기 위해, [부록 B]의 발견 학습 중 '비판적 소비' 부분과 관련된 질문에 주목한다.

이 두 번째 수업의 마무리로 우리는 문화적 생산, 맥락적 배치, 비판적 소비의 순환에 수사학적으로 개입하기 위해 각 잠재 독자를 조사한다. 가령 학생들은 IBM의 경영진에게 남편과 아버지가 가족을 등한시하도록 조장하는 광고가 장기적으로는 IBM의 대중적 명성에 손상을 줄 수 있다고 설명하고, 홍보부는 다른 판촉 캠페인을 검토할 것을 권하는 편지를 쓰겠다고 결정할 수 있다. 학생들은 IBM의 광고를 싣는 『에스콰이어』 편집자들에게 그 광고가 자유로운 생활방식을 존중하는 『에스콰이어』의 가치와 모순된다는 점을 설명하고, 앞으로 나오는 잡지에는 그 광고를 싣지 말 것을 권하는 편지를 쓸 수도 있다. 최종적으로 학생들은 『소비자 보고서Consumer Reports』[21]지(또는 지역 광고를 싣는 지역 신문들)에 IBM의 광고가 조장하는 해로운 문화적 가치를 잠재적인 소비자들에게 설명하고 광고 관행이 바뀔 때까지 IBM 상품에 대한 소비자 불매 운동을 벌이자고 권하는 편지를 쓸 수도 있다. 대부분의 경우 편지 세 통을 다 쓰는 것이 상품/서비스 광고의 변화를 촉진하는 가장 효과적인 수사학적 선택이다. 그렇지만 적대적인 태도로 편지를 읽는 독자들이 있을 것이다. 이런 경우에는 대개 잠재 독자에게 한두 통만의 편지를 보내는 것이

21) (옮긴이 주) 미국의 소비자운동단체인 소비자동맹에서 발행하는 월간지이다. 과학적 검증 절차를 거쳐 나온 객관적인 결과를 제공함으로써 미국 소비자들에게서 상당한 신뢰를 받고 있는 것으로 알려져 있다.

가장 효과적인 수사학적 선택이다. '잠재적인 충돌'은 학생들이 독자를 선택할 때 중요하게 고려해야 할 사항이다. 항상 나는 학생들에게 가장 전달하고 싶은 독자에게 편지를 보낼 것을 장려하며, 우리는 남은 학기 동안 돌아온 응답을 가지고 토론한다. 응답은 대부분 반발이 심하고 보수적이며, 학생들은 비판을 받음으로써 어조와 목적에 대해 상당히 많은 것을 배운다. 그들은 또한 자신의 수사학적 선택이 효과가 있는지 없는지에 대한 가치 있는 정치적 교훈을 배운다. 그렇지만 다른 응답들은 편지에서 학생들이 가능한 행동 방침이 무엇인지 설명하면서 지적한 문제를 인정하며, 학생들은 자신의 글이 자신과 다른 사람들의 문화생활이 향상되는 데 영향을 미쳤다는 사실을 알고 자부심을 느낀다.

이처럼 수업 시간에 실제로 실천해 보는 것은 학생들이 [부록 B]에 있는 까다로운 발견적 질문들을 해결하기 위해서는 (시간을 충분히 들여) 전적으로 참여하는 것이 필요하다는 것을 확신하게 해준다. 학생들이 발견적 탐구를 하는 데 시간이 더 필요하면 교수자는 수업 시간을 좀 더 할애해 줄 수도 있다. 학생들이 혼자서 활동할 수도 있으므로, 그들이 서로 협력하면서 문화적 생산, 맥락적 배치, 비판적 소비의 발견적 순환에 참여하도록 하는 것은 수사학적 탐구를 위한 사회 과정적 접근에서 매우 중요하다. ① 순응적인 태도에서 벗어나 실행 가능한 비판적 위치에서, 단일하고 진실하며 보편적인 것으로 재현되는 광고와 그 광고를 싣는 미디어에 대해 고찰하거나 ② 저항적인 태도에서 벗어나 실행 가능한 비판적 위치에서, 획일적이고 허위적이며 특수한 것으로 재현되는 광고와 그 광고를 싣는 미디어에 대해 고찰하라. 한편으로, 협력적인 발견적 탐구는 광고와 그 광고를 싣는 미디어가 조장하는 문화적 가치 대다수가 눈에 뜨이게 한다. 수업 중에 학생들은 광고와 잡지가 어떤 문화적 가치를 재현하는지 논하고 이러한 문화적 가치와 자신이 어떻게 협상할지에 대해서도 의견을 나눈다. 교수자가 광고를 분석하는 비판적·실천적 에세이를 쓰는 것을 개인 과제로 내줄 때조차, 처음에 한 협력적인 발견적 탐구는 학생들이 비판할 광고와 잡지에 재현되어 있는 다의적인 담론을 확실하게 드러내준다. 그리고 이러한 지식은 학생들이 협력 활동을 하지 않을 때보다 더 치밀한 비판 글을 쓰게 되는 성과를 낳는다고 나는 믿는다.

광고 분석 과제는 협력적인 발견적 탐구와 함께 진행되었을 때 가장 성과가 크다. 그런데 내 경험으로는 서너 명의 학생들이 한 모둠이 되어 서로 협력하면서 전 과제를 수행할 때 가장 성공적이다. 사회 과정 수사학 탐구는 여기에 가장 크게 기여한다. 학생들이 대화를 나누면서 실천적인 에세이의 단일한 수사학적 목적에 맞게 (비판적 에세이에서 도표로 다양하게 제시한) 차이를 조정해야 하기 때문이다. 문화적 생산, 맥락적 배치, 비판적 소비의 순환에 대한 협력적인 발견적 탐구는 광고와 잡지를 다의적으로 읽게 하기는 하나, 학생들의 수사학적 중재가 성공하려면 다의적인 읽기가 부득이 강제되어야 한다.

내가 설명한 광고 분석 과제 또한 탐구가 필요하든 그렇지 않든 똑같이 수행한다. 학생들은 기본적인 연구와 거기에서 파생되는 연구를 수행하고 그 자료를 글쓰기로 구체화하는 능력을 향상시키기 위해 비판적 에세이와 수사학적 중재에 여러 가지 방법을 활용할 수 있다. 예를 들어 '문화적 생산'을 위해 학생들은 상품을 생산하거나 서비스를 제공하는 회사에서 발행한 자료들을 구할 수 있을 것이다. 가령 담배 회사인 필립 모리스사의 문화적 가치는 무엇이며 그 가치는 말보로 담배 광고에 어느 정도 표명되어 있는지 탐구하기 위해 이 회사에 대해 조사할 수 있다. '맥락적 배치'를 위해 학생들은 해당 광고가 실리는 잡지를 소유하고 배포하는 회사에서 발행한 자료들을 구할 수 있을 것이다. 예컨대 기획사인 콘데 나스트 퍼블리케이션즈 Condé Nast Publications[22]의 문화적 가치는 무엇이며 그 가치들은 『글래머Glamour』지 어느 면에 어느 정도 드러나 있는지 탐구하기 위해 이 회사에 대해 조사할 수 있다.

'비판적 소비'를 위해 학생들은 해당 광고나 잡지가 조장하는 문화적 가치에 대한 반응을 알아보려고 여러 사람들에게 인터뷰를 할 수 있다. 여기에서 학생들은 광고에 대한 '문화 집단'의 반응을 수집하고 녹음할 수도 있다. 민족성, 사회 계급, 젠더, 성적 기호, 종교, 정치적 성향, 교육적 배경, 거주 지역geographical regions 등에 따른 그들의 다양한 반응을 조사할 수 있을 것이다. 앞서의 협력적인 발견적 탐구처럼, 이러한 상이한 반응은 문화적 가치의 다의적 특징을 부각시킴으로써 비판적 소비를 복잡하게 만든다.

22) (옮긴이 주) 다국적 잡지 출판 기업이다. 패션, 여행, 음식, 가사, 문화 등 각 영역의 특정한 독자에 초점을 맞추어 각종 잡지를 발행하는 전략을 처음으로 수립했다.

[부록 B]에 서술되어 있는 수사학적 창안rhetorical invention을 위한 문화 연구 방법론은 바로 그 순환적 특징 때문에 사회 과정 발견 학습에 해당한다. 그것은 학생들이 글쓰기를 과정으로 이해하게 할 뿐만 아니라 주의 깊은 수사학적 중재를 통해 바뀔 수 있는 열려 있는 과정으로 문화 자체를 이해하도록 촉진한다. 발견 학습은 학생들이 특정한 담론 공동체에서 배치되고 소비될 자기 자신의 가치를 생산해 내려는 목적으로 문화적 가치의 생산과 배치를 비판적으로 소비할 때 가장 의미 깊은 힘power을 얻는다. 바꾸어 말하면 학생들이 문화적 가치의 생산과 기호학적 맥락에서의 배치라는 측면에서 광고를 조사하고, 광고와 배치 맥락 양자에서 생산되는 가치에 대한 자신의 비판적 소비를 탐구한 다음에도, 사회적 관계가 전개되는 과정에 구체적으로 수사학적 개입을 함으로써 그 순환을 계속해야 하는 것이다—그들은 텍스트, 맥락, 비판적 읽기 등을 차례로 이끌어내는 개별적인 공동체에서의 구체적인 배치 맥락과 소비를 위해 자기 자신의 텍스트를 생산해야만 한다. 그리고 이러한 수사학적 개입은 문화적 가치가 사회적 문제에 대한 다양한 관점을 통합하는 변증법적인 수사학적 실천을 통해 협상될 때 가장 효과적이다.

나는 글쓰기 교육이 내가 사회 과정 수사학 탐구라고 부르는 쪽으로 이동할 것을 제의한다. 이러한 이동은 사회 이론과 문화 연구 방법론의 교육적 적용에서 한걸음 더 나아가 창안에 해당하는 비판적 탐구를 위한 발견 학습을 수행할 것을 요청한다. 하지만 이 발견 학습은 학생들이 문화적 생산, 맥락적 배치, 비판적 소비의 전 순환을 통해 신중하게 수사학적 탐구를 하기 위한 지침으로 제공되어야 하며, 학생들이 순환에 수사학적으로 개입하기 위한 방법들을 찾는 데 도움이 되어야 한다. 사회 이론과 문화 연구 방법론에 의거해 있는 비판적 탐구를 위한 발견 학습은, 그렇지 않았다면 문화 연구에 기반한 작문 교육에 '적대적인' 관점을 성급하게 채택하였을 많은 학생 저자들이, 비판적 글쓰기에 대한 편견을 없애도록 자신의 문화적 경험을 통해 이미 알고 있는 지식을 활용하는 데 기여한다.

## 부록 A 광고에 대한 비판적·실천적 에세이: 과제

이 에세이에서 여러분들은 '광고' 문화를 비판적으로 조사할 것입니다. 의식하든 그렇지 않든 우리는 모두 수많은 광고를 날마다 접하고 있습니다. 광고는 차 안에도, 직장에도, 학교에도 그리고—대부분—집에서 쉴 때도 쏟아집니다. 그러므로 광고가 우리와 우리 주변에 어떻게 영향을 미치는지에 대한 비판적 이해력을 높이는 것은 매우 중요합니다. 그랬을 때 우리는 광고가 조장하는 문화적 가치에 순응할 것인지 저항할 것인지 아니면 협상할 것인지를 의식적으로 선택할 수 있는 능력을 얻게 됩니다.

이 과제를 위해 여러분들이 해야 할 첫 번째 작업은 널리 알려져 있는 잡지를 선택하고 최신호 한 부를 구하는 것입니다(이 잡지는 여러분이 최종적으로 광고에 대한 비판적·실천적 에세이를 써서 제출할 때 함께 내야 합니다). 다음으로 여러분이 구입했거나 빌려온 잡지에서 광고를 하나씩 고르십시오. 단 시각적·언어적 요소가 균형 있게 배합되어 있는 광고여야 합니다. 이 광고는 비판적·실천적 에세이의 주된 초점이 될 것입니다.

### 비판적 에세이

여러분들은 광고에 대한 비판적 에세이에 적합한 두 가지 일반적인 구조 중 하나를 선택할 수 있습니다. ① 창안을 위해 맥락적 배치, 문화적 생산, 비판적 소비의 순서를 조금 바꾸면서 개념을 중심으로 비판 내용을 구성할 수 있습니다. ② 광고와 잡지에서 찾은 지배적인 문화적 가치를 중심으로 비판 내용을 구성할 수 있습니다.

실천적인 편지

아래처럼 가능한 세 사람의 독자와 세 가지 목적을 위해 적어도 한 통의 공식적인 편지를 씀으로써 여러분들이 비판적 에세이에서 설명한 한두 가지 문제를 해결하도록 하십시오.

- 현재의 광고 관행을 비판하고 실행 가능한 구체적인 대안을 제공하기 위해, 광고한 상품을 생산하거나 서비스를 제공하는 회사에 보내는 편지
- 미디어와 광고 내용 간의 모순을 지적하기 위해 광고를 배포하는 미디어 편집자에게 보내는 편지
- 해당 회사 그리고/또는 해당 미디어의 광고 관행을 잠재적 소비자에게 경고하기 위해 『소비자 보고서』지의 편집자에게 보내는 편지

## 부록 B 문화적 생산, 맥락적 배치, 비판적 소비의 순환

: 광고에 대한 수사학적 탐구를 위한 발견적 문화 연구

이 발견 학습은 잡지의 광고와 관련되어 있는 문화적 생산, 맥락적 배치, 비판적 소비의 순환을 탐구하는 데 도움을 주기 위해 구상되었습니다.

### 문화적 생산

다음과 같은 결합을 통해 광고가 생산하는 ('이상적인' 독자와 사회적 실천이라는) 문화적 가치를 조사하시오.

- 광고에서 특히 눈에 뜨이는 시각 자료와 주관적인 의미의 결합 방식을 목록으로 정리하시오.
- 광고의 핵심어와 주관적인 의미의 결합 방식을 목록으로 정리하시오.
- 이 결합을 통해 광고에서 암시되는 문화적 가치들은 무엇입니까?
- 불편하게 느껴지는 문화적 가치에 동그라미 치시오.

### 맥락적 배치

여러분들이 비판하려고 선택한 광고를 배치하는 잡지의 문화적 가치에 대해 조사하시오.

- 잡지의 핵심어와 주관적인 의미의 결합 방식을 목록으로 정리하시오.
- 잡지의 인기 있는 화제와 주관적인 의미의 결합 방식을 목록으로 정리하시오.
- 잡지의 지배적인 시각 자료와 주관적인 의미의 결합 방식을 목록으로 정리하시오.
- 이 결합을 통해 잡지에서 암시되는 문화적 가치들은 무엇입니까?

- 광고의 문화적 가치와 모순되는 잡지의 문화적 가치에 별표하시오.
- 불편하게 느껴지는 잡지의 문화적 가치에 동그라미 치시오.

비판적 소비

광고에 나타나는 문화적 가치와 그것을 배치하는 미디어를 비판하시오(순응하기, 저항하기, 가장 중요하게는 협상하기).

- 여러분이 순응하는 광고와 잡지의 문화적 가치를 확인하고 개인적 경험에 의거해서 왜 이 가치에 순응하는지 설명하시오.
- 여러분이 순응하는 광고의 문화적 가치가 광고된 상품과 실제로 관련되어 있다고 믿는지 그렇지 않는지를 설명하시오.
- 여러분이 거부하는 광고와 잡지의 문화적 가치를 확인하고 개인적 경험에 의거해서 왜 이 가치를 거부하는지 설명하시오.
- 여러분이 거부하는 광고의 문화적 가치가 광고된 상품과 실제로 관련되어 있다고 믿는지 그렇지 않는지를 설명하시오.
- 여러분이 협상하는 광고와 잡지의 문화적 가치를 확인하고 개인적 경험에 의거해서 왜 이 가치들과 협상하는지 설명하시오.
- 여러분이 협상하는 광고의 문화적 가치가 광고된 상품과 실제로 관련되어 있다고 믿는지 그렇지 않는지를 설명하시오.

문화적 생산으로서의 수사학적 중재

여러분이 속해 있는 공동체에 이롭지 않은 문화적 가치에 도전하는 데 효과적인 수사학적 글을 작성하시오.

▌문화적 생산의 독자

- (상품을 생산하는 회사이든 서비스를 제공하는 회사이든) 그 회사

의 대표자들은 광고의 문화적 가치가 여러분과 다른 소비자들에게 부정적인 영향을 끼친다는 것을 알고 있습니까?

– 부정적인 영향에 대한 회사의 태도는 어떻습니까?

▌맥락적 배치의 독자

– 잡지의 편집자들은 광고의 문화적 가치가 잡지가 추구하는 문화적 가치와 모순된다는 것을 알고 있습니까?

– 모순에 대한 편집자들의 태도는 어떻습니까?

▌비판적 소비의 독자

– 소비자들은 광고 그리고/또는 잡지의 문화적 가치가 자신에게 부정적인 영향을 준다는 것을 알고 있습니까?

– 부정적인 영향에 대한 소비자들의 태도는 어떻습니까?

TEACHING COMPOSITION AS A SOCIAL PROCESS

# 3장 작문 연구에서의 후기 과정 운동

3장

# 작문 연구에서의 후기 과정 운동

후기 과정이라는 용어가 작문 연구에서 통용되기 시작하였으나 아직 그 의미는 분명하지 않다. 후기 과정이라는 용어에 대한 글쓰기 교수자들의 반발reaction은 종종 후기 근대postmodern라는 용어에 대한 문학 이론가들의 반발만큼 강력하다. 이 용어에 반발하는 이유 중 하나는 관용적 사용에서 '후기post'는 이전의 것에 대한 '급진적인 거부'에서부터 '복잡한 확장'에 이르기까지 광범위하며, 뭔가 다른 것을 의미하기 때문이라는 것이다. 이 장에서 나는 후기 과정에서의 '후기'가 갖는 가장 풍부한 의미는 '거부'가 아닌 '확장'임을 주장하고, 작문 과정에 대한 현재의 관점을 담론이라는 사회적 세계로 확장하기 위한 교육 방법으로 사회 과정 수사학 탐구를 제안한다.

## 글쓰기 과정 운동[1)]

레스터 페이글리Lester Faigley, 제임스 벌린 등의 연구자들이 주

1) 나는 이 대목에서 글쓰기 과정 운동의 역사를 모두 제시하는 것을 목표로 삼지는

장하였듯이, 1960년대와 1970년대는 사회의 대변혁revolution과 교육 개혁으로 특징지어지는 글쓰기 연구의 새로운 역사적 국면을 예고하였다. 초기 20년 동안 피터 엘보, 자넷 에미그Janet Emig, 재니스 로어, 리처드 영Richard Young을 비롯한 수많은 글쓰기 교수자들은 "결과가 아닌 과정으로 글쓰기를 가르치라"는 교육적 지표에 대한 도널드 머레이의 유명한 요청을 조심스럽게 검토하고 그에 따르기 시작하였다.[2] 베트남 전쟁 전에 학생들의 글쓰기를 지배한 엄격한 규율에 저항하면서, 서로 이질적인 이 학자들은 모두 글쓰기를 가르치는 가장 좋은 방법은 (등급화된 기준이라는 착각을 드러내는 역할을 했던) 양식 중심의 문해력mode-based literacy과 지식 중심의 교재non-fiction readers를 포기하고 대신 개개인이 글을 쓸 때 무엇이 일어나는가에 초점을 맞추는 것이라는 데 동의하였으며, 신전통주의적 수사학이 점유한 교육 영역educational space에 반대하면서 그들 자신의 교육 영역을 정의하였다.

대학 글쓰기 연구에서 이러한 견해가 유지되는 동안 글쓰기 과정 운동은 신전통주의 수사학의 해악에 반대하는 부정의 변증법에서 목표와 전략을 더 적극적으로 표명하는 쪽으로 바뀌었다. 또한 이렇게 방향이 바뀌면서 글쓰기 과정 운동은 작문을

않는다. 대신 후기 과정 작문에 관한 논의와 가장 큰 관련이 있는 몇 가지 면만을 강조한다.

2) 내가 염두에 두고 있는 구체적인 자료들 중 일부는 피터 엘보의 『자유롭게 써라(Writing Without Teachers)』(1973), 자넷 에미그의 『12학년의 작문 과정(The Composing Process of Twelfth Graders)』(1971), 재니스 로어의 「발견 학습과 작문(Heuristics and Composition)」(1970), 리처드 영의 「패러다임의 문제들: 수사학적 창안에 대한 연구의 필요성(Paradigms and Problems: Much Needed Research in Rhetorical Invention)」(1978)이다.

가르치기 위해 점점 더 표현주의적 접근과 제휴하게 되었다. 예컨대 래드 토빈Lad Tobin은 "비록 과정 교육학과 개인적인 글쓰기 간에 필연적인 연관은 없지만, (…중략…) 양자는 실천과 인식 면에서 자주 연계되었다"(6)고 언급한다. 그리고 로버트 야겔스키Robert Yagelski는 '과정'과 '표현주의'라는 용어는 자주 같은 뜻으로 사용되었다고 안타까워한다(206). 1970년대와 1980년대 전반에 걸쳐 급성장한 이 표현주의적 글쓰기 과정 운동은 대학 작문 연구계를 제어했으며, 특히 매사추세츠대학교와 뉴햄프셔대학교 같은 영향력 있는 기관에서는 효과적인 글쓰기 지도를 위한 '표준'이 되었다. 다양한 창안 전략(자유롭게 쓰기free writing, 다발짓기clustering, 일지 쓰기journaling, 브레인스토밍 등)을 통해 학생들은 자신의 내적 발화에 다가갔고, 제도 담론이라는 제한된 범위를 넘어서 자기 안에서 발견한 의미의 다양성을 이용했다. 또한 수정을 통해 학생들은 개인화된personalized 다양한 맥락을 통해 자신의 정체성에 주목할 수 있도록 격려 받았다.

물론 이것이 1970년대와 1980년대에는 표현주의 외에 글쓰기 교육에 대한 다른 접근이 존재하지 않았다고 말하는 것은 아니다. 다만 표현주의가 거의 아무런 노력도 기울이지 않고 인지 심리학에서 생겨난 많은 것을 손쉽게 흡수했던 것이다. 우리는 대부분, 특히 자넷 에미그나 린다 플라워의 획기적 연구에서 명료화된 초기 인지 심리학의 수사학이 (제임스 벌린의 『수사학과 실재』에서 빌려온 용어인) '교류적'임을 인정할 것이다. 이것은 전통적인 수사학의 삼각형과 한 가지 요소 이상 관련되어 있다.[3] 그 점에서 인지주의적 수사학은 표현주의 같은 대개의 주관적인 수사학과는 전혀 다르다. 그러나 확실한 교류적 특성을 갖추고 있었음에도 불구하고, 초기의 인지주의적 수사학은 여전히 '개인의 심리학'에 초점을 맞추었다(벌린, 『수사학과 실재』, 159). 예를 들어 린다 플라워는 (교류적 조치인) 저자 중심 글쓰기에서 독자 중심 글쓰기로 전환하라고 권하기는 했지만—인지적 문제 해결에 대한 주목할 만한 논문을 쓴 몇 년 뒤에 그녀는 피터 엘보 또한 「말할 때는 눈을 감아라」에서 제시했을 법한 충고인—여전히 초보 학생들은 저자 중심 글쓰기에서 출발하도록 장려했다. 그것은 정말로 말하기 쉽다. 즉 표현주의자들은 단지 플라워가 고안한 저자 중심 글쓰기를 위한 혁신적인 전략을 이용했고, 거기에서 멈추었다.

그러나 이 모든 것은 1990년대에 전적으로 문제가 되었다. 가령 『의미 협상의 구조』에서 플라워는 과정 안에서 표현주의적 수사학과 사회 인식론적 수사학 간의 입장을 협상하면서, 문해력과 작문에 대한 '사회 인지적social-cognitive' 접근을 명료화한다. 플라워는 자신이 "표현주의적 글쓰기의 언어로 양육되었기 때문에 그러한 관례를 어느 정도 존중하는 것 같다"(293)고 인정함에도 불구하고, "저자는 공동체에 속하기 위해 그리고 여전히 정신의 독자적인 여행을 하기 위해 전략뿐만 아니라 담론적 관습을 알아야 할 필요가 있음을 인정하는 문해력에 대한 통합된 관점"을 추구한다(292). 이러한 종류의 협상은 글쓰기 교육에 대

3) (옮긴이 주) 전통적인 수사학은 '대상(주제)'을 꼭짓점으로 하여 작가와 독자가 만나는 삼각형 모델에 입각해 있다.

한 사회적 접근 대 인지주의적 접근과 같은 전통적인 대립의 아포리아를 뚜렷하게 표현한다. 그리고 나는 이러한 종류의 협상의 충동이 (거부라기보다는) 그 자신의 역사를 확장하는 '후기 과정' 작문 연구의 이론적·실천적 토대를 형성해 줄 것이라고 믿는다.

## 후기 과정 작문: 글쓰기 과정 운동의 거부

후기 과정 작문이라는 개념을 통해 글쓰기 과정 운동에 대한 최근의 '후기의' 응답을 검토하면서 시작하자. 예를 들어 나는 후기 과정 작문이 수업 활동의 가치를 제한해 왔다고 생각한다. 다시 말해 이것이 글쓰기 과정 운동의 관심사를 급진적으로 붕괴시키고 있다고 보는 것이다. 후기 과정 작문의 이러한 '반-과정anti-process'판의 선두에 선 옹호자 토마스 켄트Thomas Kent는 자신이 '체계의 수사학systemic rhetorics'이라고 부르는 것에 반대한다. 그것은 "담론 생산과 담론 분석을 분류 가능한 과정으로 취급하기" 때문이다(「체계를 넘어서Beyond System」, 492). 작문 연구에서 켄트는 체계의 수사학이 표명한 세 가지—표현주의적·경험주의적·사회구성주의적—가 어떤 면에서는 서로 다르다 할지라도, 모두 "담론 생산과 분석은 체계화된 과정으로 환원될 수 있으며, 몇 가지 분류 방법으로 교실에서 교육될 수 있다고 가정한다"(「배리Paralogic」, 25)고 설명한다. 그렇지만 켄트는 "담론 생산과 분석은 체계화를 논박하며" 그래서 "우리는 해석적 행위를 분류하거나 어떤 종류의 체계화된 메타언어로 배열할 수가 없다(35)"고 주장한다. 계속해서 켄트는 "글쓰기 교육에 대한 과정적 접근으로, (…중략…) 우리는 저자가 몇 가지 예측할 수 있는 방법으로 자신이 말하고 싶어 하는 내용과 말하는 방식을 찾아낼 수 있다고 가정한다. 우리는 저자와 독자가 이용하는 서로 다른 해석학적 전략 간에는 적합성, 관련성 혹은 협정이 존재한다고 잘못 가정한다"(36)고 설명한다. 그렇지만 글쓰기는 분류화된 아이디어 발견 과정이 아니라, 서로 다른 해석 전략에 대한 해석학적 탐구이며, 글쓰기 교수자는 자신이 욕망하는 담론의 주인이라기보다는 오히려 배리의 참여자paralogic participants로서[4] 교실에서 이루어지는 대화에 끼어드는 것이다(37).

나는 언어가 담론 산출의 보편적인 원리들로 분류되기에는 대단히 불안정하다는 켄트의 의견에 동의하기는 해도 이것이 작문에서의 글쓰기 과정 운동이 수행해 온 것이라고는 믿지 않는다. 켄트가 설명하듯이 언어는 본래 불안정하고 모순으로 충만하며, 나는 이 점에 동의한다. 그렇지만 보편적인 의미 생성을 위한 안정되고 예측 가능한 언어학적 체계를 가정하면서 창안과 수정 전략을 이해하고 가르치지는 않는다. 대신 그 기능은 목표에 대한 저자의 감각을 제한하기보다는 차라리 계발하기 위해 공동체들의 다성적poliphonic인 언어적 특성에 마구馬具를 채우는 것이라고 가정한다. 작문을 듣는 학생들에게 언어에 대해 가르칠 때 나는 언어는 불안정하며 의미는 의사소통의 맥락 안에, 그리고 우리

4) (옮긴이 주) 여기서 배리(paralogy)는 총체성과 보편성, 통일성을 추구하는 근대적 기획에 입각해 있는 큰 서사를 거부하고 차이와 이질성을 강조하는 작은 서사들을 추구하는 리오타르의 개념이다. 불일치로 번역되기도 하는 배리는 총체성에 환원되지 않는 작은 서사들이 서로 이질적인 채로 공존하는 차이의 공간을 지시해준다.

가 사용하는 바로 그 언어에 대한 개개인의 해석 안에 존재한다고 말한다. 그러나 나는 글쓰기가 이 불안정한 언어를 실제 목표를 성취할 수 있는 담론으로 상당히 변형시켜 준다는 점도 알려준다. 그리고 독자가 절대적인 확신을 가지고 텍스트 해석에 사용할 수 있는 해석학적 전략을 예측하지는 못하지만, 그 텍스트의 저자가 독자에게 특정한 해석학적 전략을 환기시켜줄 수는 있다고 믿는다. 독자가 텍스트의 언어적 특성에 따라 특수한 관계적 역할을 담당할 수 있듯이 저자도 텍스트의 언어적 특성에 따라 특수한 해석적 입장을 맡을 수 있다. 물론 우리는 이러한 교훈을 특히 월터 옹, 더글러스 파크, 리자 에드Lisa Ede, 안드레아 런스포드에게서 충분히 배웠다.

그런데 후기 과정 이론의 켄트적 '반과정' 판에 대해 내가 가장 절박하게 우려하는 것은 그것이 작문 연구에서 가장 일반적이면서 가장 파괴적인 이항 대립—이론 대 실천—의 또 다른 판을 구축한다는 점이다. 『지식의 구성Constructing Knowledges』에서 시드니 도브린Sidney Dobrin은 켄트의 후기 과정 이론이 두 가지 측면에서 "작문의 교육적 의무를 강요 받았다"(63)고 주장한다. 첫 번째는 그것이 교실 활동에 관심을 기울이지 않았다고 비판 받았다는 것이고, 두 번째는 교육 전략의 발전에 너무 빨리 종속되었다는 것이다. 도브린은 작문 연구에서의 '후기 과정' 운동은 적어도 당분간은 순수한 이론적 기획으로 남아 있어야 하며 아직은 교육적 의무의 희생이 되어서는 안 된다고 주장한다(64). 그렇지만 후기 과정 작문에 대한 논의discourse를 제한하자는 도브린의 희망은 첫째로, 후기 과정 운동의 기반이 반과정 판이 기반하고 있는 바로 그 배리의 원리를 위반하는 일이며 둘째로, 이론과 교수법 모두 변증법적 과정 안에서 지식을 구성한다는 점을 거부하면서, 교육 '전략'에 대해 이론적 '담론'을 특권화하는 일이다. 도브린과 켄트가 서술하고 있듯이 후기 과정 이론은 거의 틀림없이 작문 연구에서 가장 존중되었던 교육 전략—작문 과정에 대한 교수법—에 대한 배리적이자 대립적인 반작용으로서 매우 생산적인 추진력을 얻었지만, 도브린과 켄트의 후기 과정 이론은 실제적인 글쓰기 교수법에 관한 어떤 교육 전략도 제공하지 않는다. 따라서 그것은 순전히 부정의 변증법이다.

### 후기 과정 작문: 글쓰기 과정 운동의 확장

이 장에서 나는 후기 과정에서 '후기'는 작문의 과정 운동을 급진적으로 파괴하는 것을 의미해서는 안 된다고 역설하는 한편, 실은 이 '후기'가 적어도 어느 정도의 불안을 표명하는 것이라고 주장한다. 내가 이미 지적한 것처럼, 글쓰기 과정 운동은 1970년대 동안 대학 작문계에서 명성을 얻었고, 거의 40년 동안 그 명성을 유지했다. 페이글리에 따르면, "과정으로서의 글쓰기에 대한 일반적인 환멸의 표현이 1980년대 후반까지는 들리지 않았다"(67~68). 나아가 존 트림버는 최근 이루어진 작문 연구에서의 '사회적 전환'은 "과정 패러다임의 위기 및 한계와 곤경에 대한 환멸이 커진" 결과임을 암시하면서 이러한 환멸이 "문해력을 이데올로기의 영역으로, 작문을 저자가 자신과 타자들의 주체성, 담론, 실천, 제도와 관련해 자신을 정위시키고position, 재정위시키는reposition 문화적 행위로"(109) 보는, 글쓰기 교육에 대한 '후기 과정적' 접근을 발생시켰다고 주장한다. (비록 절망을 내뱉지는 않았어도) 환멸을 표현했던 사람들은 글쓰기 과정 운동을 개인 저자에 대한 표현주의적·인지주의적 강박 관념이라고 비판했다.

특히 제임스 벌린, 파트리샤 비젤, 존 클리포드John Clifford, 레스터 페이글리, 수잔 밀러Susan Miller 같은 다수의 학자들은 작문에 대한 표현주의적·인지주의적 접근과 결합되어 있는 개인주의 이데올로기가 학생 저자에 대한 근대주의적 관념을 가정한다고 주장한다. 즉 이 이데올로기는 담론이 생산되는 문화적·사회적 장place에 대한 압력을 '초월'할 수 있는 독립적 주체sovereign subjects를 근본적으로 가정한다는 것이다. 허나 이 학자들은 그러한 사회적 주체란 존재하지 않는다고 믿는다. 대신 학생 저자들은 제도에만 이로운 특정한 방식으로 행동하도록 자신에게 압력을 행사하는 바로 그 사회적 힘들을 무시하기보다는 오히려 다루어야 하며, 회피하기보다는 오히려 비판해야 한다.

표현주의적·인지주의적 글쓰기 과정 운동에 대한 사회적 비판은 필연적으로 일반적인 글쓰기 과정 운동과 특히 창안을 거부한다는 것이 일반적인 인식이다. 그러나 사실은 전혀 그렇지 않다. 제임스 벌린처럼, 레스터 페이글리, 카렌 버크 르페브르, 로버트 야겔스키는 모두 (표현주의적·인지주의적 접근이 그러한 것과 마찬가지로) 글쓰기 교육에 대한 사회적 접근도 작문을 과정으로 간주하지만 차이는 이 접근이 작문을 사회적 과정으로 정의하는 것이라고 지적해 왔다. 예를 들어 카렌 버크 르페브르는『사회적 행위로서의 창안Invention as a Social Acts』에서 비록 창안 이론들이 통상 창조적인 개인 작가라는 인식에 근거하지만, "수사학적 창안은 사회적 행위로서 더 잘 이해된다"(1)고 주장한다. 다시 말해 르페브르에 따르면 창안 방법 자체는 개인적인 것도, 사회적인 것도 아니다. "문제가 되는 것은 계획이 해석되고 사용되는 방법이다."(51) 따라서 작문을 연구하고 가르치기 위한 전례 법규rubric로서의 '글쓰기 과정'은 표현주의적·인지주의적 수사학의 고유한 영역이 아니며, 트림버가 '후기 과정'이라고 부른, 작문 연구에서의 '사회적 전환'은 실천이나 이론 면에서 과정 운동을 거부하는 것이 아니라 오히려 그것을 담론의 사회적 세계로 확장하는 것이다.

하지만 문제는 지금까지 내가 설명한 것보다 더 복잡하다. 사회적·후기 과정적 관점으로 표현주의적·인지주의적 수사학을 거부하면서 다양한 언어 매체verbal media와 시각 매체를 포함하는 문화적 '텍스트들'인 '글로 쓴' 산물에 대한 관심이 새롭게 대두된다. 학생들의 텍스트가 후기 과정 작문 수업에 초점을 맞추고 있다 할지라도, 많은 후기 과정 교수자들은 글쓰기 수업에서 학생들이 텍스트만 이용하는 것은 작문 방식 중 하나인 문화적 담론 읽기 과정이라는 작문 과정의 꼭 절반을 간과하는 것이라고 믿는다. 가령 동 브렌트Doug Brent는 읽기란 생성적이며 미래의 텍스트들의 요건을 형성한다고 주장한다. 지미 킬링스워드M. Jimmie Killingsworth는 새로운 의사소통 기술이 '텍스트'를 작문 과정으로 재인도해 왔다고 역설한다. 그리고 루이즈 웨더비 펠프스Louise Wetherbee Phelps는 작문 연구자들이 과정/결과의 대립을 해체하고, 담론 구조 자체를 과정이자, 사건, 무도회dance 5)로 재구축할 것을 촉구한다. 브렌트, 킬링스워드, 펠프스는 그 논점에 대해 서로 다른 관점을 제시하지만, 글쓰기 교육으로 텍스트에 대한 관심을 회복시키는 것이 성공적으로 담론을 생산하고 수용하는 학생들의 능력을 고취시킨다는 데에는 동의한다. 우리가 그것을 '담론적 실천'(브로드키Brodkey)이라 부르든, '기호화의 실천signifying practices'(벌린, 『수사학과 시학Rhetorics, Poetics』)이라 부르든, 문화적 텍스트를 읽고 쓰는 전략은 모두 후기 과정 작문 수업에서 중요한 초점이 되었다.

그러나 텍스트에 대한 관심의 부활이 결코 작문 연구에 침투되어 있는 신전통주의적인 이데올로기의 재옹호를 의미하는 것은 아니다. 신전통주의적인 글쓰기 교수자는 학생들에게 이상적인 텍스트를 모델로 소개한 반면에, 후기 과정 글쓰기 교수자는 학생들에게 비판의 대상으로서 문화적 텍스트를 소개한다. 문화적 텍스트는 제도가 독자에게 부과하는 사회적 가치의 재현물이자 작문 수업의 영역 안과 밖에서 두루 의미를 갖는 글쓰기 요건을 구성하는 생성적 힘이다. 모방에 기초한 글 읽고 저자 따라 쓰기의 교육 전략은 거의 가치가 없으며, 작문 연구에서의 후기 과정 운동은 텍스트를 이런 식으로 극히 단순하게 사용하는 것을 피하고 있다. 비록 그렇다 하더라도 초기에 과정 대 결과의 전쟁에 말려들었던 많은 작문 교수자들은 지금 작문 수업에서 (학생들이 쓴 글을 제외한) 텍스트의 잠재적 유용성을 마지못해 받아들이고 있다. 글 한 편은 "결코 완성되지 않는다"는 점에

5) (옮긴이 주) 글쓰기 과정이 개인적인 것이 아니라 교류적인 것임을 강조하기 위해 선택된 비유적 표현이다.

동의하면서도, 나는 또한 완성되건 완성되지 않건 대부분의 글은 읽히고, 읽혀질 예정이며, 그래서 저자들은 텍스트가 생산될 뿐만 아니라 배포되고 특수한 공동체 안에서 소비되는 방식을 설명할 수 있어야 한다고 믿는다. 이에 따라 담론의 과정 및 산물에 대한 복잡한 수사학적 과제를 완수하기 위한 방법으로 나는 사회 과정 수사학 탐구를 제안한다.

내가 설명한 것처럼 사회 과정 수사학 탐구는, 보통 작문 수업에서 문화적 생산, 맥락적 배치, 비판적 소비의 순환에 기초한 일련의 발견적 질문에 의해 명료하게 드러나는 창안 방법이다. 나는 작문 연구가 담론이 생산되는 인지적·사회적 과정을 광범위하게 탐구해 왔지만, 배치와 소비 과정(그리고 생산, 배치, 소비의 전체적 순환 과정)은 대부분 무시해 왔다고 생각한다. 이러한 수사학적 과정을 통합하는 것이 사회 과정 수사학 탐구가 맡은 역할이다.

사회 과정 수사학 탐구를 실천하는 사람들은 모든 의사소통을 담론의 '유통flow'에 전략적으로 참여하는 '담론적 실천'으로 이해한다. 담론은 글쓰기라는 물리적인 행위에 선재하며, 글쓰기는 담론의 맥락/텍스트con/texts에 참여하는 일이다. 이러한 담론의 '유통'이 어떻게 작동하는가를 이해하기 위해서 우리는 적어도 두 가지의 분석적이고 생성적인 발견적 질문으로 생산, 배치, 소비의 순환에 관여할 필요가 있다. 첫 번째는 특정한 담론적 구성물이 어떻게 작동하는가(어떻게 그 구성원들이 담론을 생산하고, 배치하며, 소비하는가)를 이해하는 것이고, 두 번째는 새로운 수사학적 중재로 이 담론 구조에 참여하는 것이다.

가장 보편적인 '담론 구조'는 '제도'로 나타난다. 노먼 페어클라우Norman Fairclough는 『비판적 담론 분석: 비판적 언어 연구Critical Discourse Analysis: The critical Study of Language』에서 "사회적 행위는 제도에 대단히 깊이 연루되어 있다. 사회적 사건(가령 언어적 상호작용)을 증명할 때, 우리는 보통 가족, 학교, 직장, 교회, 법정, 정부 부처 등 그 밖의 다른 기구들을 그에 적합한 제도적 용어로 증명하는 데 아무런 어려움도 겪지 않는다"(37)는 견해를 제시한다. 이것은 다른 어떤 의사소통의 맥락보다 제도가 사회적 상호작용을 형성하고 구조화하며 담론은 그에 의해 작동되고 한정되기 때문이다. 페어클라우는 계속해서 말하기를, 우리는 "구성원들의 사회적 행위(여기서는 특히 언어적 상호작용)를 촉진하는 동시에 제한하는 제도"를 고찰해야 한다. "제도는 그것이 없으면 행동할 수 없는 행위의 틀을 그들에게 제공하지만, 그렇게 함으로써 그들이 틀 내에서만 행동하도록 제한한다"(38). 그렇지만 이 '틀'은 또한 규범적인 [제도화된] 주체 위치와 연관되어 있는 "말하는 방법을 익히는 과정에서 사람들이 필연적으로 특정한 관점이나 이데올로기적 규범도 획득하기 때문에 더욱 중대한 결과를 초래한다. 그리고 한 사람one이 일반적으로 누군가 다른 사람one이 말하는 방법을 대체로 알지 못하는 것처럼, 어떤 이유에서든 그들이 의식적으로 감시하지 않으면, 으레 말하기에 잠재되어 있는 특정한 이데올로기적 재현, 특정한 관점을 인지하지 못하게 되는 것이다"(39~40). 그러나 제도는 결코 이데올로기의 단일체가 아니다. 대체로 제도에 속한 고위 간부들이 촉진시키는 지배적인 담론이 있지만 경쟁적인 담론 또한 흔히 존재한다. 그것은 위계질서의 하부에 있는 하위(전복적) 지배sub(versive)-dominance를 위해 경합한다. 그렇지만 이러한 담론은 보통 알려지지 않거나 억압되어 있다. 페어클라우에 따르면, "자연화naturalization는 특수한 이데올로기적 재현에 상식의 지위를 부여하며, 그에 따라 재현이 불투명해짐으로써 더 이상 이데올로기로 보이지 않는 것이다"(42).

사회 과정 수사학 탐구의 목적은 제도의 불투명한 이데올로기를 글쓰기를 통해 가시적으로 만들고 탈자연화함으로써 학생들이 포괄적인 윤리학을 지향하는 제도에 대한 관점을 재정립하도록 돕는 것이다. 그런데 이것이 제도의 작동에 학생들이 철저하게 맹목적이라고 말하는 것은 아니다. 조셉 해리스Joseph Harris가 지적한 것처럼, 학생들은 대부분 학교 교육에서 특정한 주체성을 장려하는 방법 같은 것을 날카롭게 인식하고 있다. 하지만 사회 과정 수사학 탐구는 학생들에게 그들이 이미 소유하고 있는 비판력을 강화하면서 제도화된 사회화의 내적 작동 방식을 관찰하고 비판하는 새로운 관점을 제공할 수 있다.

나는 사회 과정 수사학 탐구를 통해서 학생들이 학교, 직업, 미디어, 정부 같은 제도 중 자신의 삶에 가장 큰 영향을 미치는 담론과 제도에 초점을 맞추어 수사학적 관심을 기울이는 것을 선호한다. 개별적인 과제를 하나씩 받은 학생들은 특정한 직장이 특수한 문화적 가치를 촉진시키는 방법에 대해 글을 쓴다. 부록 A에는 학생들이 자기가 선택한 직장에서 이루어지는 담론의 문화적 생산, 맥락적 배치, 비판적 소비를 조사하는 비판적 과정을 밟도록 안내하는 지침이 포함되어 있다. 학생들이 자신의 삶에 늘상 영향을 미치는 주제에 대해 가장 글을 잘 쓸 수 있다는 것은 전혀 놀랄 일이 아니며, 노동은 자기 자신의 노동 경험에 대해 질문하든 언젠가는 얻길 원하는 직업에 대한 다른 사람의 경험에 대해 질문하든, 학생들에게 항상 생산성 있는 주제가 되어 왔다.

그런데 나는 학생들이 자신의 (그리고 타인의) 노동 경험을 비판적·담론적·제도적 방법으로 이해하기를 바란다. 그리고 노동 경험에 대한 학생들의 비판적·담론적·제도적 해석을 촉진시키기 위해, 나는 사회 과정 수사학 탐구의 순환을 통해 그들을 안내하는 창안을 위한 복합적 발견 학습을 그들에게 제공한다. 나는 부록 B에 이 발견 학습을 다시 실었다. 창안을 위한 발견 학습을 지침으로 사용하면서 학생들은 비판적·실천적 에세이를 위한 자료를 만들어낸다. 그러나 발견 학습은 다만 안내를 위한 것이며, 학생들은 모든 질문에 대해 깊이 있게 대답하도록 강요받는다고 느껴서는 안 된다. 어떤 질문들은 직장에 전혀 적합하지 않을 것이며, 또 어떤 질문들은 정보를 다량으로 끌어내는데 도움이 될 것이다. 예컨대, 나는 몇 명의 학생에게 '피고용 관계'에 대한 몇 쪽짜리 기록notes을 쓰되, '조직의 배치 방식geographical layout'은 전적으로 무시하라고 했다. 그렇지만 다른 학생들은 자신의 노동 경험을 다양한 측면에서 이해하기 위해 '조직의 배치 방식'이 결정적임을 발견했던 것이다. 아래에서 나는 발견 학습에 따라 창안heuristic invention을 한 한 여학생의 반응과 그녀의 결론인 비판적·실천적 에세이를 검토한다. 나는 창안을 위한 탐구 기록지exploratory invention notes와 최종적인 에세이 간에 중요한 관련이 있음을 입증하기를 바라며 또한 학생들이 개인 서사를 넘어서서 제도 비판으로 이동하도록 장려하는 것이 갖는 중요성을 증명하기를 원한다.

다음은 갭키즈Gapkids에서의 노동 경험에 대한 켈리 마운트Kelly Mount의 창안 기록지에서 발췌한 것이다.

문화적 생산: 갭키즈의 문화적 가치가 포함된다.

> 이상적인 판매원은 늘 정시간에 일하며, 3분 안에 모든 고객에게 인사하고, 소비자를 위해 무엇이든 제공하며, 항상 한 번에 하나 이상의 품목을 판매한다. 미소 지으며 "감사합니다", "또 오세요"라고 말하며 전화로는 상냥한 목소리로 답한다. 상점을 청결하게 유지하고 복장 규정을 따른다.

맥락적 배치: 문화적 가치를 강화하기 위해 사용되는 방법들이 포함된다.

> 여러분은 갭의 옷을 입어야 한다. 판매 기술은 직원회의와 회사 전달문, 최신 판매 기술과 디스플레이 기술을 위한 훈련 기간으로 강화된다. 판매가 중요하므로 우리는 옷이 부각되도록 상점을 깔끔하게 유지하는 방법도 배운다. 대개 우리는 가게가 문을 닫은 후에도 다음 날의 판매를 위해 청소하고 상품을 정돈하면서 몇 시간 더 일한다.

비판적 소비

> 나는 항상 복장 규정을 따랐고 틀림없이 (갭) 옷을 입었으며 고객에게 인사했고 많은 품목을 판매하려고 애썼다. 그렇지만 이러한 요구사항들이 늘 불편했다. 내가 특히 싫어한 것은 매장 문을 닫은 후에 차가 있는 데까지 걸어가는 일이었다. 우리는 항상 주변에 아무도 없을 때까지 가게를 깨끗하게 관리했다. 어두운 주차장 뒤쪽에 떨어져 있는 차까지 걸어가는 것은 무서웠다.

창안을 위한 이러한 기록은 켈리가 갭키즈에서 겪은 개인적 경험을 넘어 문화적 생산, 맥락적 배치, 문화적 가치의 비판적 소비라는 제도 비판으로 이동하면서, 직장에서의 노동 경험을 비판적인 방법으로 탐구하도록 이끌었다. '문화적 생산'을 위해 켈리는 갭키즈가 이상적인 판매원의 필수적인 자질을 위해 무엇을 고려하는지 탐구한다. 이 자질/가치는 켈리의 관점이 아닌 갭키즈의 관점에서 기술되는 것이며, 여기서의 목표는 다만 갭키즈의 이상적인 노동자를 이해하고 설명하는 것이다. '맥락적 배치'에서 켈리는 판매원이 이상적인 노동자가 되기 위해 노력하도록 북돋는 갭키즈의 특별한 방법에 대해 서술한다. 회사 전달문, 직원회의, 고용인 훈련 기간은 갭키즈가 이상적인 판매원의 이미지를 장려하기 위해 사용하는 '배치' 방법의 일부일 뿐이다. '문화적 생산'과 '맥락적 배치'에 대한 학생들의 기록은 대개가 브레인스토밍의 목록에 불과하지만, '비판적 소비'에서는 일반적으로 그 기록이 무게 중심을 차지하기 시작한다. 켈리의 창안 과정에 따르면, 적극적인 판매술과 어두운 주차장의 위험은 자기가 잘 쓸 수 있을 것이라고 생각한 두 가지 아이디어였던 것이다.

창안 기록지에 의거해 켈리는 갭키즈의 근무 배치 방식 및 그 가치와 방식에 대해 비판할 수 있는 가장 중요한 문화적 가치 중 일부를 선택해서 이를 한 편의 완성된 비판적 에세이로 발전시켰다. 다음은 문화적 가치를 비판한 켈리의 비판적 에세이에 들어 있는 한 대목이다. "이상적인 갭키즈의 고용인은 가게를 가능한 한 단정하고 깨끗하게 유지해야 한다."

바닥은 더럽고 탁자에는 옷이 아무렇게나 늘어져 있는 의류 매장에 들어가는 것보다 더 기분 나쁜 일은 없다. 겉모습이 이런 의류 매장이 고객에게 주는 첫인상이 좋을 리가 없다. 고객에게 맞는 사이즈나 색상을 어디에서 찾아야 하는지 모르기 때문에 그 매장은 고객을 질리게 만든다. 쇼핑은 즐거운 행위라기보다는 시시한 일이 되어 버린다. 그러나 갭키즈의 매장들은 항상 티 하나 없이 깨끗하다. 갭키즈에서 일하기 시작했을 때 나는 청소하고 옷을 개어놓고 매장을 정돈하는 데 시간과 노력이 많이 든다는 점에 깜짝 놀랐다. 어느 날 밤 매장 관리자가 잔뜩 쌓여 있는 셔츠를 단정하게 개어놓고 단추가 들쭉날쭉하지 않게 잘 달려 있는지 확인하라고 했던 일이 기억난다. 처음에는 그녀가 까다롭다고만 생각했으나, 곧 모든 갭키즈 매장에서는 아주 사소한 것에도 신경 쓰기를 바란다는 점을 알게 되었다. 또한 나는 매장과 상가 대부분이 이미 문을 닫은 늦은 밤에 천장의 통풍구를 진공청소기로 청소하라는 명령을 받았다. 사실 폐점 후 우리는 매일 밤 한두 시간 동안 옷을 정돈하고 쓰레기를 내다 버린다.

매장의 외관에 기울이는 이 모든 노력은 경제적으로 보상 받는다. 그것은 고객에게 대단히 좋은 첫인상을 주며 고객에게 맞는 사이즈와 색상의 옷을 보여줄 때도 매장을 뒤지지 않아도 되므로 우리에게 도움이 된다. 하지만 이런 모든 작업은 부정적인 면이 좀 있다. 매일 밤 매장과 상가가 문을 닫은 뒤에도 항상 한두 시간 더 매장에 있어야 하기 때문에 대개 우리는 매장을 가장 늦게 떠난다. 이것은 혼자나 다른 근로자 한 사람과 어두운 곳에 있는 차까지 걸어가야 하기 때문에 위험했다. 나는 갭키즈 고용인들이 매장 문을 열기 전에 한두 시간 일찍 출근해서 청소하는 것이 더 좋겠다고 생각한다. 그렇게 되면 판매원들이 늦은 밤에 차가 있는 곳까지 걸어가야 할 필요가 없을 것이다.

켈리는 에세이에 있는 이 대목을 수사학적 목적이 각기 뚜렷한 두 단락으로 구성한다. 첫 단락에서 켈리는 주로 갭키즈의 관점에 따라 매장을 단정하고 청결하게 유지하는 것과 관련된 가치를 설명한다. 물론 이상적인 판매원은 (외관을 단정하게 유지해야 한다는) 강한 책임감이 있어야 하며, 한결같이 행동해야 한다(통풍구를 진공청소기로 청소하기, 단추가 잘 달려 있는지 확인하기 등). 이 단락에서 켈리는 단 하나의 가치(또는 관련되어 있는 복합적인 가치들)와 그것이 제도적으로 배치되는 방식을 기술하고 갭키즈의 맥락에서 그 중요성을 설명하는 옹호자의 역할을 맡는다. 그리고 대안적 맥락에서는 중요하겠지만, 아직까지는 존중할 만한 가치에 순응하고 존중할 수 없는 가치에 저항하거나 협상하는 것 같은 평가와 비판은 무의미하다. 이것은 켈리가 비판자의 역할을 맡는 두 번째 단락을 위해 남겨 둔 수사학적 목표이다.

두 번째 단락에서 켈리는 위에서 서술한 가치의 긍정적인 면(경제적 성공, 고객에의 호소력)을 기술하고 수용하면서 글을 시작한 뒤, 이러한 가치들의 문제점(어두운 주차장에 혼자 걸어가는 것)을 설명하고 그에 반대한다. 마지막으로 켈리는 갭키즈의 문화적 가치(단정함 등)와 그것을 촉진하기 위한 방법(전달문과 회의 등)을 계속 유지하는 절충안(문을 닫은 후보다는 문을 열기 전에 청소하기)을 가지고 협상한다. 나는 이 짤막한 두 단락에서 켈리가 향상된 제도적·담론적 실천이라는 설득력 있는 취지가 담긴 목적을 달성하고 있다고 믿는다. 경쟁하는 담론들(켈리의 경우는 갭키즈의 경제적 성공 대 고용인의 안정)을 조정하는 과정인 협상은, 존재하는 제도적 가치의 의미를 인정하면서도 다른 가치를 창출하고 서로 조화시켜, 수립되어 있는 가치와 새로운 가치 둘 다를 보존하기 위해 타협을 요청한다. 판에 박은 저항은 독자의 반발을 초래해 진정한 수사학적 목적이 거의 달성되지 못한다. 모호한 순응은 현상 유지를 긍정한다. 그러나 신중한 협상은 타협을 통한 변화를 가능하게 한다.

그런 까닭에 일련의 과제를 위해 켈리는 갭키즈가 장려하는 제도적 가치의 문화적 생산, 맥락적 배치, 비판적 소비에 대해 조사하고 비판했다. 조사와 비판은 물론 가치 있는 추구이지만, 그 자체가 수사학적 목적이 되어서는 안 된다. 사회 과정 수사학 탐구를 통해 켈리는 갭키즈에서의 몇 가지 제도적 실천이라는 점에서 유용한 지식을 생산했다. 하지만 그녀는 아직 이 지식을 이용해야만 한다. 요컨대 갭키즈에서의 노동 경험에 대한 비판적 분석에 따라, 켈리는 직장 문제를 설명하고 해결하는 편지를 쓰는 데 자신의 비판적 지식을 이용하는 다른 수사학적 과제, 더 실천적인 과제에 직면하였다. 켈리는 자신이 일하고 있는 매장의 관리자에게 편지를 쓰기로 결정했다. 다음은 (본래는 강압적인 판매 전술에 대한 문제도 제기한) 편지에서 발췌한 것이다.

**켈리의 편지**

도턴 씨에게

저는 갭키즈에서 당신과 함께 2년 넘게 일하면서 판매원직이 정말 즐겁다고 생각했어요. 그렇지만 판매원들이 어떤 일로 위험에 처해 있다는 것을 당신은 모르고 있을 것 같습니다.

저희는 매일 밤 11시 30분에 텅 빈 주차장에 세워져 있는 차까지 걸어가는 것이 불편합니다. 당신도 지난주에 그 일로 긴장했었다고 말한 것을 기억합니다. 저는 매장을 언제나 말끔하게 유지하는 것이 얼마나 중요한지 잘 알고 있지만, 목표를 이룰 수 있는 다른 방법이 있을 것 같아요.

손님이 오기 전 1시간 30분 동안 바닥을 청소하고 옷을 정돈하기 위해 직원 두 사람이 8시 30분에 오도록 일정을 짤 수 있을 것이라고 여러 번 생각해 봤어요. 이렇게 하면 야근하는 사람들 모두가 아직 사람들이 주차장 주변에 많이 남아 있는 10시에 귀가할 수 있을 것입니다.

저는 당신이 항상 우리 근로자들의 복지에 관심을 기울이고 있다는 것을 알고 있어요. 이 문제를 해결하는 데 제가 도움을 드릴 일이 있으면 알려 주시기 바랍니다.

마음을 담아서
켈리 마운트 드림

이 편지에서 켈리는 갭키즈에서 알게 된 문화적 가치의 의미를 조심스럽게 인정하면서(예를 들어 매장이 '말끔하게 보이도록' 유지한다), 이러한 가치가 야기하는 문제 또한 끌어들인다(예컨대 밤늦은 시간에 주차장까지 걸어가는 것은 위험하다). 이러한 지적을 하기까지 세부적인 조사와 비판에 상당한 수사학적 노력을 기울였지만, 사회 과정 수사학 탐구를 하는 동안 생성해낸 지식을 편지에 자세히 쓰는 데는 시간이 거의 걸리지 않았다는 점에 주목하는 것은 흥미롭다. 켈리는 비판적 추구가 학술적인 담론에만 적합하며, 작업장에서의 수사학적 목표를 성취하는 방법은 이미 알려져 있거나 가정된 정보를 되풀이하지 않고 협상의 지점(즉 상점 문을 열기 전에 청소하기)으로 빨리 이동하는 것임을 알고 있다. 그렇지만 우리는 이 협상의 지점이 사회 과정 수사학 탐구의 결과인 비판적 고찰에서 기인하는 것임을 기억해야 한다.

이 연속적인 과제를 통해 켈리는 문화적 생산, 맥락적 배치, 비판적 소비의 전 순환에 참여하였다. 첫째로 갭키즈에서 장려하는 문화적 가치를 조사하고 비판했으며, 둘째로는 담론의 유통에 참가해 제도의 변화를 가능하게 했던 것이다. 학생들이 편지를 실제로 보내든지 그렇지 않든지는 자신에게 달려 있다. 그러나 편지를 실제로 발송하지 않는다 하더라도, 그들이 목표로 삼은 공동체에서 편지가 유통되고 소비되지 않는다 하더라도, 역시 학생들은 미래의 상황을 위한 가치 있는 수사학적 전략을 학습한다.

사회 과정 수사학 탐구를 통한 비판적 글쓰기는 과정으로서, 교실 안과 밖의 실제적 목표를 성취하기 위한 수단으로서, 수사학과 글쓰기, 문화(이 모든 것은 한데 뒤엉켜 있다)에 초점을 맞춘다. 사회 과정 수사학 탐구는 (비록 글쓰기 과정 운동의 특정한 표현주의적·인지주의적 판은 거부하지만) 대체로 글쓰기 과정 운동을 거부하지 않는다. 대신 그것은 글쓰기 과정을 문화적 생산, 맥락적 배치, 비판적 소비의 순환 과정 안에 있는 (펠프스가 재환기한) 과정과 결과의 '무도회', 즉 담론의 사회적 세계로 확장한다. '사회적 행위'(르페브르)로 이해되는, 과정의 방법론이 수립한 것(창안 전략, 수정 기술 등) 모두는 담론의 문화적 생산에 본질적인 요소들이다. 그렇지만 사회 과정 수사학 탐구는 작문 과정에 대한 지식을 우리 바깥에 있는 (즉 개인 저자의 의식 외부에 있는) 사회화의 제도적 과정으로 확장한다. 생각건대 글쓰기는 인식하고 행동하는 방법, 세계를 이해하고 변화시키는 방법 둘 다이다.

## 부록 A 노동 비판적·실천적 에세이: 과제

이 에세이에서 여러분들은 '노동' 문화를 비판적으로 탐구할 것입니다. 여러분 대부분은 예전에 일을 한 적이 있거나 지금도 일을 하고 있으며 그렇지 않은 사람들은 가까운 미래에 일을 하게 될 것입니다. 대체로 노동과 관련된 여러분들의 활동은 성인이 깨어 있는 시간 절반 정도를 차지할 것입니다(8시간 노동, 8시간 여가, 8시간 수면). 그래서 우리가 저마다의 직장에 널리 퍼져 있는 문화적 가정에 대해 충분히 이해하는 것은 중요한 일입니다. 이러한 문화적 가정을 우리가 이해할 때 정보에 근거해 노동하는 삶을 어떻게 살아갈지 결정할 수 있습니다. 우리는 이러한 문화적 가정에 순응하거나 거부하거나 협상하는 것을 선택하며, 그렇게 함으로써 직장의 조건이나 관계에 대한 우리 자신의 믿음에 반하여 작동하는 문화적 가정을 변화시킬 가능성을 열어 놓습니다.

### 노동 비판 에세이

노동 경험(전일제나 시간제, 급료를 받거나 자원봉사를 하거나)이 있는 사람들은 자신이 종사한 직업과 여러분을 고용한 회사에 대해 자서전적 설명autobiographical account을 할 것입니다. 이 에세이의 주제는 다양한 직무를 완수하기를 요구하는(요구한) 직업, 다수의 다른 고용인들과 상호작용하는(상호작용한) 직업을 중심에 두는 것입니다. 여러분들은 노동 비판 에세이를 쓰기 위해 직장에서 한 경험에서 논의사항과 구체적인 내용을 자세히 끌어낼 수 있을 것입니다.

노동 경험이 전혀 없는 사람들은 직장과 고용인들에 대한 문화기술지적 서술ethnographic description[6]을 할 것입니다. 이 에세이의 주제는 쉽게 접근할 수 있는 직장을 중심에 두는 것입니다. 여러분은 노동 비판적 글쓰기를 위해 직장을 자세히 관찰하고 고용인들을 인터뷰하면서 논의사항과 구체적인 내용을 자세히 끌어낼 수 있을 것입니다.

개괄적인 접근을 통해 에세이(자서전적 설명이나 문화기술지적 서술)에서 다루고 싶은 것을 결정한 뒤에, 비판적으로 조사하고 싶은 직장을 결정한 다음 이 과제를 위해 제공된 창안을 위한 발견 학습을 완성합니다. 가능한 한 많은 질문에 자세히 답하시오.

창안을 위한 발견 학습을 완수한 뒤에는 노동 비판 에세이를 쓰기 시작할 준비가 되어 있을 것입니다. 여러분의 에세이에는 다음의 요소들이 포함되어 있어야 합니다.

① 노동 환경을 소개하고 그에 대한 자신의 결론을 미리 검토하시오. 여러분은 또한 서술에 영향을 끼칠지도 모르는, 직장에 대한 긍정적이거나 부정적인 감정—선입견—을 포함할지도 모릅니다.

② 비판적으로 조사하고 있는 직장에서 영속시키는 다수의 문화적 가치를 설명하고 비판하는 문단을 충분히 전개하여 내용을 구체화하시오. 문화적 생산과 맥락적 배치의 가치를 고용인의 관점에서 각각 논하고, 그 가치에 대한 여러분 자신의 비판적 소비(순응·저항·협상)에 대해 검토하시오.

③ 여러분이 생각하는 노동 환경 개선 방법에 따라 결론을 제시하시오.

이 비판적 에세이를 읽는 독자는 여러분이 편지에 적은 직업과 같은

6) (옮긴이 주) 문화기술지(ethnographic)는 문화인류학에서 주로 쓰이는 연구방법론으로, 현장기술지라 하기도 한다. 현장 조사를 통해 사회와 문화의 다양한 현상을 기술하고 연구하는 학문 분야이며, 현지인의 관점에 따라 그들의 문화에 대한 객관적이고 체계적인 서술을 꾀하는 것이 특징이다.

노동 환경을 경험한 사람들이거나 회사여야 하지만, 정확히 똑같은 직업이거나 회사일 필요는 없습니다. 즉 여러분의 독자는 여러분의 주제에 대해 상당히 일반적인 지식을 갖추고 있지만, 노동하면서 여러분이 직면했던 개별적인 문제에 대한 특수한 이해는 결핍되어 있다고 가정하시오.

노동 실천 에세이

직장에 있는 누군가(동료 노동자, 관리자, 소유자)에게 보내는 공식적인 편지를 쓰시오. 그는 여러분이 비판적 에세이에서 서술한 문제(들)에 대해 무엇인가를 할 수 있는 사람이어야 합니다. 그리고 이 편지는 대체로 행간 여백 없이 한 장을 써야 하며, 편지의 어조는 독자와 목적에 적합해야 합니다. 또한 여러분은 실행 가능한 해결책을 제시해야 합니다.

## 부록 B 노동 비판적·실천적 에세이: 창안을 위한 발견 학습

직업에 대한 자서전적 설명을 하든 직장에 대한 문화기술지적 서술을 하든, 여러분은 글을 쓰기 전에 주제를 탐구할 필요가 있습니다. 할 수 있는 한 자세하게 다음의 질문들에 답하시오. 이 질문들에 대한 여러분의 대답은 노동 비판 에세이에 활용할 수 있는 자세한 내용과 논의사항을 제공해 줄 것입니다.

### 문화적 생산

직장에서 영속시키는 문화적 가치를 가능한 한 많이 찾아내기 위해 다음의 조언을 활용하시오. "이상적인 X 고용인은 Y여야 한다." 여러분이 고용된 회사와 직업을 X로 바꾸고 고용주가 여러분에게 불러일으키려고 애쓰는 문화적 의미를 Y로 바꾸시오. 찾아낼 수 있는 문화적 가치가 많을수록 노동 비판 에세이를 쓰기 시작할 때 여러분은 선택을 더 잘 할 수 있을 것입니다.

잘 찾아낸 문화적 가치는 성공적인 노동 비판 에세이의 핵심입니다. 문화적 가치는 "고용주가 고용인들과 나에게 원하는 모습은 어떤 것인가?"라는 질문에 답하는 것입니다. 문화적 가치는 회사의 관점에서 써야 하며, 항상 이상적인 고용인에게 고유한 자질을 설명해야 합니다.

다음의 예는 잘 서술된 문화적 가치에 해당합니다.

이상적인 웨이어하우저사(Weyerhauser)[7]의 공장 노동자는 항상 안전을

7) (옮긴이 주) 미국의 대표적인 종이, 목재 회사이며 세계 최대의 목재 판매액을 지금까지 기록하고 있다.

우선적으로 생각하고 있다.

이상적인 레이오바크(Ray-o-Vac)[8]의 접수원은 주위 사정과 상관없이 항상 상냥해야 한다.

이상적인 월마트 직원은 항상 분주해야 한다.

다음의 예들은 빈약하게 서술된 문화적 가치에 해당합니다.

이상적인 하디(Hardee)의 요리사는 햄버거를 2분 35초 동안 만들어내야 한다.

킨더캐어(KinderCare) 보육원 교사들과 주간 탁아 노동자들은 최소한의 임금만을 받아야 한다.

나이키 고용인들은 회사에 얼마나 오래 있었는지에 따라 승진되어야 한다고 생각한다.

맥락적 배치

각 직장의 문화적 가치를 강화하기 위해 (즉 배치하기 위해) 고용주들이 사용하는 방법을 브레인스토밍하시오. 직업 설명, 벽에 붙여 놓은 정책, 오리엔테이션 워크숍, 감독, 관찰, 훈련 기간, 질책, 성과급, 직원회의 등. 그밖에 여러분이 기억하고 있거나 직장에서 관찰한 여러 가지가 제시되어야 할 것입니다.

회사의 생산/서비스 산출output에 관해 상술하시오. 고용인들의 관계

8) (옮긴이 주) 미국의 대표적인 건전지 회사이며, 이 회사에서 만드는 건전지는 전 세계적으로 가장 많이 팔리는 상품 중 하나이다.

와 활동, 조직 배치 방식 또한 문화적 가치의 배치에 기여합니다. 여러분이 비판하기 위해 선택한 직장에서 문화적 가치가 어떻게 배치되는지를 조사하기 위해 다음의 조언을 활용하시오.

- 회사의 산출: 회사는 무엇을 생산하며 어떤 서비스를 제공합니까? 회사에서는 어떤 기술이 사용됩니까? 회사는 어떤 고객에게 서비스를 합니까? 목표로 삼는 고객은 누구입니까? 회사가 서비스하는 지역은 어디입니까?
- 고용인 관계: 회사에서 권력의 위계질서는 어떠하며, 거기서 여러분의 지위는 무엇입니까? 권력의 위계질서를 가능한 한 자세히 도표로 그려보도록 하시오. 고용인(노동자들, 관리자들) 간의 사회적 관계는 어떠합니까? 고용인들 간에 어떠한 종류의 상호작용이 허용되거나 장려됩니까?
- 고용인들의 활동: 회사에서는 지위에 따라 어떠한 활동을 배당합니까? 여러분의 활동은 협상 가능합니까 아니면 엄격하게 배당됩니까? 협상이 가능하다면 그것은 어느 정도까지입니까? 회사의 다른 지위에는 어떤 활동이 배당됩니까? 그들의 활동은 협상 가능합니까 아니면 엄격하게 배당됩니까? 협상이 가능하다면 그것은 어느 정도까지입니까?
- 조직 배치 방식: 회사에서의 '자리'를 조직적으로 배치하는 방식은 무엇입니까? 회사의 조직 배치 방식을 도표로 자세히 그려보도록 하시오. 어떤 '자리'가 다른 자리보다 더 나으며 왜 그러합니까? 좋은 자리와 좋지 않은 자리는 누가 차지합니까?

비판적 소비

여러분과 다른 고용인들이 직장에서 영속시키는 문화적 가치에 순응하고 거부하며 협상하는 방식을 기술하시오. 회사가 우리에게 부여하는 이상적인 이미지를 받아들이고 기꺼이 직업이 요구하는 일을 완수하고자 할 때 노동 문화의 가치에 순응합니다. 회사가 우리에게 부여하는 이상적인 이미지에 동의할 수 없고 직업이 요구하는 일을 회피하거나 뒤엎는 방법을 발견했을 때 우리는 노동 문화의 가치를 거부합니다. 가장 중요하게는, 회사가 부여하는 이상적인 이미지에 대한 우리의 견해가 상황에 따라 바뀌고, 때로는 우리가 직업이 요구하는 일을 완수하고 어떨 때는 같은 일을 피하거나 뒤엎을 때 노동 문화의 가치와 협상합니다.

수사학적 중재

더 나은 방향으로 직장을 변화시킬 만한 가장 적당한 (그리고 가장 가능한) 방법을 생각해 내서 사원에게 편지를 쓰시오. 어떤 사원이 여러분이 지적하는 문제를 위해 무엇인가를 할 수 있는 가장 알맞은 지위에 있습니까? 두세 명의 잠재 독자들에 대한 목록을 작성하고 그들 각각에 대한 다음 질문에 답하시오.

- 여러분이 서술하는 문제에 대해 얼마나 많은 독자들이 알고 있습니까?
- 문제에 대한 독자들의 태도는 어떠합니까? (그들은 문제를 해결하기를 원합니까?)
- 이 중재를 위한 여러분의 수사학적 목표(정보 전달, 설득 등)는 무엇입니까? 독자를 한 사람 골라서 수사학적 목표에 적합한 어조를 사용해 문제를 설명하고 해결책을 서술하는 편지를 작성하시오.

# 4장

# 동일성과 차이의 아포리아와 후기 근대적 주체의 구성

4장

# 동일성과 차이의 아포리아와 후기 근대적 주체의 구성

문화 이론의 맥락에서 이루어지는 작문 교육의 최근 논의는 글 쓰는 주체의 사회적 조건을 고려하면서 시작되었다. 그렇지만 이 논의는 대개 정치적으로 문제가 되는 근대적인 동일성/차이의 이항 대립에 따라 학생-저자 주체를 구성한다. 근대적 주체는 실제에 대한 객관적 관계 및 '타자Other' 주체와의 대립을 통해 정의된다. 그리고 (자율적이며 주권적인) 근대적 주체의 구성은 동일성/차이의 대립이라는 인종 중심적인 정식화(틀, 구조)의 효과이다.[1] 예컨대 『오리엔탈리즘』[2]에서 에드워드 사이드Edward Said는 근대

1) 근대적 주체의 억압적인 특성은 작문을 연구하는 일군의 학자들이 이미 상세하게 설명한 바 있다. 가장 철저한 기술로는 존 클리포드(John Clifford)의 「담론의 주체(The Subject in Discourse)」, 다이아나 조지(Diana George)와 다이안 슈즈(Diane Shoos)의 「주체성과 저항의 문제(Issues of Subjectivity and Resistance)」, 수잔 밀러(Susan Miller)의 『탈주하는 주체와 텍스트의 카니발(Rescuing Subject and Textual Carnivals)』을 참고하라.

2) (옮긴이 주) 맥코미스키가 사이드의 『오리엔탈리즘』에서 인용한 내용은 박홍규가 번역한 『오리엔탈리즘』(교보문고, 1991)의 번역을 따른다. 부자연스러운 대목은 수정했다.

적인 유럽 사회가 문화적 차이를 '타자'로만이 아닌 '대립적인 것'으로 구축하는 방식(서구의 동일성은 동양의 차이와 대립되어 구성된다)을 설명한다. 사이드에 따르면 "동양인과 서양인 같은 범주를 분석과 연구, 그리고 국가정책의 전제나 목표로 이용한다면 (…중략…) 그 결과는 보통—동양인은 더욱 동양적으로, 서양인은 더욱 서양적으로 만드는—구별을 극단적으로 양극화하여 상이한 문화, 전통, 사회에 속하는 인간들의 만남을 제약하게 된다". 따라서 그러한 경향은 공통 기반, 동의, 이해의 가능성을 무시하거나 더 극단적으로는 차이에 대한 관용이라는 인간의 능력을 파괴하면서 "사고를 서양이냐 동양이냐라는 구분 속에 밀어 넣는다"(46). 우리는 필연적으로 '동일성'이 차이'에 대한 헤게모니적 통제를 획득하는 (혹은 획득하고자 애쓰는) 상황에 이르지 않고는 동일성/차이의 대립적 개념을 유지할 수가 없다. 이에 반해 최근 일부의 문화 이론가들은 '동일성'과 '차이'를 대립적인 용어로 간주하지 않는다. 대신 그들은 동일성과 차이를 대립하기보다는 차라리 연합하는 상보적인 한 쌍으로 구축한다. 그리고 이 연합의 결과로 생기는 주체성은 근대적 주체의 구조적 폐쇄성을 거부하고 동일성과 차이의 아포리아 안에서 자기 자신을 (문화적·수사학적 실천에 참여하면서) 분절시킨다. 특히 미셸 푸코와 자크 데리다Jacques Derrida는 자신과 타자를 구성하는 주체성의 장소를 동일성과 차이의 아포리아적 공간 안에 정함으로써 주권적이고 자율적인 근대적 주체라는 단일한 구조를 해체한다.

푸코는 다수의 저서에서 주체성의 텍스트적 구성을 통해 동일성과 차이라는 쟁점에 관여하였다. 담론 구성체(개념을 통제하고 권력 관계를 구조화하는 유명론적 스크린인 언어망)는 현 상태를 위협하지 않으면서 담론의 잠재적인 해방적 모드를 은폐하는 방식으로 인간 행위자에게 담론 모드를 제공함으로써 이들을 표준화한다. 인간의 정체성은 주어진 담론 구성체의 언어를 통해 구축되며, 다른 담론 구성체에서 상이하게 표준화된 다른 인간 행위자와의 (불법적이며 대개는 부도덕한 차이인) 차이화를 통해 강화된다. 예를 들어 『말과 사물The Order of Things』에서 푸코는 "오랜 세월 동안 지식의 기본 범주로—인식의 형식이나 내용으로—작용해 왔던 유사성Resemblance은 이제 동일성과 차이에 근거한 분석으로 와해되어 버렸다"(강조–맥코미스키, 54)[3]고 주장한다. 푸코는 서열화하는ordering 동일성과 차이의 틀 구조를 통해 다음과 같은 주장을 이어간다.

> 그러므로 정신의 활동은 (…중략…) 이제 더 이상 사물들을 한데 끌어 모으는 것도 아니요, 사물들 내부에서 일종의 근친관계나 인력이나 비밀스럽게 공유된 본성 같은 것을 탐색하는 것도 아니다. 그렇기는커녕 그것은 구별하는 것인바, 다시 말하면 먼저 사물들의 동일성을 정립하고 그 다음에 일련의 연속적인 단계에 따라 관계의 필연성을 확립한다. 이러한 의미에서, 직관에 의해 사물에 대한 분명한 표현을 제공해주고, 또한 어떤 연속 계열 내에서의 한 요소와 그 바로 다음에 오는 요소들 사이의 필연적인 관계를 명석하게 파악하게 해주는 구별은, 비교comparison를 할

3) (옮긴이 주) 맥코미스키가 푸코의 『말과 사물』에서 인용한 내용은 이광래가 번역한 『말과 사물』(민음사, 1987)의 번역을 따른다. 부자연스러운 대목은 수정했다.

때 차이를 우선적이고도 근본적으로 탐구할 것을 강제한다. (55)

동일성/차이의 대립의 산물인 사물과 질서order라는 개념은 근대적 주체 구성에 대해 집중적으로 문제 설정problematic 4)하게 해 주며, 푸코의 제도 계보학은 이러한 주체 구성 (주체화) 과정을 심문한다. 담론 구성체—처벌, 섹슈얼리티, 정신병 등과 관련된 제도화된 지배 담론인—는 주체를 구축하고 사회화한다. 담론 구성체는 세계에 대한 진리Truth를 재현하며 이 객관적인 진리는 그것을 쫓는 길을 택한 주권적 주체에 의해 인식될 것이라는 환상을 준다. 그러나 주권에 대한 환상 및 동일성과 차이에 대한 계몽을 통해 충성스러운 주체를 정립하는 근대적인 담론 구성체의 효과는, 다양한 담론 구성체가 구축한 동일성/차이의 대립을 통해 작동하는 압제적인 힘forces을 폭로하기 위해 푸코가 사용하는 방법론인 계보학의 비판적 실천에 의해 문제화된다.

푸코처럼 데리다도 흔적trace 5)과 차연différance 6)을 고려하지 않

---

4) (옮긴이 주) 루이 알튀세르가 사용한 개념인 문제 설정은 서로 교차하며 경합하는 담론들의 레퍼토리를 엮어 만들어가는 이론적·이데올로기적 구조를 뜻한다. 텍스트의 내용은 이로부터 조직된다(존 스토리, 박만준 옮김, 『문화연구의 이론과 방법들』, 경문사, 2002, 41쪽).

5) (옮긴이 주) 옮긴이 주 6)에서 설명한 차연과 같이 이해되어야 하는 흔적은 자크 데리다의 철학과 북미의 해체적 방법론의 핵심 개념으로 소쉬르의 기호이론에서 싹이 트고 프로이트의 고고학적 개념에서 자양분을 얻었다(빅터 E. 테일러·찰스 E., 앞의 책, 609쪽).

6) (옮긴이 주) 차연(différance)은 데리다가 차이에 대한 자신의 사유를 표현하기 위해 만들어낸 용어이다. 차연은 프랑스어로 동사 다르다(différer)의 두 가지 의미, 즉 '차이나다(to differ)'와 '연기하다·지연시키다(to defer)'를 겹쳐 놓은 단어이다. 이와 같이 차연이라는 용어는 세계 내적 존재에 대한 우리의 인식적 (즉 지각적이고 지성적인) 경험이 근본적으로 역동적인 차이화(미분화)의 과정으로 생성된다는 사실과,

는 근대적인 형이상학적 주체의 폐쇄성과 주권적 자아의 구조적 자율성에 반대한다. 대신 데리다는 근대적 '타자Other'를 구성했던 다양한 차이와 타자성 안에서 우리 자신의 주체성과 정체성을 찾아내야 한다고 주장한다. 그 과정에서 동일성과 차이의 대립적 특징을 붕괴시키고, 후기 근대적인 문화적·수사학적 실천을 위해 동일성과 차이 사이의 공간—아포리아—을 열어놓는 것이다. 동유럽 공산주의의 붕괴와 유럽의 대체적인 정치적 분열에 대한 설명을 시도한 『다른 곶The Other Heading』7)에서 데리다는 동일성/차이의 대립을 해체한다. 그는 이 대립이 필연적으로 물리적·형이상학적 폭력에 이르게 한다고 주장한다. "유럽 도처에서 우리 쪽으로 밀려오는 기호들에 비례하여 희망, 두려움, 떨림이 생긴다. 지금 유럽에서는 문화적인 것이건 아니건 동일성이라는 명목하에 가장 고약한 폭력들, (…중략…) 외국인 혐오증, 인종주의, 반유태주의, 종교적이거나 민족주의적인 광신에서 비롯되는 범죄들이 맹위를 떨치고 있다"(강조-맥코미스키, 6). 데리다에 따르면 근대적 주체는 타자와의 차이들—차이들의 유사성—을 끌어 모음으로써 구축된다. 우리는 자신에 대한 인식이 아닌—(근대적인) 자신과는 달리 보편에 속하지 않는 혐오스

---

이러한 차이화의 독자적인 양식이 ('공간'과 '시간' 같은 형이상학적인 실체가 아니라) 시간 두기(연기하기) 거리 두기(차이 두기)를 동일한 과정의 상호 의존적인 양상으로 인식한다는 사실을 표현하고자 한다. 이처럼 차연은 차이와 지연이라는 뜻을 동시에 나타내며 그에 따라 의미는 흔적만을 남기게 된다(위의 책, 163쪽).

7) (옮긴이 주) 맥코미스키가 데리다의 『다른 곶(The Other Heading)』에서 인용한 내용은 김다은·이혜지가 번역한 『다른 곶』(동문선, 1997)의 번역을 따른다. 부자연스러운 대목은 수정했다.

러우며 낯설고 특수한 자들인—타자에 대한 인식에 따라 자신을 구성하는 것이다.

> 민족적인 형태를 띠건 그렇지 않건, 세련되고 우호적인 형태를 띠건 호전적인 외국인 혐오증의 형태를 띠건 간에 동일성의 자기 확인은 늘 상 보편적인 것의 호출이나 명령에 응하라고 요구한다. (…중략…) 어떤 문화적 동일성도 번역이 불가능한 고유 언어의 불투명체로 제시되는 법이 없고, 오히려 그와는 반대로 항상 특수한 것 속에 보편적인 것을 확고히 새기는 것으로, 인간의 본질과 인간의 속성에 대한 유일한 증언으로 제시된다. (강조－데리다, 72~73)

이처럼 필연적으로 폭력을 초래하는 주체에 대한 계몽적인 구상 대신 데리다는 주체성에 대한 후기 근대적 이해로 인도할 것이라고 믿는 '공리'를 제시한다. 즉 "한 문화[혹은 주체성]는 그 자체로 동일화되지 않는 속성을 지닌다"(9). 데리다는 이것이 "동일성을 갖는다는 것이 아니라 스스로를 동일화시킬 수 없으며, 다시 말해 '나' 혹은 '우리'라고 말할 수 없으며, 주체의 형태를 갖출 수 있는 것은 오직 자기 자신과의 비동일성, 혹은 달리 표현하면 자기 자신과의 차이에서뿐임을"(9~10) 의미하는 것이라고 설명한다. 따라서 동일성에 대한 후기 근대적 개념은 "문화 없이는 자기 자신과의 관계, 타자와의 관계, 자기 자신과의 동일시가 있을 수 없다. 그렇지만 이때 문화란 자기 자신과의 차이의 (…중략…) 문화, 타자의 문화로서의 자기의 문화를 말한다"(강조－데리다, 중간 생략－맥코미스키, 10). 데리다에 따르면 문제는 근대적 문화와 계몽적 주체가 자기 자신을 타자의 문화와 주체성을 인도하는 '기수旗手'로 이해한다는 것이다. 그는 계몽 국가/주체라는 근대적 개념을 최근 동유럽에서 발생하는 문제에 적용한다.

> 유럽은 단순히 정신적인 기수의 표상이나 형상을 자신에게 부여하고, 자기 자신 속에 그리고 자기 자신을 위해 자신에 대한 기억을 집결시키고 축적하고 자본화하는 기획 내지 과업 혹은—보편적으로 말하자면—무한한 이념을 가진 하나의 지형적인 곶만은 아니다. 유럽은 또한 자신의 이미지와 얼굴과 형상과 장소 자체와 자신의 소유지를 돌출 지점의 형상figure, 이렇게 말해도 좋다면 남근의 돌출 형상으로 상상함에 따라 지금까지 세계의 문명 혹은 전반적인 인류 문화를 위한 하나의 곶의 형상과 헷갈리게 만들어 놓았다. 모범이 되기 때문에 돌출된다는 식의 생각은 유럽적 사고 중의 사고이다. 즉 유럽적 사고는 아르케archè—시작뿐만 아니라 명령에 대한 개념(기억의 축적과 결정의 장소인 선두로서의 곶, 그리고 지휘자)—와 텔로스telos—끝의 개념, 성취를 목표로 하여 달성하고 완수하는 어떤 한계에 대한 개념—를 모두 자신의 형상eidos으로 삼고 있는 것이다. 돌출 지점은 시작인 동시에 끝이며, 시작과 끝으로 양분된다. 이 돌출 지점으로부터 혹은 이 돌출 지점이 보이는 곳에서 모든 것이 일어난다. (강조－데리다, 24~25)

『다른 곶』의 후반부에서 데리다는 20세기의 마지막 십 년 동안 유럽이 직면한 문제들에 대한 답변의 핵심이라고 자신이 믿고 있는 역설을 보여준다. 데리다는 주장하기를 "한편으로"

> 유럽의 문화적 동일성은 (…중략…) 무수한 지역으로 분산되거나, 폐쇄적인 수많은 고유 언어들, 혹은 배타적이고 번역 불가능한 소수의 민족주의들로 분해될 수도 없고, 분해되어서도 안 된다. (…중략…) 다른 한편으로 유럽의 문화적 동일성은 중앙 집중화된 권한authority을 지닌 수도首都를 받아들일 수도 없고, 받아들여서도 안 된다. 범유럽적인 문화 장치들과 출판, 저널리즘, 학술 분야의 집중—그것이 국가 소유이건 아니건 간에—을 통해, 예술적 담론들과 실천들을 명료성이라는 격자 안에, 철학적 혹은 미학적 규범 속에, 즉각적이고 능률적인 커뮤니케이션 채널에, 시청률과 광고 방송의 채산성 추구에 종속시킴으로써 모든 것을 통제하고 표준화시키는 그런 수도는 받아들일 수 없는 것이다. (강조-데리다, 중간 생략-맥코미스키, 38~39)

이와 똑같은 역설이 동일성과 차이의 아포리아 안에 놓여 있는 후기 근대적 주체성에도 적용될 수 있다. 후기 근대적 주체성은 수많은 상이한 개인들을 정치적으로 무력하게 분산시켜서도 안 되며 차이를 정치적으로 무력한 보편적인 동일성으로 응집시키는 중앙 집중화된 권한을 받아들여서도 안 된다.

데리다에 의하면 근대적 사고는 동일성/차이의 역설을 해결 불가능한 모순으로 틀지었다. 그렇지만 후기 근대적 사고는 역설을 수사학적으로 분절 가능한 중간 지대인 아포리아로 간주한다. "오늘날 우리의 책임은 이 두 가지 모순되는 지상 명령 중 그 어느 것도 포기하지 않는 데 있는 것 같다. 따라서 우리는 이 두 가지 지상 명령을 연결시키는 의사 표시, 담론, 정치적·제도적 실천들을 새로이 고안해내는 데 주력해야 한다"(44). 다시 말해 우리는 보편성의 환상을 떨쳐내고 우리 자신의 '진로heading'라는 관심사를 타자들의 '진로들headings'이라는 관심사와 통합시켜야 하는 것이다. 우리는 자신의 진로를 포기하거나 타자의 진로를 거부하지 않으면서, 타자의 진로에 따라 우리 자신의 진로를 수립하기 시작해야 한다. 우리는 우리 자신의 진로를 타자의 진로에 개방해야 한다. 타자의 진로에 개방적이라는 이 역설적인 실천, 말하자면 (타자에 대한 근대적인 대립이라기보다는 오히려) 타자와의 연계인 동일성의 후기 근대적 구성은 어느 정도의 의무를 수반한다. "이 의무는 외국인을 받아들여 그들을 동화시킬 뿐만 아니라 그들의 타자성을 인식하고 받아들이도록 명한다." "이 의무는 자신의 교조주의를 새롭게 위장하여 구축해 놓은 자본을 신성시하는 것 또한 비판하기를 명한다." "이 의무는 그러한 비판의 미덕, 비판적 사고와 비판 전통의 미덕을 장려하기를 명할 뿐 아니라, 비판과 질문을 넘어서서 그러한 비판의 미덕에 대해 숙고하고 그것을 손상시키지 않으면서 넘어설 수 있는 해체주의적 계보학에 그 미덕을 종속시키기를 명한다"(77). 이 의무는 "민주주의의 이념"이 "결코 그냥 주어지지 않"으며 "생각해볼 여지가 있는" 것으로 보라고 명한다. 이 의무는 "차이, 지역 언어, 소수자, 특이성을 존중할 뿐만 아니라 (…중략…) 번역의 욕구, 합치와 일의성, 다수자의 법칙, 인종주의, 민족주의, 외국인 혐오증에 대한 반대를 존중하라고 명한다"(78). 이 의무는 신념처럼 "이성의 권위 아래 놓여 있지 않은 모든 것을 존중하라고 명한다"(78~79). 우리는 모두 "모순적인 이중 명령에 따라 생각하고 말하고 행동해야 할 책임"(79) 즉 의무가 있다. 데리다는 이러한 실천을 통하여 우리는 상호 배타적이지 않은 후기 근대적 주체성을 분절해낼 수 있으며, 적대적인 분파들의 폭력으로 무력해지지 않는 후기 근대적 세계에서 살아갈 수 있다고 주장하는 것이다.

### 교실 수업에서의 동일성과 차이

푸코주의자들과 데리다주의자들이 동일성/차이의 대립을 생산하는 근대적 주체를 해체하는 것은 사회적 작문 교육에서 자주 활용하는 문화 이론의 많은 측면을 문제화한다. 데리다에 따르면, 우리/그들이라는 수사학적 폭력은 작문 수업에서 비판적인 사회의식을 계발하도록 학생들을 북돋지 않았기 때문에 동유럽에서 실제적인 폭력을 초래했다. 이원적인 유명론적 스크린을 통해 문화적 텍스트를 읽도록 학생들을 가르칠 때 우리는 결국 텍스트와 협상할 수 있는 능력을 제한할 뿐이다. 내가 세운 작문 교육의 목표 중 하나는 이원적인 정치학에 의해 손상되어 있지만, 수업에서 정해준 텍스트를 학생들이 이해하고 활용할 수 있는 문화적 선취권이 그들에게 있다는 것을 알도록 북돋는 것이다. 그렇지만 교육에 대한 다른 의문이 생긴다. 우리는 어떻게 동일성/차이의 대립이라는 이원적인 논리를 피하면서 문화 비판적 글쓰기를 가르칠 것인가?

작문 수업의 첫 번째 세 주 동안, 나는 학생들에게 내가 '입장 진술position statements'이라고 부르는 것에 초점을 맞추도록 지도한다. 이 입장 진술은 학생들이 그 뒤에 이어지는 수업 시간에 필요한 능동적인 읽기 전략을 알려준다. 문화에 대해 읽고 쓸 것을 요구할 때, 학생들은 이원적인 논리로 사고하는 경향이 있다. 그들은 매주 수업 시간에 토론을 위해 내가 제시하는 문화적 산물과 사회 제도를 흔히 옳거나 그른 것, 좋거나 나쁜 것으로 바라보는 것이다. 문화적 산물과 사회 제도를 다룬 논문에 대한 그들의 반응은 보통 "나는 저자(들)에 동의한다/동의하지 않는다"로 요약될 수 있다. 학생들이 이원적 관점으로 문화적 산물과 사회 제도에 접근하는 것은 근대적 주체로서 자기 자신과 텍스트의 저자를 이해하는 탓이라고 생각한다. 학생들이 동일성/차이의 대립을 통해 자신을 구축할 때, 그것이 문화적 산물에 접근하거나 사회 제도를 비판하는 유일한 선택이 되는 것이다. 그것은 나와 같은 것이며, 나와의 동일성을 유지하고 있는가? 혹은 그것은 나와 다르며, 나와의 차이를 유지하고 있는가? 그렇지만 나의 목표는 순응이나 저항만을 조장하는 동일성/차이의 대립을 넘어서도록 학생들을 돕는 것이다. 내 목표는 그들이 후기 근대적인 방식으로 문화적 산물, 사회 제도, 산물과 제도에 대해 쓴 논문들과 협상하도록 도움을 주는 것이다. 그런데 협상은 대학에 들어온 학생들 대부분이 그저 낯설게만 느끼는 능동적인 읽기 전략을 배울 것을 요청한다.

수업의 첫 주 동안 나는 다음의 안내문을 이용해 입장 진술 과제에 대해 설명한다.

> 이 수업에서 여러분들은 문화적 논점에 대한 경쟁적인 관점들을 주장하는 할당된 텍스트들에 답하여—능동적인 읽기 전략에 익숙해지도록 하기 위해 마련된 짧은 글쓰기 경험인—'입장 진술' 글을 몇 편 쓸

것입니다. 각 입장 진술은 항상 자신의 문화적 경험을 참조하면서 여러분들이 순응하기와 바람직한 견해 인정하기(그리고 왜 바람직한지 설명하기), 저항하기와 부당한 견해 거부하기(그리고 왜 부당한지 설명하기), 그리고—가장 중요한—협상하기와 견해 수정하기(그리고 왜 그것이 수정에 가장 적합한지 설명하기) 같은 자기 자신의 관점에서 지정된 논문들을 비판하도록 요구합니다.

입장 진술에서 순응과 저항은 지정된 텍스트들에 제시되어 있는 견해에 우리가 동의하거나 동의하지 않는다고 말할 것을 요청합니다. 그러나 훨씬 더 가치 있는 비판적 읽기 전략인 협상은 우리에게 경합하는 텍스트들의 중간 지점에서 자기 입장을 정할 것을 요구합니다. 다시 말해 우리가 할당된 텍스트들과 협상할 때, 우리는 텍스트 자체와 우리 자신의 문화적 경험 간의 교차점들을 분절해낼 수 있습니다. 그렇더라도 우리가 이 교차점들을 발견하려면 지정된 논문의 내용을 확인하는 단순한 읽기를 넘어서야 합니다. 우리는 텍스트만 이해하며 읽는 대신 의도spirit, 정치학, 역사, 투입 내용investments을 읽어내야 하며, 텍스트가 존재하는 방식이 독자인 우리가 살아가는 방식과 어떤 식으로 만나는지도 읽어내야 합니다.

지시 사항이 모호하며 고의성이 있기 때문에 우리는 비판적으로 읽고 쓰기 위해 첫 번째 맥락으로 이동한다.

첫 번째 맥락은 랩 음악, 특히 플로리다 포트로더데일 연방 지역법원에서 호세 곤잘레즈Jose Gonzalez 판사가 투 라이브 크루2 Live Crew[8]의

---

8) (옮긴이 주) 1986년 미국 플로리다주 마이애미에서 결성되어 1990년대에 대중적인

앨범 『그들의 소원처럼 역겨운As Nasty as They Wanna Be』을 판매 금지 처분한 것에 초점을 맞춘다. 학생들은 투 라이브 크루에 대한 상충하는 경쟁적 관점을 드러내는 존 페어리스Jon Pareles의 「랩: 교활하며 폭력적인, 외설적이지만 어쩌면 희망이 있는Rap: Slick, Violent, Nasty, and, Maybe, Hopeful」(1990년 6월 17일자 『뉴욕 타임즈』에 처음 발표됨)과 조지 윌George Will의 「하수구에 빠진 미국America's Slide into the Sewer」(1990년 7월 30일자 『뉴스위크』에 처음 발표됨), 두 편의 논문에 대한 입장 진술 글을 쓸 것을 요구받는다.[9] 간추려 보자면, 페어리스는 투 라이브 크루의 랩 가사가 폭력을 재현한다고 인정하면서도 그것이 지배 문화의 판에 박힌 인종차별주의에 맞서는 정치적으로 고결한 하위 문화의 전투라고 주장함으로써 교활하고 외설적인 래퍼들을 옹호한다. 이에 반해 윌은 랩 가사들 특히 투 라이브 크루의 판매 금지된 앨범에 실린 가사들이 노골적으로 아프리카계 미국 젊은이들에게 성폭력 행위를 자극한다고 비난한다.

다음은 세 명의 학생들이 쓴 입장 진술 글에서 인용한 것이다. 이 글들은 페어리스와 윌이 내놓은 주장에 대해—차이와—동일성의 아포리아 안에서 협상하고 주체 위치를 정하는 것을 실제로 보여준다. 아프리카계 미국 여성인 크리스티나 디커슨

---

인기를 얻은 랩밴드이다. 선정적이고 외설적인 랩 가사로 앨범이 판매 금지되었으나 보수주의자들의 지나친 압박으로 인해 전국적인 검열 논쟁이 일어났다. 결국 판결은 번복되었고 음반은 300만 장 이상 판매되었다.

9) 이 두 편의 논문은 내가 수업에 사용하는 교재인, 다이아나 조지와 존 트림버의 『문화 읽기: 비판적 읽기와 쓰기의 맥락(Reading Culture: Contexts for Critical Reading and Writing)』에 수록되어 있다. 2판(1995)이나 3판(1999)에는 실려 있지 않다.

Kristina Dickerson은 랩 음악을 배태한 도시 문화의 일원이 아님에도 불구하고 페어리스와 윌이 논증하는 것보다 더 넓은 지식을 기반으로 주체 위치를 협상한다. 그리고 페어리스와 윌의 아포리아 안에서 구축한 대안적인 주체 위치는 대체로 랩에 대한 호의적인 견해에 도달하게 한다.

> 내 경험으로는 퀸 라티파(Queen Latifah)[10] 같은 래퍼들은 여성을 존중하라고 요구하며, 여성 스스로도 자신을 존중하라고 가르친다. 드 라 소울(De La Soul)[11] 같은 다른 래퍼들은 폭력이 아닌 평화를 칭송하며, 다른 많은 랩 그룹이 마약 복용과 타락에 대해 노래한다. 이 예술가들의 노래가 검열되어서는 안 된다. 사람들이 신문에 대서특필되는 랩의 노골성과 폭력성 대신 모든 종류의 랩에 귀 기울였다면, 그들은 미국의 젊은이들에게 보내는 중요한 메시지가 담긴 대단히 풍부한 문화를 발견할 수 있었을 것이다.

크리스티나는 투 라이브 크루의 앨범 『그들의 소원처럼 역겨운』이 판매 금지된 것을 제유적[12] 일반화의 징후로 간주한다. 그녀는 어떤 랩 음악의 가사는—특히 투 라이브 크루의 가사는—인정하지 않지만, 관중의 환호만을 목표로 삼는 몇 안 되는

---

10) (옮긴이 주) 흑인 여성으로 미국의 영화배우 겸 가수이다. 최초의 여성 래퍼이자 현존하는 가장 유명한 여성 래퍼 중 한 사람으로서 아프리카계 미국 여성들의 귀감이 되고 있다.

11) (옮긴이 주) 흑인 중산층 출신의 남성 3인조 힙합 그룹이다. 초현실적인 가사와 레게, 펑크, 사이키델릭, 팝, 재즈 등 여러 장르를 결합시킨 화려한 랩을 선보임으로써 주목받았으나, 출신 성분의 차이로 인해 랩의 본질을 제대로 표현하지 못했다는 평가를 받기도 했다.

12) (옮긴이 주) 수사학적 개념 중 하나로 사물의 한 부분이 전체를, 전체가 한 부분을 가리킨다. 즉 종(種)이 유(類)를, 유(類)가 종(種)을, 재료가 산물 등을 나타내는 표현법을 말한다(이정민·배영남, 『언어학사전』, 박영사, 1990, 891쪽).

래퍼들 때문에 인종, 젠더, 계급 관계에 대한 긍정적인 메시지를 담는 음악 장르 전체를 비난하는 것에는 매우 단호하게 반대한다. 투 라이브 크루가 비록 그런 방식으로 랩을 하는 것은 잘못된 일이지만, 앨범을 판매 금지시키는 것은 모든 랩 음악에 '음란'이라는 낙인을 찍는 것이며 그녀에게 이것은 절대로 단순한 일이 아니다. 크리스티나는 투 라이브 크루의 판매 금지된 앨범에 실려 있는 폭력적이고 타락한 랩 가사가 아프리카계 미국 젊은이의 자기 파괴적인 행동을 조장할지도 모른다는 윌의 결론을 수용하지만, 한 랩 그룹에 대한 특수한 결론을 다른 모든 랩 그룹에 대한 결론으로 간주하는 윌의 제유적으로 일반화하는 보수적 충동은 거부한다. 또한 크리스티나는 페어리스가 투 라이브 크루를 지배 문화에 대한 하위문화의 저항이라고 변호하고 싶어 하는 욕망을 받아들인다. 하지만 페어리스처럼 가사에 표현되어 있는 폭력성과 퇴폐성을 눈감아 주려 하지는 않는다. 대신 크리스티나는 아프리카계 미국인 공동체에 부정적인 영향을 미치는 폭력과 타락에 대해 쓴 퀸 라티파나 드 라 소울 같은 래퍼들의 사회의식이 담긴 가사를 인용한다. 그리고 대안적인 랩 그룹과 사회의식이 담긴 가사를 인용함으로써, 크리스티나는 '자유주의적인' 페어리스와 '보수적인' 윌의 아포리아 안에 자신의 복합적인 주체 위치를 정한다.

쉐리 노스Sheri North는 랩 음악을 들어 본 경험이 별로 없어서 자기가 애호하는 기독교 음악이 주는 의미를 참조하면서 페어리스와 윌의 아포리아 안에서 자신의 주체 위치를 협상한다. 비교를 통해 쉐리는 랩을 보호받아야 할 중요한 문화적 상징으로 정립한다.

랩은 아프리카계 미국인 공동체의 경험 및 삶과 관련되는 문화적 상징이 되었다. 마찬가지로 기독교 음악은 일상적인 기독교인의 경험을 다루면서 인생을 살아가는 방법과 신에 대한 믿음을 온전히 끌어내는 방법을 알려주기 때문에 우리 가족을 위한 문화적 상징의 역할을 맡는다. (…중략…) 랩을 듣고 상처받은 사람들은 폭력적인 가사가 그릇된 행동 방법을 설명한다고 생각할지도 모른다. 하지만 때로 랩은 소외와 억압을 표현할 수 있는 창의적인 통로의 역할을 맡기도 하는 것이다.

페어리스와 윌에 대한 쉐리의 독해는 상충된다. 그녀는 (윌처럼) 랩 음악이 저속하고 폭력적이라고 믿으며 그 음악이 기반하고 있는 것을 거부한다. 그렇지만 쉐리는 또한 가스펠이나 찬송가가 기독교인 사회사의 문화적 상징인 것과 유사하게 (페어리스처럼) 랩은 아프리카계 미국인 사회사의 문화적 상징이라고 본다. 검열 면에서 볼 때 문화적 상징으로서의 랩의 특성이 폭력과 타락을 표현하는 랩의 특징을 약화시키지만, 그렇다고 랩 음악의 상징적 특성이 가사의 저속한 내용을 변명해 주지는 못한다. 쉐리의 기독교적인 주체 위치에서 랩 음악은 사회를 파멸시키는 원인이다. 하지만 쉐리는 자신의 공동체가 지닌 가치와 랩 음악을 낳은 도시에 살고 있는 아프리카계 미국인의 공동체가 지닌 가치의 차이를 인정하고 수용할 수 있다. 그리고 쉐리는 문화적 상징주의에 의거해 이 둘을 끌어 모아 연계시킴으로써 차이를 받아들인다.

쉐리처럼 조디 와든Jodi Warden도 랩 음악을 듣지 않는다. 하지만 주간 탁아 시설에서 일하기 때문에 미디어가 어린이의 행동에 미치는 영향을 직접 보아서 알고 있다. 조디는 어린이 집단에 대한 경험—아마도 페어리스도 윌도 공유하지 못하는 경험인—에 따라 페어리스와 윌의 아포리아 안에 자신의 주체 위치를 정하고, 자신과 어린이들의 상호작용에 의거해 랩을 비판한다.

> 투 라이브 크루는 자신이 노래하는 대로 행동하지 않을지도 모르지만, 그들의 음악은 사람들을, 특히 아이들을 그들이 원하는 대로 만드는 것 같다. 랩은 생산적인 표현 수단이 아니다. TV에서 듣고 보는 것이 아이들의 행동에 커다란 영향을 미친다는 것은 분명하다. 예를 들어 새로운 만화영화 〈파워 레인저〉는 악당들과 싸우고 죽이는 아이들을 다룬다. 내가 일하는 곳을 포함한 주간 탁아 시설 몇 군데에서는 어린이들이 운동장에서 실제로 싸움을 일삼기 때문에 이 영화를 보는 것을 금지하고 있다. 어린이들은 배운 대로 행동한다. 아이들이 듣는 것과 똑같이 행동할 것이라고 가정하는 것이 논리적이다.

조디는 사회 문제—미디어가 어린이들의 행동에 미치는 부정적인 영향—와 공범 관계에 있는 랩 음악을 비난하고, 자신의 원칙에 따라 페어리스에 반대한다. 주간 탁아 시설에서 일하는 조디는 폭력적인 미디어(그중 하나가 랩이다)가 원인 제공한 문제를 경험을 살려서 구체적으로 이해한다. 그렇지만 조디가 랩 음악을 모순적인 것으로 간주하는 페어리스의 자유주의적인 주장을 강하게 거부하는 것이 윌의 보수적인 주장을 충동적으로 받아들이게 되는 요인이 되지는 않는다. 다시 말해 그녀는 윌이 논문에서 제공한 미리 조립해 놓은prefabricated 주체 위치로 퇴행하지는 않는 것이다. 대신 조디는 어린이들과의 폭넓은 경험을 끌어들이는 과정에서 자신의 주체 위치를 정립한다. 크리스티나와 쉐리가 페어리스와 윌의 아포리아 (가능하다면) '중간'에 주체 위치를 세우는 반면에, 조디의 주체 위치는 윌 쪽으로 좀 더 기울어지는 경향이 있다. 그렇지만 조디가 윌의 주장에 무비판적으로 순응하는 것은 아니다. 대신 그녀는 랩 음악 논쟁에 끼어들어 『그들의 소원처럼 역겨운』을 비난하는 윌과는 다른 대안적인 주체 위치를 정립한다. 조디는 자신과 윌의 위치가 확실히 비슷하다는 것을 깨닫지만, 자신이 사회악으로 생각하는 것에 맞서 보수적으로 연합하면서도 어린이들과의 경험을 살피면서 그와의 차이를 찾아낸다.

크리스티나, 쉐리, 조디는 입장 진술을 통해 페어리스와 윌이 논문에서 제시한 상충되는 견해들을 비판하지만, 그들의 비판은 자기 자신의 문화적 경험에 확고하게 뿌리박고 있다. 다시 말해 이 세 명의 학생들은 페어리스나 윌이 전개한 주장에 소극적으로 순응하거나 방어적으로 저항하지 않는다. 결과적으로 그들은 미리 조립해 놓은 자유주의적인 주체 위치와 보수주의적인 주체 위치에 쉽게 빠져들지 않는 것이다. 대신 이 학생들은 페어리스 및 윌과의 동일성과 차이의 아포리아 안에 대안적인 주체 위치를 구축하면서 자신의 유명론적 스크린이라는 막film을 통해 텍스트와 협상한다. 크리스티나, 쉐리, 조디는 페어리스와 윌이 논문에서 전개한 주장을 한데 모아 차이를 연계시킨다. 주장을 그러모으는 힘은 각자가 수사학적 상황에 적용할 수 있는 개인적인 경험이다. 입장 진술 과제를 수행하면서 학생들은 경합하는 다양한 담론들 속에 '내던져'지고, 담론에서 자기만의 의미를 끌어낼 것을 요구받는다. 즉 그들은 양자택일의 논리에 빠지지 않으면서 문화적 텍스트들의 분기점points of divergence에서 주체 위치를 분절해낼 것을 요청받는다.

입장 진술은 다양한 미디어가 학생들에게 (그리고 그들이 쓰는 글에) 제공하는 것에 그들이 소극적으로 순응하거나 방어적으로 저항하기보다는 오히려 비판적인 시각에서 자신의 주체 위치를 정립하는 데 집중하면서 텍스트에 접근하도록 돕는다. 입장 진술은 학생들이 노동과 광고, 학교의 맥락에서 자신의 경험(그리고 텍스트 바깥에서 재현되는 타자들의 경험. 이 둘은 수업에서 제시되고 탐구를 통해 획득된다)이 갖는 기호학적 의미에 대한 문화 연구 에세이를 효율적으로 쓰는 데 필요한 능동적인 읽기 전략을 가르쳐준다. 나는 문화적 맥락에서 동일성과 차이의 아포리아 안에 주체 위치를 발견하고 분절해낸 경험이 있으면, 문화 연구와 관련된 글쓰기 과제를 학생들이 더 잘 준비한다는 것을 알아냈다.

이미 설명한 것처럼 내가 구상한 문화 연구에 입각한 글쓰기 과제는 대부분 두 측면을 포함한다. 학생들이 제도적 맥락에서 경합하는 담론들을 설명하고 비평하는 비판적 에세이와, 경합하는 담론들의 차이를 모아 연계시켜 자신의 비판적 에세이에서 설명한 문제들 중 하나에 대한 해결책을 제시하는 실천적인 글이 그것이다. 우리는 사회적 작문 교육학이 비판적 지식의 수사학적 기능을 무시하고 있음을 흔하게 발견한다. 이 실천적인 글은 학생들이 비판을 통해 얻은 지식을 효율적으로 활용하는 방법을 가르쳐준다. 예컨대 내가 맡은 문화 연구와 관련된 작문 수업에서 학생들이 처음으로 쓰는 통글full length 에세이 중 하나는 비판적 맥락에서 '노동'에 대해 조사하는 것이다. 이 에세이에서 학생들은 현재나 이전 직상에서 경합하는 담론들을 찾아내고 (노동 경험이 없는 학생들은 문화기술지적 에세이를 쓴다), 이 경쟁적인 담론들의 아포리아 안에 주체 위치를 정하는 비판적인 에세이를 작성한다. 다음 과제는 경합하는 담론들을 중재하고 그와 관련된 문제의 해결을 시도하는 실천적인 글을 쓰는 것이다. 실천적인 글을 쓰면서 학생들은 앞서 했던 입장 진술에서 배운 능동적인 읽기 전략을 효과적으로 도입한다. 실천적인 글은 조사 중인 노동의 맥락에서 경쟁하는 담론들 중 극단적인 이데올로기 하나만을 대표해서는 안 된다. 대신 그들은—모든 고용인을 위한 노동 환경 개선이라는—공동의 목표를 향해 차이를 끌어 모아 연계시키면서 경합하는 담론들을 중재해야 한다.

가령 문화 연구에 기반한 작문 수업을 듣는 학생 중 하나인 킴 예이츠Kim Yates는 자신의 고향인 북캐롤라이나에 있는 샹파뉴 염색 공장에 대한 노동 비판 에세이를 썼다. 킴이 비판적 에세이에서 찾아낸 경합하는 담론들은 사회적·경제적 계급 차별과 육체 노동자의 노동 조건을 중심에 둔다. 킴이 샹파뉴 염색 공장에서 일했을 때는 고등학교를 졸업하지 못한 상황이라서 마음에 드는 일자리를 고를 수 있는 입장이 아니었다. 그녀처럼 (비록 나이가 많아도) 교육을 제대로 받지 못한 염색 공장의 동료 노동자 대다수가 그랬듯이, 그녀도 첫 번째로 들어온 제안을 받아들였다. 샹파뉴 염색 공장의 직물 가공 상황—여름에는 냉방 장치가 없고 겨울에는 난방이 되지 않아 많은 고용인들이 건강에 이상을 느끼는—은 공장 노동자들이 견뎌내기 어려운 것이었지만, 관리 사무실에서는 필요한 온도 제어 설비를 갖추지 않았다. 비판적 에세이를 쓰면서 킴은 교육받지 못한 샹파뉴 염색 공장 노동자들의 이야기를 담은 인터뷰를 일부 복사한다. 인터뷰에서 페기 그린Peggy Green은 자신이 처한 곤경을 설명한다. "교육을 제대로 받지 못한 사람은 나를 포함해서 53명이에요. 다른 일자리를 찾는 건 정말 힘들 거라고 생각해요. 학교에 다시 가기에는 너무 늦었고요." 경영자 측에서는 손쉽게 "자신을 대신할 다른 사람을 구할" 수 있었기 때문에, 교육 수준이 낮은 샹파뉴 염색 공장 노동자들은 매일같이 견뎌야 하는 열악한 노동 조건에 대해 불평할 처지가 아니었다. 또한 킴은 간접적이기는 하나 공장 전체에 난방과 냉방을 충분히 하려면 비용이 너무 많이 든다고 시인하는 샹파뉴 염색 공장 경영자 측의 말도 기술한다.

킴이 샹파뉴 염색 공장 소유자에게 쓴 실천적인 편지는 차이들의 연계를 통해 경합하는 담론들을 중재한다. 이를 위해 그녀는 추가 비용을 들이지 않으면서도 노동자의 사기를 높인다는 공동의 목표를 위해 차이를 이용한다. 킴은 샹파뉴 염색 공장 소유자에게 노동자들이 해로운 환경에서 벗어나 기운을 회복하도록, 쾌적한 공간에서 번갈아가며 자주 쉴 수 있는 특수한 '온도 제어 장치'를 아래위층에 설치할 것을 제안한다. 이러한 비판적·실천적 에세이들을 쓰면서 킴은 샹파뉴 염색 공장이라는 맥락(즉 교육 수준이 낮은 노동자 대 특권을 누리는 경영자) 안에서 경합하는 주체 위치 중 하나만을 채택하는 것은 수사학적 효과가 없다는 것을 깨닫게 되었다. 교육받지 못한 노동자들의 직물 가공 상황이 바뀔 수 있는 가능성을 위해 킴은 교육 수준이 낮은 노동자들과 특권을 누리는 경영자들 간의 차이를 연계시키고 공동의 목표를 위해 차이를 활용해야 했다. 킴이 노동 계급에 속한 개개인을 비윤리적으로 대하는 특권적인 경영자들과 직접 맞서는 것은 아니지만, 샹파뉴 염색 공장 소유자에게 보내는 편지의 수사학적 어조는 교육 수준이 낮은 노동자들을 대우하는 더욱 포용적인 윤리를 조심스럽게 제안한다. 노동의 맥락에서 글을 씀으로써 킴은 그와 같은 복합적 사고가 효과적인 문화 비판의 특징이자 사회 변화를 유도할 가능성이 있음을 증명한다.

문화적 범주(인종·계급·젠더), 대중적 산물(텔레비전·광고·통속소설pulp fiction) 그리고/또는 제도(노동·학교·종교)에 초점을 맞추는 작문 수업을 듣는 학생들은 동일성과 차이의 이항대립이라는 무력한 양자택일의 논리를 피하도록 지도하는 수사학적·문화적 전략의 혜택을 입는다. 예컨대 경쟁적인 담론들의 아포리아 안에 주체 위치를 정립할 수 있는 학생들은 특정한 사람들을 주변화하는 경향에 대해 실천 가능한 문화적 대안을 제시할 수 있는 능력을 갖춘다. 학생들은 주변화된 방법으로 재현되는 것들, 말하자면 재현되지 못하면서 다시 재현되는 것들re-representing을 드러내는 문화적 동일성 및 차이와 협상하면서 작업한다. 협상이라는 사회적·수사학적 전략은 입장 진술 글을 쓰면서 처음으로 배우게 되며, 다양한 문화적 맥락에서 비판적·실천적 에세이를 쓰면서 계발된다. 나는 학생들이 동일성과 차이의 아포리아 안에 문화적으로 인간적이며 수사학적으로 효력 있는 주체 위치를 구축하는 동시에 이항 대립을 해체함으로써 일상적으로 영향을 미치는 문화를 변화시키도록 가르치는 것이 문화 연구에 의거한 작문 수업의 목표가 되어야 한다고 주장한다.

# 5장 작문 수업과 비판적 담론 분석

TEACHING COMPOSITION AS A SOCIAL PROCESS

# 5장 작문 수업과 비판적 담론 분석

작문 교수자들은 문체와 문법 및 창안이라는 문제에 접근하는 새로운 수업 방법을 찾기 위해 흔히 언어학을 탐사한다. 그런데 「언어학과 작문 교육, 1950~1980Linguistics and Composition Instruction, 1950~1980」에서 샤론 크롤리Sharon Crowley는, 언어를 탈맥락적인 것으로 간주하는 전통적인 언어학은 문장의 길이를 벗어나는 담론에는 거의 관심이 없기 때문에 작문 연구에서 차지하는 언어학의 가치가 제한적이라고 지적한다. 크롤리의 결론은 1950년대부터 1960년대에 이르기까지 언어학의 태도는 한결같았다는 것이다. 프랭크 파커Frank Parker와 킴 시도 캠벨Kim Sydow Campbell에 따르면, 언어학의 중요한 발전은 1970년대 전후에 시작되었다. 언어학의 발전 중 하나는 (파커와 캠벨이 추구한 것은 아닌) 특히 홀리데이M. A. K. Halliday가 확실하게 구분해낸 '수사학적'·계통적·기능적 언어학임이 분명하다.[1] 이것은 홀리데이의 언어학에 기반을 두었다고 주장하는

---

1) 체계적·기능적 언어학을 '수사학적'이라고 해도 무방한 이유는 홀리데이 자신이 언어학을 그러한 방식으로 보았기 때문이다. 사실 홀리데이는 『구어와 문어(Spoken and Written Language)』에서 전통적인 언어학이 언어의 사용과 언어 구조를 분리시

다른 언어 이론들에도 명료하게 표현되어 있다. 1960년대 후반에서 1970년대에 이르는 동안 홀리데이는 『문법, 사회, 명사Grammar, Society and the Noun』, 『언어 기능의 탐색Explorations in the Functions of Language』, 『의미생성론Learning How to Mean』, 『언어의 체계와 기능System and Function in Language』과 같은 저서에서 기능적인 언어학 이론을 발전시켰다. 이 저서들을 통해 그는 언어 구조란 언어 사용의 기능이며, 언어 사용은 사회적 맥락의 기능이라고 주장한다. 그 사이에 동앵글리아대학교의 언어학자들인 로저 파울러Roger Fowler, 건터 크레스Gunther Kress, 로버트 호지Robert Hodge, 토니 트루Tony Trew가 다음과 같은 측면에 세심한 주의를 기울이고 있었다. 즉 이 네 명의 언어학자들은 홀리데이의 수사학적인 (기능적·계통적인) 언어학 방법론을 문화 및 이데올로기 비판 이론과 융합시키기 시작했고, 1979년에 출판된 『언어와 통제Language and Control』에서 공식적으로 자신들의 결과물을 혼종적인hybrid '비판 언어학Critical Linguistics(CL)'이라 칭했다. 최근에는 비판 언어학에서 파생된 비판적 담론 분석Critical Discourse Analysis( CDA)이, 기능적·계통적 언어학에서뿐만 아니라 안토니오 그람시Antonio Gramsi, 루이 알튀세르, 미하일 바흐친Mikhail Bakhtin, 미셸 푸코와 위르겐 하버마스Jurgen Habermas를 포함하는 다양한 좌파들과 맑스주의 문화 비평가들에게서 영감을 얻으면서(페어클라우와 오닥Wodak, 260~262), (비판 언어학의 강박증인) 텍스트의 구조를 넘어 담론의 생산과 해석의 과정으로 연구 대상을 확장하고 있다(페어

켰다고 안타까워하면서, "역사적으로 언어의 사용이라는 논점을 가장 효과적으로 다룬 연구는 수사학"임을 상기시킨다(vi).

클라우, 『언어Language』, 22~27). 이 장에서 나는 최근의 언어학적 발전, 특히 비판적 담론 분석의 영역에서의 발전—작문 연구에서는 크게 무시된 발전—이 글쓰기 지도를 위한 사회적 방법의 개발에 상당한 기여를 하고 있다고 주장한다.

비판적 담론 분석은 텍스트 언어학의 정치적 입장을 밝히는 실천이다. 이것이 사회 과정 수사학 탐구를 통해 작문 연구에 적용되었을 때 학생들은, 그렇지 않았다면 사람을 미혹시켰을, 이데올로기와 권력 관계의 인지 가능한 구현체로 언어를 바라볼 수 있게 된다. 수많은 작문 연구자들이 영향력 있는 사회 이론에 의거해서 풍부한 사상과 내용을 담은 교육학을 정립해 왔지만, 여기에는 대체로 비판적 담론 분석을 수업에 통합시킴으로써 얻어낼 수 있는 텍스트 초점화textual focus가 결핍되어 있다. 예컨대 최근 발행된 『왼쪽의 여백Left Margins』, 『교육학의 개선Reclaiming Pedagogy』, 『작문과 저항Composition and Resistance』, 『영어 수업과 사회적 쟁점Social Issues in the English Classroom』, 『정치의 시대와 교육Pedagogy in the Age of Politics』, 『그런디 선생님은 더 이상 아무것도 가르치지 않는다Miss Grundy Doesn't Teach Here Anymore』 같은 저서들은 글쓰기와 텍스트가 사회적·문화적 현상임을 가르치는 방법에 대해 폭넓게 인식하도록 해주었지만, 여기에 담긴 교육학은 읽기·쓰기 과제의 언어보다 오히려 내용에 초점을 맞추는 경향이 있다. 그들은 사회화를 달성시키는 언어적·기호적 의미보다는 사회화라는 개념에 더 주목하는 것이다. 하지만 그와는 다른 사회적 글쓰기 교육학과 연결시켜 가르칠 때 비판적 담론 분석은 교수자와 학생들이—사회화와 주체의 자리매김subject positioning을 가능하게 하는 수단인—문화적 텍스트의 언어를 연구할 수 있는 방법을 제공한다. 그 방법은 글쓰기 교육에 대한 가장 최근의 사회적 접근이 제공하는 것보다 더욱 체계적이다.

비판적 담론 분석을 글쓰기 교육에 활용하는 방법을 분석하기 위해 나는 작문 연구와 비판적 담론 분석의 관계를 설명하는 것에서 이 장을 시작한다. 두 번째로 나는 두 가지 글쓰기 과제 및 비판적 담론 분석에 기초해 있는 사회 과정적인 창안을 위한 발견 학습Social-Process invention heuristic에 대해 설명하고 세 번째로는 학생들이 과제와 발견 학습을 이해할 수 있는 특별한 교육학적 방법에 대해 논한다.

## 비판적 담론 분석과 작문 연구

전통적인 언어학자들과는 달리 비판적 담론 분석의 전문가들은 언어 구조만 다루지 않는다. 그들은 언어 사용, 의사소통자들의 사회적 관계, 기호학적 상호작용의 (구두적·문자적·시각적) 양식들을 둘러싼 문화적 맥락 쪽으로 분석적·비판적 도구들을 옮겨놓는다. 그러나 이러한 수사학적 초점보다 비판적 담론 분석 전문가들을 더욱 강하게 결합시키는 것은 사회적·문화적 억압을 뒤엎기 위한 정치적 헌신이다. 크레스의 설명처럼, 비판적 담론 분석은 "처음부터 (…중략…) 영향력이 큰 문화적 대상—텍스트—을 분석하여 작동 방식과 효과를 밝혀냄으로써 지나치게 불평등한 시스템을 위기에 빠뜨리게 하고 나아가 더욱 평등한 사회 질서를 수립하는 데 기여하기 위한 정치적 기획이었다"(「재현에 대하여Representational」, 15; 중간 생략—맥코미스키). 가령 능동태와 수동태 구문들은 동일한 핵문核文 2)을 가치 개입 없이 그저 다양하게 변형시키는 것이 아니다. 비판적 담론 분석의 관점에서 이것은 사회적 대화에 참여한 특정한 인간 행위자를 승인하거나 말소하는 정치적 선택이다—즉 그것은 이데올로기의 작동이 구체적으로 발현된 것이다. 비판적 담론 분석의 전문가들은 수동화passivation, 명사화, 분류, 일반화(그 외에도 많은)와 같은 언어의 구조들이 주체성을 재현하는 정치적 효과를 조사한다.

비판적 담론 분석이 혁신적이고 유용하기는 하나, 초기에는 적어도 두 가지 점에서 문제가 있었다. 예컨대 케이 리처드슨Kay Richardson과 레스터 페이글리는, 초기의 비판적 담론 분석이 주장과는 달리 여전히 맥락보다 텍스트를 특권화했으며 극단적으로 단순화된 이데올로기의 토대/상부구조 모델을 가정했다는 것을 알아차렸다. 페이글리는 "언어를 사회적 행위와 연관시키려고 시도하는 언어학 이론은 그동안 다루어지지 않았던 텍스트의 문화적 소비에 대해 논하는 방법들을 제공하였다. 하지만 텍스트가 생산되고 읽히는 특수한 역사적 환경에 대해 설명하지 않는다면 언어 분석은 (…중략…) 불완전하다"(97~98; 중간 생략—맥코미스키)고 주장한다. 그렇지만 튠 반 데이크Teun Van Dijk와 노만 페어클라우를 포함한 최근의 비판적 담론 분석 전문가들은 전

2) (옮긴이 주) 핵문은 초기 변형 생성 문법 이론에서 매우 중요한 개념이다. 모든 언어의 문장은 모두 핵문, 혹은 핵문의 기저에 있는 열(列)에 일정한 변형 조작을 가함으로써 얻어지는 도출문에 속하기 때문에, 핵문은 언어의 근간을 이루는 문장으로 간주되었다. 오늘날 핵문이라 하면 대개 심층구조에 다른 문장이 내포되어 있지 않은 가장 간단한 구조의 문장을 말한다. 그것은 결국 능동·긍정·평서·단문이 되나 이것이 의미 해석이나 이론 구성상 특별한 의미를 갖지는 않는다(이정민·배영남, 앞의 책, 486쪽).

임자들을 괴롭히던 문제들을 해결하기 위해 작업해 왔으며, 동앵글리아의 비판적 언어학자들 중에서는 특히 호지와 크레스가 비판적 담론 분석이 지난 몇 년 동안 진행시켰던 것과는 다른 방향을 받아들였다.[3)] 비판적 언어학은 비판적 담론 분석의 새로운 모델에도 여전히 텍스트 분석 방법을 제공한다. 하지만 페어클라우는 『언어와 권력Language and Power』에서 담론이라는 용어는 "사회적 상호작용의 전 과정"에 적용되므로 "텍스트는 한 부분일 뿐"(24)이라고 지적한다. 현재의 비판적 담론 분석 전문가들 역시 텍스트는 생산, 배치, 소비의 과정 안에서 생성되고 순환된다고 보고 있다.

1980년대와 1990년대의 비판적 담론 분석 작업은 사회의식이 뚜렷한 언어학자들이 텍스트가 생산되는 제도적 맥락을 비판하는 데 관심을 기울이면서 시작되었다. 예를 들어 반 데이크의 가장 최근의 연구는 (『엘리트 담론과 인종주의Elite Discourse and Racism』와 『인종주의와 압박Racism and the Press』을 포함해) 인종적 차이라는 담론적 구성물을 특히 제도적 맥락에서 조사하는 것이다. 게다가 지금까지도 비판적 담론 분석 연구의 가장 중요한 장인 『담론과 사회Discourse & Society』의 발기인이자 현 편집자인 반 데이크는 비판적 담론 분석을 제도 비판의 영역으로 확장하는 데 관심이 있는 신진 학자들이 절실히 요구하는 포럼을 제공해 왔다. 가장 널리 알

3) 최근에 호지와 크레스는 예전에 쓴 『이데올로기로서의 언어(Language as Ideology)』의 자매편인 『사회 기호학(Social Semiotics)』을 출판했으며, 크레스는 『글쓰기 학습과 미래의 글쓰기(Learning to Write and Writing the Future)』에서 연구 범위를 작문 연구로 확장시켰다. 『뉴스 언어(Language in the News)』 같은 파울러의 최근 저서는 '객관적인 뉴스 담론'이 발휘하는 이데올로기 효과에 대한 비판적 분석에 집중한다.

려진 비판적 담론 분석 제안자일 페어클라우는 아직 생성중인 이 복잡한 학문 분야를 이론화하기 위해 많은 노력을 기울였다. 예컨대 『담론과 사회 변화Discourse and Social Change』에서 페어클라우는 담론 자체를 사회적 실천으로 간주하면서 맑스주의적 문화 연구, 후기 구조주의 담론 이론, 비판적 언어학의 방법론이 교차하는 지점에 비판적 담론 분석의 자리를 정해준다. 비판적 담론 분석이 이 이론들을 수렴해야 해석적·정치적 능력power을 획득할 것이라고 생각하기 때문이다.

크레스에 따르면 비판적 담론 분석이 사회 질서를 실제로 변화시키기 위해서는 "비판적으로 읽고 분석하고 해체하는 활동에서 생산적 활동으로 이동하는 것이 가능해야"(「재현에 대하여」, 15~16) 한다. 즉 비판적 담론 분석의 과제는 "생산making에 초점을 맞춘 대규모 사업이 되기 위해 방향이 바뀌어야 한다"(19). 그리고 담론의 생산을 강조하기 위해서 작문 수업보다 더 나은 장은 없다. 나는 글쓰기 수업에서 학생들이 비판적 담론 분석의 원칙을 충족시킬 수 있는 가장 좋은 방법이란 아래에 제시하는 네 겹four-fold의 방법론을 따르는 것이라고 주장한다. 첫 번째, 대상target 담론에 코드화되어 있는 문화적·사회적 가치 분석하기. 두 번째, 대상 담론의 특정한 언어적·수사학적 선택에 의해 은폐된 대안적인 문화적·사회적 가치에 잠재되어 있는 대안적 성격 확인하기. 세 번째, 실현 가능한 대안적 담론의 관점에서 대상 담론에 코드화되어 있는 문화적·사회적 가치 비판하기. 네 번째, 사회화의 특정한 제도적 과정을 중재하기 위해 대안적인 문화적·사회적 가치를 코드화한 새로운 담론 생산하기.

폭넓은 준비를 요구하는 글쓰기 과제는 신중한 태도로 비판적 읽기를 하도록 자극하며 담론적 중재 또한 유도해낸다. 내 경험으로 이는 설득력 있는 논증이 체계적으로 전개된 에세이를 쓰는 데 이바지한다. 이 과제를 완성하는 학생들은 빈 서판 blank slates('속기 쉬운 대중')이나, 만족감을 느끼기보다는 기계적으로 비판하는 성향이 있는 개인들로 수업에 참여하지 않는다. 조셉 해리스와 프랭크 파머가 주장하는 것처럼, 대신 이 학생들은 발견적 탐구의 안내를 받으면서 비판력을 더 계발하고 확장하도록 격려 받는다. 사회 과정 발견 학습은 저자와 비판 대상 간의 대화를 통한 상호작용을 촉진시키며, 상호작용의 결과로는 주로 순응, 저항, 협상의 균형이 이루어지게 된다. 이 장의 다음 절에서 나는 두 가지 글쓰기 과제를 안내하고, 대학 안내 책자 college viewbooks의 기호학을 수사학적으로 탐구할 수 있는, 비판적 담론 분석에 기초한 사회 과정 발견 학습에 대해 설명한다.

### 대학 안내 책자의 문화적·사회적 가치 비판과 생산

안내 책자 과제와 발견 학습 중 각자가 맡는 부분에 대해 상세히 설명하기 전에, 나는 먼저 총체적 효과에 대해 말하려고 한다. 안내 책자 프로젝트는 두 가지 주요 측면으로 이루어져 있다. 첫 번째 과제인 '대학 안내 책자의 문화적·사회적 가치 비판하기'는 비판적 글쓰기에 초점을 맞추며, 그 목표는 학생들이 케렌이 명명한 '재현 수단', 즉 다른 의사소통자들이 사용해 온 일련의 학습된 텍스트적 특징들을 발전시키도록 돕는 것이다. 여기서 학생들은 대학 안내 책자의 사회 기호학을 수사학적으로 탐구하기 위해 비판적 담론 분석에 기반한 사회 과정 발견 학습에 답하면서 창안 기록지를 자세히 써야 한다. 그리고 안내 책자에서 장려하는 문화적·사회적 가치를 설명하고 비판하는 비판적 에세이를 작성해야 한다. 두 번째 과제인 '대학 안내 책자에 알맞은 문화적·사회적 가치 생산하기'는 특정한 독자의 행위와 신념에 영향을 미치는 것을 목표로 하는 실용적인 글쓰기에 초점을 맞춘다. 두 번째 과제의 목표는 학생들이 '재현 과정', 즉 학습한 작문 전략 및 자신이 선택한 텍스트의 특징을 파악할 수 있는 방법을 발전시키도록 도움을 주는 것이다. 여기서 학생들은 현재 다니고 있는 학교에서 장려하기를 바라는 문화적·사회적 가치의 구체적인 목록을 만든다. 또한 그들은 이 가치를 증진시키기 위해 (언어적·시각적인 것을 모두 포함하는) 수사학적 전략을 이용하여 새로운 대학 안내 책자를 손수 작성한다.

글쓰기 과제를 위해 학생들은 비판하고 생산해낼 담론을 다양하게 선택할 수 있지만, 나는 두 가지 특별한 이유 때문에 대학 안내 책자를 선택한다. 첫째, 대학 안내 책자 자체는 다른 텍스트보다 더 분명하게 제도 담론institutional discourse을 재현한다. 대학 안내 책자를 펼쳐 보기도 전에 대부분의 학생들은 이미 그에 대해 예상할 수 있는 지식을 일부 갖추고 있다. 학생들은 신학대학의 가치가 일반 대학의 가치와 다를 것임을 알고 있으며, 이렇게 제도에 대해 추측하는 것이 탐구심을 자아낸다. '광고' 텍스트로 분류될 수 있는 대부분의 대학 안내 책자(독자는 입학을 아직 결정하지 않은 예비 학생들이며, 안내 책자의 목표는 학생들이 그 대학에 들어오도록 설득하는 것이다)는 광고 기능이 없는 다른 제도 담론보다 장려하는 가치가 더 분명하며 그 가치는 정치적이다. 제도 담론인 대학 안내 책자는 특정한 학생들의 입학을 장려하고 다른 학생들의 입학을 저지함으로써 가치를 증진시키는 역할을 맡는다. 두 번째로, 글을 쓰는 학생들은 삶에 큰 영향을 주는 주제에 관심이 가장 많고, 대학생들 특히 신입생들은 자신을 둘러싸고 있는 새로운 학술 문화와 관련된 정체성을 능동적으로 발견하는 과정에 있기 때문에 다른 학생들보다 안내 책자 과제에서 얻는 것이 더 많다.

아래의 안내문은 안내 책자 프로젝트의 첫 번째 과제에 대해 설명한다.

**과제 1** 대학 안내 책자의 문화적·사회적 가치 비판하기

이 과제를 위해 여러분은 대학이나 종합대학의 특수한 유형에 맞게 대학 안내 책자에 구축되어 있는 문화적 가치와 사회적 가치 및 그와 관련되어 있는 이상적인 정체성의 재현 방식에 대해 비판할 것입니다(앞으로 모든 고등교육 기관을 지시하기 위해 '대학'이라는 단어만을 사용하겠습니다). 여러분은 다음의 대학 유형 목록에서 가장 관심 있는 안내 책자를 선택할 수 있습니다.

| | |
|---|---|
| 여자대학 | 남자/남녀공학대학 |
| 기술대학이나 무역대학 | 자유교양대학[4] |

4) (옮긴이 주) 미국의 자유교양대학(Liberal Art College)은 인문 교양 교육을 대학의 목표로 삼아 교양학부를 운영하는 4년제 일반 종학대학의 단과대학이나 사립대학을 가리킨다. 대체로 대학의 목표에 어울리게 규모가 크지 않고, 지방에 많이 설립되어

| 사립: 선발 대학 | 공립: 공개 입학 대학 |
|---|---|
| 2년제 대학 | 4년제 대학 |
| 신학대학 | 일반 대학 |

첫 번째, 안내 책자에 재현된 문화적 가치와 그와 관련된 이상적인 학생의 정체성을 분석하고 비판하시오. 두 번째, 대학 안내 책자에 재현된 사회적 가치와 그와 관련된 이상적인 시민의 정체성에 대해 분석하고 비판하시오.

첫 번째 과제에서 학생들은 정의와 토론을 필요로 하는 특정한 핵심 용어들을 접하게 될 것이다. 먼저, '문화적 가치'는 유토피아적 목표를 위해 공동체를 이끌 수 있는 이상적인 학생(또는 이상적인 학생의 정체성)이 존재하는 이상적인 대학 공동체라는 맥락에서 대학 안에 있는 이상적인 공동체의 특성을 표현한다. 각 대학은 상이한 문화적 가치를 장려함에 따라 서로 다른 학생 정체성에 주목하며, 이 가치와 정체성을 안내 책자의 최전면에 내세운다. 하지만 대학과 학생은 특정한 관점에서만 '이상적'이며, 안내 책자에 재현된 대학과 학생의 모델은 대체로 엘리트주의적이고 자민족 중심적이며 성차별주의적인 가정에 기초해 있

있으며, 역사가 오래된 편이라서 고유한 전통이 확립되어 있는 것으로 알려져 있다. 자유교양대학의 특징은 다양한 교양 과목을 개설해서 전공별 이수과목이나 필수과목을 한정하지 않고 폭넓게 교육시킨다는 것이다. 구체적으로는 인문학, 사회과학, 자연과학, 어학을 전문적으로 가르치고 관련된 학위를 수여한다. 따라서 '전통적인 교양 과목'의 범주에 들지 않는 비즈니스나 공학 등의 학과목을 개설하고 있는 자유교양대학은 많지 않다.

다. 따라서 학생들은 이러한 매체들을 전보다 더 비판적으로 읽는 법을 습득해야 한다. 그것은 '바람직한' 문화적 가치(포용적이며 경제적·사회적·정치적 차이에 민감한)와 학생 정체성에 순응하고, '해로운' 문화적 가치(배타적이며 경제적·사회적·정치적 차이를 이용해 착취하는)와 학생 정체성에 저항하고, 맥락에 따라 진가가 결정되어야 하는 문화적 가치 및 학생 정체성과 협상하는 것을 의미한다. 자신을 위해 학생들은 어떤 가치와 정체성에 순응할 것인지, 저항할 것인지, 협상할 것인지를 자기 기준에 맞추어 결정해야 한다.

다음으로 '사회적 가치'는 해당 대학의 맥락 바깥에 있는 이상적인 사회의 특징을 표현한다. 교육의 역할은 미래의 시민을 준비하는 것이므로, 학생들이 안내 책자의 맥락에서 대학 바깥의 세계가 어떻게 재현되는가를 이해하는 것은 아주 중요하다. 사회적 가치는 이상적인 사회의 특징을 설명하며, 안내 책자에는 이 사회를 유토피아적 목표에 맞게 이끌 이상적인 시민(또는 이상적인 대학 졸업생)이 존재한다. 각 대학은 서로 다른 문화적 가치를 장려함에 따라 서로 다른 미래의 시민 정체성을 갖출 수 있는 학생들에 주목하며, 이 가치와 정체성을 안내 책자의 전면에 부각시킨다. 그렇지만 사회와 시민은 특정한 관점에서만 '이상적'이며, 학생들이 실현 가능성이 있는 대안적 관점에서 분석할 때 '이상적인 것'은 흔히 붕괴된다.

학생들은 핵심 용어들을 신중하게 정의하고 첫 번째 과제를 위해 할 일을 점검한 다음, 내가 네 가지 항목으로 제시한 창안 안내문에 따라 절차를 밟아나간다. 첫 번째와 두 번째 항목은 대학이라는 맥락에서의 문화적 가치와 학생 정체성에 초점을 맞추고 있다. 세 번째와 네 번째 항목은 대학의 바깥이라는 더 넓은 맥락에서의 사회적 가치와 이상적인 시민 정체성에 중점을 둔다. 사회 과정 수사학 탐구를 하는 동안 학생들이 기억해야 하는 가장 중요한 것은 발견 학습의 네 항목이 모든 안내 책자에 똑같이 유용한 것은 아니라는 점이다. 예컨대 어떤 안내 책자는 주로 대학 공동체를 위한 문화적 가치 수립에 초점을 맞추지만, 다른 안내 책자는 사회적 가치 수립에 중점을 둔다. 학생들은 네 항목으로 이루어진 발견 학습의 모든 조언에 신중하게 응답해야 하지만, 또한 효과적이면서 가장 용이하게 해당 안내 책자를 비판할 수 있는 항목들을 선택해서 자유롭게 탐구해야 한다. 발견 학습의 목적은 학생들이 안내 책자에 코드화되어 있는 (이상적인 정체성을 수반하는) 문화적·사회적 가치에 대한 비판적 지식을 연마하도록 이끄는 것이지만, 대부분의 학생들은 마지막에 쓰는 비판적 에세이에서 대개 발견 학습의 네 항목 중 하나나 둘, 때로는 세 항목에서 생성해낸 정보에 초점을 맞춘다.

먼저 학생들은 안내 책자가 특정한 문화적 가치를 어떻게 생산하는지를 탐구하고, 이 가치를 실현 가능성이 있는potential 대안적 관점에서 비판한다. 첫 번째 비판적 활동을 위한 발견 학습은 아래와 같다.

대학의 문화적 가치

안내 책자에 표현되어 있는 문화적 가치를 분석하시오. (브레인스토밍)

– 안내 책자에서 대학 문화를 설명하는 핵심어구들을 뽑아 목록을

만드시오.

– 안내 책자에서 대학 문화를 설명하는 구절들을 선택해 옮겨 쓰시오.
– 안내 책자에서 대학 문화를 묘사하는 지배적인 시각 자료들을 찾아 서술하시오.
– 어구들, 구절들, 시각 자료들이 함축하고 있는 문화적 가치의 목록을 만드시오. (이상적인 대학은 이래야 한다….)

안내 책자에 표현되지 않는 대안적인 문화적 가치를 찾으시오. (브레인스토밍)

– 안내 책자에 재현되지 않은, 다른 핵심어구들이나 대립되는 핵심어구들의 목록을 만드시오.
– 안내 책자에 재현되지 않은 대학 문화의 특징들을 설명하는 다른 구절들이나 대립되는 구절들을 적으시오.
– 안내 책자에 재현되지 않은 대안적인 시각 자료들에 대해 서술하시오.
– 다르거나 대립되는 어구들, 구절들, 시각 자료들이 함축하고 있는 문화적 가치의 목록을 만드시오. (대안적으로 볼 때, 이상적인 대학은 이래야 한다….)

안내 책자의 문화적 가치를 하나 이상의 대안적 담론의 관점에서 비판하시오. (자유롭게 쓰기)

다음으로, 학생들은 안내 책자가 특정한 학생 정체성을 어떻게 생산하는가를 탐구하고, 실현 가능한 대안적 관점에서 이 정체성을 비판한다. 두 번째 비판적 활동을 위한 발견 학습은 아래와 같다.

이상적인 학생

안내 책자에 표현되어 있는 이상적인 학생에 대해 분석하시오. (브레인스토밍)

- 안내 책자에서 이상적인 학생을 설명하는 핵심어구들을 뽑아 목록을 만드시오.
- 안내 책자에서 이상적인 학생을 설명하는 구절들을 선택해 옮겨 쓰시오.
- 안내 책자에서 시각적으로 재현되고 묘사되는 이상적인 학생을 특징짓는 형용사 목록을 만드시오.
- 어구들, 구절들, 형용사들이 함축하고 있는 이상적인 학생의 특징에 대한 목록을 만드시오. (이상적인 학생은 이래야 한다….)

안내 책자에 재현되지 않는 대안적인 학생을 찾아서 설명하시오. (브레인스토밍)

- 안내 책자에 재현되지 않은 학생들을 설명하는 다른 핵심어구들이나 대립되는 핵심어구들의 목록을 만드시오.
- 안내 책자에 재현되지 않은 학생들을 설명하는 다른 구절들이나 대립되는 구절들을 적으시오.
- 안내 책자에 시각적으로 재현되고 묘사되지 않은 학생들을 특징짓는 다른 형용사 목록이나 대립되는 형용사 목록을 만드시오.
- 다르거나 대립되는 어구들, 구절들, 형용사들이 함축하고 있는 대안적인 학생들의 특징에 대한 목록을 만드시오. (대안적으로 볼 때, 이상적인 대학생은 이래야 한다….)

안내 책자에 재현되어 있는 이상적인 학생들을 하나 이상의 대안적 학생의 관점에서 비판하시오. (자유롭게 쓰기)

세 번째로, 학생들은 안내 책자가 특정한 사회적 가치를 어떻게 생산하는지 탐구하고 이 가치를 실현 가능한 대안적 관점에서 비판한다. 이 세 번째 비판적 활동을 위한 발견 학습은 아래와 같다.

대학 바깥의 사회적 가치

안내 책자에 표현되어 있는 사회적 가치를 분석하시오. (브레인스토밍)

– 안내 책자에서 대학 바깥의 사회를 설명하는 핵심어구들을 뽑아 목록을 만드시오.
– 안내 책자에서 대학 바깥의 사회를 설명하는 구절들을 선택해 옮겨 쓰시오.
– 안내 책자에서 대학 바깥의 사회를 재현하는 시각 자료들을 서술하시오.
– 어구들, 구절들, 시각 자료들이 함축하고 있는 사회적 가치의 목록을 만드시오. (이상적인 사회는 이래야 한다….)

안내 책자에 재현되지 않는 대안적인 사회적 가치를 찾으시오. (브레인스토밍)

– 안내 책자에 재현되지 않은 다른 핵심어구들이나 대립되는 핵심어구들의 목록을 만드시오.
– 안내 책자에 재현되지 않은 사회(또는 사회들)를 설명하는 다른

구절들이나 대립되는 구절들을 적으시오.

- 안내 책자에 재현되지 않은 사회(또는 사회들)를 표상하는 대안적인 시각 자료들에 대해 서술하시오.
- 다르거나 대립되는 어구들, 구절들, 시각 자료들이 함축하고 있는 사회적 가치의 목록을 만드시오. (대안적으로 볼 때, 이상적인 사회는 이래야 한다….)

안내 책자에 담긴 사회적 가치를 하나 이상의 실현 가능한 대안적 담론의 관점에서 비판하시오. (자유롭게 쓰기)

마지막으로, 학생들은 안내 책자가 특정한 시민의 정체성을 어떻게 창출하는지 탐구하고 이 정체성을 실현 가능한 대안적 관점에서 비판한다. 네 번째 비판적 활동을 위한 발견 학습은 아래와 같다.

이상적인 시민

안내 책자에 표현되어 있는 이상적인 시민에 대해 분석하시오. (브레인스토밍)

- 안내 책자에서 대학 바깥의 (현재 학생이 아니라 졸업생인) 이상적인 시민을 설명하는 핵심어구들을 뽑아 목록을 만드시오.
- 안내 책자에서 대학 바깥의 이상적인 시민을 설명하는 구절들을 선택해 옮겨 쓰시오.
- 안내 책자에서 시각적으로 재현되고 묘사되는 이상적인 시민을 특징짓는 형용사 목록을 만드시오.

– 어구들, 구절들, 형용사들이 함축하고 있는 이상적인 시민의 특징에 대한 목록을 만드시오. (이상적인 시민은 이래야 한다….)

안내 책자에 재현되지 않는 대안적인 이상적 시민을 찾으시오. (브레인스토밍)

– 안내 책자에 재현되지 않은 시민을 설명하는 다른 핵심어구들이나 대립되는 핵심어구들의 목록을 만드시오.
– 안내 책자에 재현되지 않은 시민을 설명하는 다른 구절들이나 대립되는 구절들을 적으시오.
– 안내 책자에 시각적으로 재현되고 묘사되지 않은 시민을 특징짓는 다른 형용사 목록이나 대립되는 형용사 목록을 만드시오.
– 다르거나 대립되는 어구들, 구절들, 형용사들이 함축하고 있는 대안적인 시민의 특징에 대한 목록을 만드시오. (대안적으로 볼 때, 이상적인 시민은 이래야 한다….)

안내 책자에 재현되어 있는 이상적인 시민을 하나 이상의 대안적 시민의 관점에서 비판하시오. (자유롭게 쓰기)

내가 이미 주장한 것처럼 언어의 담론적 수준을 조사하는 저자들만이 제도화된 담론 공동체의 수사학적 관습에 순응하면서도 그 가치의 일부를 뒤엎는 글을 쓸 수 있을 것이다. 이것은 같은 공동체 안에서의 사회적 변화를 가능하게 할 터이다. 그리고 이것이 안내 책자 프로젝트 과제 2의 목표이다. 학생들은 대학 안내 책자가 어떻게 특정한 문화적·사회적 가치를 구축하고 촉진하는가를 비판적으로 분석함으로써 '재현 수단'을 날카롭게 다듬었다. 이제 중요한 것은 포용적인 문화적·사회적 가치를 장려하는 글쓰기 전략인 '재현 과정'에 집중하는 일이다. 다음은 내가 학생들에게 안내 책자 프로젝트의 두 번째 과제로 할 일을 설명하기 위해 나누어준 안내문이다.

**과제 2** 대학 안내 책자에 알맞은 문화적·사회적 가치 생산하기

이 과제는 여러분에게 자기 자신의 문화적·사회적 가치와 이상적인 정체성을 구축할 수 있는 기회를 제공합니다. 여러분이 선택한 대학에 맞는 (시각 자료가 들어간) 간략한 안내 책자를 만드시오. 그렇지만 먼저 어떤 가치와 정체성을 가장 장려하고 싶은지 결정하고, 어떤 (언어적·시각적) 수사학적 전략이 이 가치와 정체성을 가장 잘 전달할 것인지 결정하시오.

여러분이 할 일은 다음과 같습니다.

▮ 적어도 한 장의 창안 기록지를 작성하시오. 이를 위해 여러분이 선택한 대학에서 장려하길 원하는 문화적 가치, 이상적인 학생, 사회적 가치, 이상적 시민에 대해 브레인스토밍하시오.

▮ 안내 책자의 '지면 배치layout'를 하시오.

– 안내 책자는 적어도 다섯 면이 되어야 하며 표지가 한 장 있어야 합니다. 두세 면은 문화적 가치를 수립하기 위한 것이어야 하고, 한두 면은 이상적인 학생을 정립하기 위한 것이어야 하며, 적어도 한 면은 사회적 가치와 이상적인 시민을 구축하기 위한 것이어야 합니다.

– 각 면에 디자인을 배치할 때 목표가 되는 가치와 이상적인 정체성

을 용지 첫머리에 분명하게 적어두어야 합니다.

– 모든 지면은 (앞으로 넣을 시각 자료에 대한 간략한 설명이 들어간) '사진'란과 행의 끝을 가지런하게 한 (앞으로 쓸 글의 요점에 대한 간략한 설명이 들어간) '글'란으로 이루어집니다.

▌상호평가를 위해 안내 책자 초고 전체를 한 부 복사하시오.

– 안내 책자 초고에는 시각 자료(아니면 적어도 그에 대한 자세한 설명)와 글이 완성된 형태로 들어있어야 합니다. 참고할 수 있도록 창안 기록지과 지면 배치지도 가져오시오.

▌완성된 두 번째 안내 책자 과제를 투포켓two-pocket 서류철에 넣어 제출하시오.

– 왼쪽에는 창안 기록지와 지면 배치지, 초고를 넣으시오.

– 오른쪽에는 완성된 안내 책자를 넣으시오.

생산적인 '재현 과정'으로 전환하는 두 번째 과제가 처음에는 인위적으로 보일지도 모르나, 학생들이 안내 책자 만들기를 통해 학습한 기술은 다른 수사학적 상황에도 쉽게 적용될 수 있다. 안내 책자 글쓰기를 통해 학생들은 자기 자신의 가치와 정체성을 발견하고 그것을 실용적인 텍스트로 변형시키는 매우 중요한 수사학적 기술을 터득한다. 다시 말해 비판만 하는 것은 학생들이 세계가 완전하지 않는데도 바꿀 방법이 없다는 무기력한 감정에 빠져들게 한다. 그렇지만 안내 책자 프로젝트의 두 번째 과제를 수행하는 학생들은 다른 가치와 정체성을 조장하는 텍스트를 비판만 하는 것이 아니라 자기 자신의 가치와 정체성을 재현하는 텍스트를 생산하는 방법을 배운다.

## 안내 책자 프로젝트 교육: 교육학적 관심

수업에서 첫 번째 과제를 내려고 준비하는 교수자들은 안내 책자를 충분히 구비해 두어야 한다. 안내 책자를 구하는 것은 쉽다. 대학의 학적 담당자에게 편지를 써서 입학 자료들을 부탁하라. 수집한 안내 책자는 다양한 전문대학과 종합대학에서 보내준 것이라야 한다. 대개 나는 학생들에게 사립대학과 공립대학, 신학대학과 일반 대학, 기술대학과 자유교양대학, 남자대학과 여자대학, 2년제 대학과 4년제 대학 등에서 선택하도록 한다. 입수할 수 있는 대부분의 대학 안내서college guides 5)에는 대학과 안내 책자를 분류하는 데 도움이 되는 정보가 들어 있지만, 대다수의 학교가 단일한 범주에 속하지 않기 때문에 학교를 구분해 내는 것은 대체로 복잡한 작업이다. 그럴 경우에는 다수의 범주(신학대학, 자유교양대학, 여자대학) 아래 복잡한 안내 책자들을 정리하거나 가장 두드러지는 특징을 중심으로 정리한다. 교수자가 부담을 덜 느끼면서 준비하는 데 적합한 대안적인 방법은 안내 책자 과제를 한 한기 프로젝트로 진행하는 것이다. 그리고 학생들은 대학 안내서를 보고 몇 군데의 학교를 직접 선택해서 학적 담당자에게 입학 정보를 부탁하는 편지를 쓰고 자료가 도착하면 바로 첫 번째 과제를 수행하기 시작한다.

## 재현 수단의 개발

입학 자료들을 얻기 위해 대학에 직접 편지를 쓰든지 교수자

5) (옮긴이 주) 미국의 모든 대학에 대한 정보들을 정리해서 출판한 책들을 가리킨다.

가 모은 안내 책자에서 고르든지, 학생들은 자료를 검토할 시간이 필요할 것이다. 통상적으로 나는 안내 책자에 대해 가급적 많은 것을 조사할 수 있도록 학생들에게 일주일의 시간을 준다. 학생들이 대학 자료를 검토하는 동안 나는 과제와 발견 학습을 가르치는 과정을 시작한다. 나는 첫 시간(또는 그 이상)에 앞으로 여러 주 동안 학생들이 비판적 글쓰기에 적용해야 하는 핵심 용어들을 설명하면서 안내 책자 프로젝트의 첫 번째 과제를 소개한다. 그리고 수집한 안내 책자 중에서 햄든 시드니대학교의 안내 책자를 선택해서 몇 부를 복사해 놓는다. 나는 네 모둠(교실의 크기에 따라서 큰 모둠들을 더 작은 모둠들로 나누기도 한다)으로 나눈 학생들에게 안내 책자를 배포하고, 첫 번째 모둠에는 '문화적 가치'를 중심으로 햄든 시드니의 안내 책자를 설명하는 과제를 준다. 이 단계에서 나는 이상적인 대학 공동체의 특징에 대해서만 설명한다. 두 번째 모둠은 '이상적인 학생의 정체성'을 중심으로 안내 책자를 검토하거나 안내 책자가 장려하는 공동체에서 역할을 가장 잘 수행할 만한 학생들의 특징에 대해 조사한다. 세 번째 모둠에는 '사회적 가치'를 중심으로 햄든 시드니 안내 책자를 조사하는 과제를 배정해 주고, 대학의 맥락 바깥에 있는 이상적인 공동체의 특징에 대해 설명한다. 네 번째 모둠은 '이상적인 시민의 정체성'을 중심으로 안내 책자를 검토하거나 대학이 졸업생들을 위해 구상하는 사회에서 역할을 가장 잘 수행할 만한 사람들의 특징에 대해 조사한다. 각 학생은 더 이상 지도를 받지 않고 모둠별로 안내 책자의 언어적·시각적 재현과 관련된 과제의 핵심 용어들에 대해 토론하면서 햄든 시드니 안내 책자를 검토하기 시작한다. 대략 30분 동안 학생들은 서로 협력하면서 과제의 용어들을 재정의하고, 구절들을 소리 내어 읽으면서 자신들의 의견을 뒷받침하는 사례를 찾고, 안내 책자에서 사진들을 고른 다음 남은 수업 시간에 결과물을 발표한다.

다음 수업 시간에 나는 비판적 담론 분석에서 끌어낸 원칙에 기반을 둔 창안을 위한 발견 학습을 소개한다. 그리고 우리는 적어도 두 번의 수업 동안 지침 및 지침에 있는 질문들을 충분히 검토한다. 발견 학습은 과제의 핵심 용어만으로는 도달할 수 없는 더 깊은 수준의 분석을 하도록 학생들을 이끌기 위해 구상된 것이다. 이 두 번의 수업에서 나는 지난 수업 시간에 활동한 학생들을 같은 모둠으로 재지정해주고 각 모둠에 햄든 시드니 안내 책자 복사본을 다시 나누어준다. 다음으로 나는 첫 번째 모둠에 햄든 시드니 안내 책자와 연관 지어 발견 학습의 첫 번째 항목인 '대학의 문화적 가치'에 대해 검토하라는 과제를 내준다. 학생들은 지침에 따라 가능한 한 자세하게 질문에 답해야 한다. 두 번째 모둠에는 발견 학습의 두 번째 항목인 '이상적인 학생'에 대해 조사하라고 요구한다. 세 번째 모둠은 발견 학습의 세 번째 항목인 '학교 바깥의 사회적 가치'에 대해 검토한다. 네 번째 모둠은 네 번째 항목인 '이상적인 시민'에 대해 조사한다. 마지막으로 각 모둠의 학생들은 수업을 마무리하면서 결과물을 간단한 프리젠테이션으로 발표할 준비를 한다.

대학 안내 책자에서 촉진하는 가치와 정체성을 비판적 담론 분석에 의거해 설명하는 방법을 보여주는 발견 학습의 전 과정을 단계별로 밟아 본 학생들은 이제 직접 선택한 안내 책자와 관련하여 첫 번째 과제(발견 학습을 포함하는)를 수행하기 시작한다. 학생들이 직접 작성하는 창안 기록지는 수업 시간에 하는 검토 방법과 비슷한 패턴을 따른다. 그리고 이처럼 수업 시간에 검토 방법을 실습해 보는 것은 발견 학습이라는 교육적 과정에서, 특히 일학년 작문 수업에서 매우 중요하다. 대다수 학생들이 복잡한 사회 과정 발견 학습을 접해본 적이 없기 때문에 어떤 학생들은 발견 학습으로 작업하기가 어렵다고 생각하고, 어떤 학생들은 그렇게 하는 것이 더 자유롭다고 느낀다. 발견 학습을 어려워하는 학생들을 위해 나는 질문에 답하면서 조사하는 것이 발견 학습이라고 설명해 준다. 그럴 때 대개 나는 옆에 앉아서 학생이 선택한 안내 책자를 넘겨가면서 탐구 학습이 요구하는 사항들(강조하는 단어와 구절, 지면 배치와 부각시킨 사진의 내용 등)을 함께 검토한다.

지난 2학기에 일학년 필수 과목인 작문을 들었던 학생인 앤디 화이트홀Andy Whitehall은 오버린대학교의 안내 책자로 발견 학습을 위한 탐구 기록지를 썼다. 앤디가 쓴 비판적 에세이는 대체적으로 오버린의 문화적 가치와 그보다는 비중을 낮게 둔 이상적인 학생에 초점을 맞추고 있기 때문에 나는 발견 학습의 첫 번째와 두 번째 항목에 대해 쓴 앤디의 기록지만 인용한다. 먼저 그는 오버린의 안내 책자가 장려하는 문화적 가치에 대해 조사한다. 학문 공동체, 열정과 성취, 근본 원리와 토대, 포용력, 열렬한 이상주의, 다양성의 장려, 관용, 차이, 지식의 제공, 경험, 선택, 기술 등은 앤디가 텍스트에서 발견한 오버린의 대학 문화를 설명하는 핵심어구들이다. 비록 앤디가 안내 책자에서 오버린의 대학 문화를 표현하는 어구들을 몇 가지 인용하기는 하나, 비판적 에세이에 특별히 영향을 준 것은 단 하나의 어구이다.

> 오버린 사람들은 다양한 개인들로 이루어진 집단이라서 세계의 문제와 그 해결책에 대해 의견이 항상 일치하는 것은 아니다. 외부인들이 이 공동체를 바라보고 알력과 불화를 목격할지도 모르겠다. 하지만 내부인들은 잘 알고 있다. 이 공동체에서는 동의하지 않을 수 있는 권리가 존중되며 사람들은 쟁점이란 논쟁될 필요가 있다는 점을 이해하고 있는 것이다. 그들에게 지적 탐구와 학문적 자유는 본질적이다. 관용은 오버린에서 높이 평가된다.

오버린의 안내 책자를 뒤적이면서 앤디는 거의 대부분의 사진들이, 때로는 한 면에 실린 여러 장의 사진들이 오버린 직원들과 학생들을 인종적으로 다양하게 재현하고 있다는 것을 깨달았다. 그것은 이전의 조사 과정에서 기술한 핵심어구들을 뒷받침해주었다. 중요한 구문과 사진에 대해 설명하면서 앤디는 오버린의 관점에서 "이상적인 대학 문화는 무엇보다 다양한 공동체를 활성화시켜야 한다"고 결정하였다.

앤디는 오버린의 안내 책자가 장려하는 가치에 동의했기 때문에, 텍스트에 설명되어 있지 않는 대안적인 문화적 가치를 밝히라는 발견 학습의 다음 항목에서 어려움을 겪었다. 앤디는 자기만족, 개인성, 혁신, 배타성, 회의주의, 일률성, 무시 등의 대안적인 어구들을 만들어냈다. 문화적 가치에 대립되는 문장과 진술을 이용해서 그는 "대안이 되는 이상적인 대학은 개인성과 편협함을 장려해야 한다"고 쓴다. 편협함을 혐오했기 때문에 그는 발견 학습의 대안적 측면을 탐구하기가 어려웠다. 그럼에도 불구하고 앤디는 열심히 노력했고, 나중에 우리가 보게 되겠지만 노력의 결과로 마지막 비판적 에세이에서 흥미로운 접근을 하게 된다. 오버린의 대학 문화를 비판하는 대안적 위치를 구축하려고 하지 않았다면 아마도 이러한 접근은 할 수 없었을 것이다. 발견 학습 첫 번째 항목의 마지막인 자유롭게 글을 쓰라freewriting는 지침에 따라, 그는 오버린 안내 책자에서 장려하는 다양성이라는 가치가 마음에 들기는 하나 대학이 후원하고 있는 소수민족 출신을 위한 기숙사ethnic dorms는 편협성을 조장하는 것처럼 보일 수 있다고 주장한다. "오버린에서는 관심사가 비슷한 사람들끼리 모여 사는 것이 관례처럼 되어 있지만, 그것은 포용성을 장려하는 것이 아니라 고립과 분리를 촉진한다." 이러한 생각은 앤디가 자유롭게 쓴 글에서 가장 크게 드러났고, 마지막에 쓰는 비판적 에세이에서는 가장 두드러지는 주제가 되었다. 오버린의 이상적인 학생에 대한 앤디의 발견적 탐구는 이전에 오버린의 문화적 가치에 대해 조사하면서 얻은 정보 중 일부를 되풀이하지만, 결국은 오버린의 이상적인 학생은 문화적 차이를 기꺼이 받아들이면서 건강한 공동체를 만들어낸다는 설명에 도달한다.

안내 책자에 대한 비판적 에세이의 일부인 아래 내용에서 앤디는 오버린대학교 공동체를 '다양성'으로, 이상적인 학생을 '포용성'으로 설명한다. 그리고 나서 문화적 가치와 이상적인 정체성의 긍정적인 측면과 부정적인 측면을 동시에 찾아내어 협상한다.

무엇보다 오버린대학교는 다양성에 자부심을 느낀다. 오버린대학교는 세계 각지에서 온 학생들이 다양하게 섞여 있는 것을 자랑한다. 이 다양한 공동체는 상상할 수 있는 모든 관점이 오버린의 소우주에서 표현되는 것을 보장한다. 학생들 간의 논쟁은 장려된다. 그렇지만 다른 사람의 신념을 받아들이는 것은 더 큰 가치가 있다. 안내 책자에서 한 학생은 오버린에 대해 "변화가 급격한 시대에 개성의 발달을 허용하고 촉진하는, 다양성이 풍부하게 보장된 환경"이라고 표현한다. 오버린이 다양한 공동체라는 주장을 입증하는 근거는 다수 있다. 백인이 75%, 아시아계 미국인이 10%, 아프리카계 미국인이 7%, 기타 국제 학생이 6%이며, 여학생은 남학생보다 14%가 많다. 그래서 오버린은 특수한 문화적 집단에 맞게 학생들에게 '특별히 흥미로운 거처'(아시아인들의 기숙사, 아프리카인들의 기숙사, 히브리인들의 기숙사, 제3세계인들의 기숙사, 여성 공동체의 기숙사)를 제공한다. 인종과 성이 동등하다는 것은 오버린 공동체에서 중요하다. 한 학생은 오버린을 가장 잘 설명할 수 있는 단어란 '포용성'이라고 말한다. 오버린은 아프리카계 미국인들과 여성들의 입학을 처음으로 허가한 대학 중 하나였고, 안내 책자에는 오버린대학교가 아프리카계 미국인들에게 이상적인 환경임을 설명하는 자료들이 제시되어 있다.

오버린은 우리가 생활할 수 있는 가장 완벽한 환경처럼 보인다. 그러나 나는 그토록 다양성을 높이 평가하는 대학이 왜 학생들에게 격리되어 있는 기숙사를 제공하는지 의아스럽다. 오버린의 가치를 받아들이는 학생들은 자기와 똑같은 사람들과 살기를 원하지만은 않을 것이다. 다양성은 위대하지만, 다른 문화를 전폭적으로 수용하는 대학생들은 격리되는 것이 아니라 서로 다른 문화들을 배우기를 바랄 것이라고 생각한다.

앤디가 첫 번째로 할 일은 오버린이 안내 책자에서 내세운 것이라고 생각되는 문화적 가치와 이상적인 학생에 대해 알기 쉽게 설명하는 것이고, 두 번째로 할 일은 명확한 관점에서 이 가치와 정체성을 비판하는 것이다. 이 글에서 우리는 앤디가 다양성이라는 가치 자체는 위대하다고 보았으나 오버린이 장려하는 방법은 그 가치와 충돌한다고 생각하고 있음을 알게 된다. 앤디는 다양성과 수용성에 대한 대안이 바람직하게 느껴지지 않았기 때문에 대안적인 문화적 가치와 학생 정체성을 수립하라는 발견 학습의 질문에는 답하지 않기로 했다. 그는 오버린의 다문화주의를 지지하지만 다양성을 실현하는 방식은 비판하기 위해 '중간적' 위치를 협상했던 자유롭게 비판하며 글쓰기critical freewriting에서 필요한 내용을 끌어냈다. 앤디의 비판적 에세이에서 뽑은 위 인용문은 비판적 담론 분석의 방법론과 사회 과정 수사학 탐구를 수렴하는 글쓰기의 시범 사례이다. 그것은 저자가 제도 담론에 코드화되어 있는 가치에 순응, 거부, 협상을 동시에 하는 일종의 비평 행위이다. 오버린의 안내 책자에서 언어가 표명하는 가치뿐만 아니라 이 언어가 배제하는 가치(핵심어, 강조된 구절, 지배적인 시각 자료 등)도 조사함으로써 앤디는 다양성을 장려하는 오버린의 제도적 실천에 대해 분명한 비판적 위치를 결정할 수 있는 것이다. 비판적 담론 분석에 기초한 방법론과 사회 과정 수사학 탐구의 전 과정에 참여하지 않았다면 그는 이 위치에 도달할 수 없었을 터이다.

앤디와 같이 수업을 들은 베쓰 그래디Beth Grady는 코넬대학교의 안내 책자로 발견 학습을 위한 탐구 기록지를 썼다. 베쓰의 비판적 에세이는 대체적으로 코넬의 안내 책자가 촉진하는 사회적 가치와 이상적 시민의 정체성에 초점을 맞추고 있기 때문에 나는 발견 학습의 마지막 두 항목에 대한 베쓰의 기록에 대해서만 논한다. 먼저 베쓰는 대학 캠퍼스 바깥의 세계를 코넬의 학생들이 졸업 후에 진입하게 될 장으로 묘사하는 핵심어구들의 목록을 만들면서 코넬의 사회적 가치를 조사한다. 그 핵심어구들은 세계주의자, 신속함, 다문화주의, 다양성, 도전, 전 지구적 사회(자주 반복된다), 휘몰아침turbulent이다. 코넬의 사회적 가치 중 베쓰의 관점에 영향을 미친 것은 두 가지이다. 첫째로, "세계가 우리를 끌어들임에 따라 우리의 모든 차이는 사라지고 때로는 서로 부딪치면서 붕괴된다. 앞으로 진보와 세계의 협력에 의미 있는 기여를 하고 싶고, 자신의 모든 가능성을 계발하고 이용하고 싶다면, 여러분들은 지식과 타자의 문화에 대한 이해 및 성취하고자 하는 목표가 있어야 한다. 개인으로서 그리고 전 지구적 사회의 일원으로서 성공하기 위해서는 지식뿐만 아니라 이해심과 선의로 협상할 수도 있어야 한다." 두 번째로, "취업 전문가들은 21세기의 직업 중 대다수가 아직 생겨나지 않았다고 말한다. 소용돌이치는 환경에서 교육받은 사람은 새로운 기술을 쉽게 습득하고 새로운 정보를 능숙하게 분석한다. 21세기라는 변동과 격변의 시대에 자신 있게 목적을 완수하기 위해 필요한 폭넓은 시각은 자유교양에 확고하게 뿌리내리고 있다." 베쓰는 안내 책자에 실린 몇 편의 글이 코넬은 '부유한 아이들'을 위한 대학이라는 믿음을 일소시키려 한다고 인정하면서도, 사진들은 다른 이야기를 하고 있다고 생각했다. "어떤 사진들은 고가의 스키 장비를 갖춘 학생들을 보여주는데 대부분의 학생들은 나라면 결코 살 수 없는 값비싼 옷을 입고 있다. 성장 환경이 다른 사람들의 사진을 보는 것을 좋아하기는 해도 나는 값비싼 예쁜 옷들과는 인연이 없는 사람이다." 지금까지의 브레인스토밍에 의거해 베쓰는 코넬의 안내 책자에 대해 "이상적인 사회는 다문화적이고 도전적이다"라는 결론을 내린다.

앤디와 달리 베쓰는 코넬의 안내 책자를 비판하면서 대안적인 사회적 가치를 만들어내는 데 아무런 어려움도 겪지 않았다. 베쓰의 대안적인 핵심어구들 중 일부는 공동체에 기반함, 여유, 집중성, 실용성 등이다. 그녀에 따르면 대안적인 사진들은 '실제의 노동 환경에서 살아가는 실제 사람들'을 보여줄 것이다. 사회적 가치를 드러내는 대안적인 문장을 선택하고 진술하기 위해 베쓰는 "건강한 공동체가 없다면 사회적 혼란만 발생할 것이므로, 이상적인 대안적 사회는 집중적인 교육을 통해 지역 공동체를 발전시키는 데 이바지해야 한다"고 쓴다. 나중에 비판적 에세이의 초고가 되었던 자유롭게 비판하며 쓴 글에서 그녀는 코넬의 안내 책자를 훑어보면서 느꼈던 소외에 주로 초점을 맞춘다. 흥미롭게도 베쓰에게는 코넬이 사회 계급을 공공연하게 부인하는 것은 무엇인가를 숨기고 있다는 것을 의미했다. 그것은 다른 안내 책자에서는 볼 수 없었던 것이다. 비판적 에세이에서 그녀의 위치가 코넬의 계급 문제와 충돌한다는 것은 분명하다. 에세이의 마지막 부분을 쓸 때 그녀는 코넬 졸업생들의 생활양식을 꿈꾸는 것 같지만 자신이 (그리고 다른 많은 사람들이) 결코 그렇게 살 수 없다는 것을 알고 있었다. 코넬의 이상적인 시민에 대해 베쓰가 조사한 것은 위에서 설명한 가치의 일부를 반복하지만, 그녀는 코넬 졸업생들을 지능적이며 약삭빠르다고 묘사하는 새로운 핵심어구들을 발견한다.

안내 책자에 대한 비판적 에세이에서 끌어낸 다음 내용에서 베쓰는 코넬대학교의 사회적 전망을 '다문화주의적이고' '속도감 있으며' '도전하는' 것으로 서술하고, 이상적인 시민은 '약삭빠르고' '지능적이며' 노동계급의 생활이라는 평범한 관심사에는 빠져들지 않는 사람들로 설명한다. 요컨대 그녀는 노동 계급의 관점에서 이 사회적 가치와 정체성을 비판한다.

> 국제적인 문화를 높이 평가하는 코넬은 해외 유학 프로그램, 어학원, 다문화적인 캠퍼스에 큰 자부심을 표현한다. 코넬은 국적이 다양한 졸업생들이 세계에 참여할 것이라고 생각하기 때문에 다양한 문화에 관심을 기울인다. 코넬 동창생들은 여유로운 여행가들, 국제적인 사업 경영자들, 다문화적인 사회적 기술이 요구되는 정치가들일 것이다. 코넬은 또한 졸업생들이 지적으로 세계를 정복할 준비가 되어 있기를 기대한다. 아니면 적어도 급속도로 바뀌는 생활양식에 관계되어 있기를 바란다. 안내 책자에 나타난 코넬의 사회적 가치에 따르자면 지성은 '실제 세계'에서 성공할 수 있는 열쇠임이 분명하다. 안내 책자에 있는 대부분의 사진들은 지적인 삶에 초점을 맞추면서 국제적인 가치를 반영한다.
>
> 코넬의 사회적 가치는 유복한 가정에서 자란 학생들에게는 완벽하겠지만, 평균적인 미국인들에게는 호소력이 없을 것이다. 대부분의 사람들은 날마다 경험하는 현실에 대비할 수 있으리라고 기대하며 대학에 들어간다. 그렇지만 코넬의 졸업생들은 모스크바 심포니 오케스트라의 음악을 감상하고, 커피를 마시러 비행기를 타고 파리에 가며, 메트로폴리탄 미술관을 위한 모금 활동에 참여하면서 일상을 살아간다. 이것은 대부분의 사람들이 현실적으로 경험할 수 없는 것이다. 그들의 경험은 대단하지만, 대다수의 미국인들이 노동하며 살아가는 현실을 설명하지는 않는다.

먼저 베쓰는 안내 책자에 재현되어 있는 코넬의 사회적 가치와 이상적인 시민에 대해 설명한다. 그런 다음 대안적인 중산층의 관점에서 이 가치와 정체성을 비판한다. 이 구절을 쓰면서 베쓰는 코넬의 안내 책자가 촉진하는 사회적 가치 및 이상적인 시민의 정체성에 대해 서술한 창안 기록지에서 상당히 많은 내용을 끌어온다. 또한 그에 대한 비판은 주로 대안적인 가치와 정체성에 대해 자신이 밝힌 내용에서 가져온다. 비판적 담론 분석에 의거한 사회 과정 수사학 탐구는 그녀를 비판적 위치로 이끌었다. 이러한 탐구를 하지 않았다면 그녀는 자신의 위치를 확실하게 찾아내지 못했을 것이다. 처음부터 베쓰는 코넬 안내 책자의 핵심어구와 문장, 시각 자료에 코드화되어 있는 상류층의 사회적 가치에 매력을 느끼지 못했으며, 과제를 수행하는 초기 단계에서 대화를 나누었을 때 그녀는 이 가치를 모호하게 풍자적으로 서술하려고 했다. 하지만 그것은 (비록 이유가 있다고 하더라도) 학술적인 비판적 글쓰기를 위한 수사학적 전략에 부적합하다. 발견 학습은 먼저 그녀가 코넬의 가치를 (베쓰의 관점이 아닌 코넬의 관점에서) 다각적으로 이해하는 데 집중하도록 도왔으며, 다음으로 이 가치에 대한 비판적 관점을 발전시키도록 자극했다. 발견 학습에 따라 작업하기 전에 베쓰는 코넬의 사회적 가치를 비판하기만 했으나 발견 학습은 그보다 더 균형 잡힌 협상적 위치에서 비판적 에세이를 쓰도록 촉진시켰다. 다시 말해서 비판적 담론 분석에 의거한 사회 과정 수사학 탐구는, 현존하는 가치를 쉽사리 받아들이게 할 수도 있고(앤디가 처음에 "나에게는 근사하게 들렸다"라고 반응하였듯이), 잠재 독자의 감정을 상하게 만들 수도 있는 (베티가 처음에 "그들은 부유한 아이들이다"라고 반응하였듯이) 제도 담론에 대해 학생들이 '반사적으로' 반응하기보다는 다시점적으로multi-perspectival 반응하도록 이끈다. 즉 비판적인 글을 효율적으로 쓰게 하고 수사학적 중재를 통해 사회 변화를 추구하도록 이끄는 것이다.

## 재현 과정의 개발

자신이 고른 안내 책자와 관련지어 발견 학습과 비판적 에세이를 완성하고 케렌이 칭한 '재현 수단'을 확보한 다음, 학생들은 비판만 했던 내용을 실제로 쓰는 데 필요한 실용적인 기술인 '재현 과정'을 발전시키는 안내 책자 프로젝트의 두 번째 과제를 진행하였다. 안내 책자 프로젝트의 두 번째 과제를 위해서 학생들은 현재 다니는 학교에 적합한 안내 책자를 직접 쓴다.

학생들은 창안 기록지의 내용을 더 구체적으로 전개하고, 자신이 다니는 학교에서 당연히 장려해야 한다고 믿고 있는 문화적 가치, 학생 정체성, 사회적 가치, 시민 정체성의 목록을 만들면서 안내 책자 프로젝트의 두 번째 과제를 시작한다. 이 단계에서는 바람직한 것과 해로운 것, 적절한 것과 부적절한 것 등 학생들이 생각해낼 수 있는 모든 가치와 정체성이 창안 기록지에 포함되어 있어야 한다. 자기가 안내 책자에서 장려하고자 하는 가장 나은 가치와 정체성을 선택하는 작업은 나중에 할 일이다. 여기서의 목표는 실현 가능한 사항들을 가능한 한 많이 만들어내는 것이다.

브레인스토밍을 통해 가치와 정체성의 목록을 만들고 가장 나은 몇 가지를 선택한 다음, 학생들은 안내 책자를 설계하기 시작한다. 학생들이 안내 책자 프로젝트의 첫 번째 과제인 비판하기를 통해 발견했던 재현 수단을 더 많이 찾아내도록 나는 보통 이 단계에서 다른 안내 책자들을 다양하게 읽어보게 한다. 일종의 '전 초고pre-draft' 짜기 연습으로 나는 학생들이 자신이 계획한 안내 책자의 '지면 배치'를 하게 한다. 이 지면 배치는 학생들이 아직 시각 자료나 완성된 글을 실제로 넣을 필요가 없으므로 사실은 초고가 아니다. 지면 배치는 학생들이 글을 쓰고 시각 자료를 넣는 과정을 시작하기 전에 프로젝트 전체를 '살펴보도록' 하기 위한 것이다. 여기서의 주요 목표는 첫째로, 계획했던 글란과 시각 자료란이 잘 어울려서 목표로 삼은 가치와 정체성을 제대로 부각시킬 수 있는지 확인하는 것이며 둘째로, 안내 책자에 비슷한 내용이 중복되는 것을 피하는 것이다.

학생들이 다음에 할 작업은 글란과 시각 자료란을 채우면서 안내 책자 전체의 초고를 만드는 것이다. 시각 자료와 글은 같이 만들어야 하지만, 모든 글을 다 쓰고 그에 어울리는 시각 자료들을 찾는 것은 어려운 일이다. 골라놓은 시각 자료들을 혼자서 배치하면서 글을 쓰기 위한 수사학적 전략도 부족하다. 상호 평가를 위해 학생들은 각 면의 제일 위에 목표로 삼은 문화적 가치, 이상적인 학생 정체성, 사회적 가치, 이상적인 시민을 적은 완성된 초고를 수업 시간에 가져온다. 나는 학생들이 초고를 상호 평가하고, 계획을 완성하기 위해 지적받은 수정 사항을 고치도록 한다.

문화적 다양성이라는 가치에 입각해서 동캐롤라이나대학교의 바람직한 문화적 가치와 이상적인 학생 정체성을 수립하려고 노력한 잭키 테일러Jacky Taylor와 존 뱅크스John Banks는 안내 책자에 다음과 같이 적었다.

동캐롤라이나대학교는 대학 문화를 풍요롭게 하기 위해 다양한 배경을 지닌 사람들을 찾는 공립학교이다. 이 대학교는 다양한 환경이 다재다능한 개인들을 배출하는 데 기여하기 때문에 문화적 다양성에 자부심을 느낀다. 문화적 다양성은 동캐롤라이나대학교 캠퍼스 곳곳에서 분명하게 드러난다. 여성 연구 연합과 극단 〈다양성을 사랑하는 배우들(Thespians of Diversity)〉같이 학생들이 참여할 수 있는 다양한 단체들이 있고, 다양성에 논의의 초점을 맞춘 수업도 많이 개설되어 있다. 게다가 장애가 있는 학생들도 대학 문화에 적극적으로 참여할 수 있도록 격려 받는다. 휠체어를 타고 캠퍼스 어디든 다닐 수 있고 청각 장애 학생들은 수화 해석기를 무료로 제공 받는다. 기회와 접근은 동캐롤라이나대학교 다양성의 핵심이며, 여러분들이 공부하다 쉬고 싶을 때 할 만한 흥미로운 일들도 항상 존재한다.

안내 책자에서 이 내용은 인종적 배경이 다양한 학생들과 휠체어를 탄 교수가 열정적이면서 유쾌하게 토론하는 사진과 함께 제공된다. 잭키와 존은 글을 쓸 때 두 가지 사항을 명심했다. ① 동캐롤라이나대학교 캠퍼스에서 다양성을 장려하는 수많은 활동을 높이 평가한다. ② 아직은 다양한 학생들이 많지 않으므로 신입생들을 더 받아들이는 것이 대학에 도움이 될 것이다. 이러한 수사학적 목표를 성취하기 위해 잭키와 존이 사용하는 전략은 다양성을 촉진하는 동캐롤라이나대학교의 몇 가지 내용을 목록으로 만들고 다양한 학생들을 희망적으로 (사진으로) 재현하는 것을 포함한다. 이것을 보고 미래의 동캐롤라이나대학교 학생들은 입학을 신청할 마음이 생길 것이다.

다음은 동캐롤라이나대학교의 학생들을 위해 견고한 공동체와 시민의 참여를 높이 평가하면서 바람직한 사회적 가치와 이상적인 시민 정체성을 수립하려고 노력한 샘 워터스Sam Waters와 타라 둘리Tara Dooley의 글이다.

> 동캐롤라이나대학교 졸업생들은 지역 공동체에 밀착되어 있다. 바람직한 공동체란 능동적인 공동체이며, 동캐롤라이나대학교는 모든 활동에 참여할 것을 장려한다. 이 대학교에 다니는 동안 여러분들은 스포츠클럽과 학술 단체, 다양한 취미 활동 모임에 참여하게 될 것이며, 그것은 여러분들이 지역 공동체의 지도자가 되는 데 필요한 사회적 기술을 획득하도록 도움을 줄 것이다.

안내 책자에서 이 내용은 학생들이 사랑의 집짓기 운동Habitat for Humanity에 참여해서 함께 집을 짓는 사진과 함께 제공된다. 샘과 타라는 학생들이 학교에서 배운 기술을 평생 동안 활용해야 하며 모든 시민들은 자신들이 살아가는 공동체에 이를 가능한 한 많이 되돌려주어야 한다고 믿는다. 이러한 가치는 샘과 타라가 안내 책자를 위해 선택한 수사학적 전략에 분명하게 드러난다.

안내 책자를 직접 만들면서 많은 학생들은 제도 담론에 문화적·사회적 가치의 위치를 부여하는 일은 비판적인 작업만이 아니라 제도적 맥락의 안과 밖에 있는 세계에 대한 전 텍스트적pre-text 감각을 필요로 하는 생산적인 작업임을 깨닫게 된다. 글을 쓸 때 이와 같이 접근하는 것의 분명한 이점은 글쓰기가 학문의 울타리를 넘어 사회 과정에 참여하는 구체적인 방법임을 가르쳐준다는 것이다. 그것은 글쓰기가 사회적 행위라고 가르치는 많은 교수자들이 공유하는 목표이다. 물론 이러한 접근 방법이 일부 학생들에게 불리한 점은 수많은 작문 교재에 설명되어 있는 전통적인 초고 쓰기, 글쓰기, 수정하기에 따라 글을 쓰는 것보다 훨씬 더 글쓰기가 어렵다는 것이다. 내가 가르치는 학생들도 창안하고 글을 쓰고 수정하지만, 그들은 또한 글쓰기(글)를 문화적 생산, 맥락적 배치, 비판적 소비의 순환이라는 담론적 과정에 위치 짓는 일종의 사회 과정 수사학 탐구에 참가한다.

그래서 안내 책자 프로젝트의 두 가지 과제를 완성하는 학생들은 충분한 감각을 가지고 글쓰기 과정에 참여한다. 하지만 이 과제를 수행하는 학생들의 목표는 '문화 평론가'가 되는 것이 아니라, 오히려 명확한 자기 관점으로 (이러한 관점이 '문화 평론가'가 믿고 있는 모든 것과 상충된다 하더라도) 담론을 비판하고 생산하면서 제도적 텍스트와 맥락의 대화에 끼어드는 것이다. 내 경험으로 학생들은 비판적 담론 분석에 기반을 둔 사회 과정 수사학 탐구를 통해 복잡한 수사학적 상황의 본질적 요건을 분석·비판하고, 글쓰기로 그에 응답하는 능력을 빠르게 발전시키면서 재현 수단과 재현 과정의 창고를 넓히기 시작했다. 작문 수업을 듣는 학생들은 안내 책자 프로젝트를 통해 개인적인 텍스트가 제도 담론이라는 더 넓은 맥락 안에 놓여 있으며 이 담론에는 문화적·사회적 가치가 스며들어 있음을 충분히 인식하게 된다. 그리고 어떠한 텍스트의 성공도 궁극적으로는 담론적 환경 안에서의 상호작용에 의존한다는 것을 깨닫게 되는 것이다.

# 6장 맥락적 글쓰기

# 6장 맥락적 글쓰기

글쓰기 교수자들은 대부분 수업이 '실제 세계'에서 '살아가기' 위해 학생들을 준비시키는 것이라는 데 동의하지만, 학생들이 어떤 삶을 원하는지를 이론화하는 교수자들은 많지 않다. 극소수의 교수자들만이 '실제 세계'의 조건에 대해 서술하는 것이다. 그렇지만 이것은 학계에서 무시될 수 없는 매우 중요한 과제이다. '삶'은 활동을 함축하며, '실제 세계'는 그 활동의 맥락을 내포한다. 따라서 글쓰기 교육이라는 관점에서 ① 교수자들은 학생들이 교실 바깥에서 해보고 싶어 하는 활동을 선별해내야 하며 미래의 활동에 부합하는 능력skills을 향상시키는 교수법을 구상해야 한다. ② 교수자들은 활동이 이루어지는 사회적 맥락의 본질을 이론화해야 하며, 이러한 맥락을 포함하는 구조와 과정에 의거해서 교육과정을 설계해야 한다. ③ 교수자들은 미래의 맥락에서 이러한 활동이 학생들과 사회를 막론하고 양자에게 똑같이 미치는 긍정적·부정적 효과를 예측해야 한다. 건터 크레스가 설득력 있게 주장하는 것처럼,

> 교육 과정은 미래의 사회적 주체를 위해 설계되며, 미래의 사회를 기획하는 주체에 대한 상상에 의거해 구상된다. 즉, 교육 과정은 현재의 지식, 기술, 의미, 가치가 10년이나 20년 뒤에 그 과정을 이수한 학생들이 살아가는 데 도움이 되는 방향에서 선정되어야 하는 것이다. 어린이들이 현재 학교에서 받는 교육 형식은 그들이 채택·적응·수정하여 모델로 삼도록 장려하는 사회적 관계의 형식을 제공한다. 교육 과정과 교육은 일련의 문화적·언어적·사회적 자원을 (…중략…) 학생들이 (그 중에서도 특히) 지속적으로 자신의 주체성을 구축, 재구축하고 변형시키는 일과 관련지어 선정한다. 그러한 관점에서 교육 과정과 교육은 (…중략…) 주체가 지금 여기서 이수하고 있는, 그녀 혹은 그의—누구나 바라는 문화적·개인적·사회적으로 생산적인 삶인—삶을 인도할 교육 과정을 미래의 관점에서 수립하는 사람들을 필요로 한다. (「재현에 대하여」, 16; 중간 생략—맥코미스키)

이 장에서 나는 학생들이 자신의 삶을 '살아갈' 사회적 맥락의 본질은 '후기 근대적' 관점에서 가장 확실하게 설명된다고 주장하고, 이 장의 후반부에서는 학생들이 후기 근대적인 '실제 세계'에서 '살아가는' 데 필요한 특정한 기술을 발전시키도록 설계된 글쓰기 과제에 대해 서술한다.

## 후기 근대성, 복수의 공동체 민주주의, 수사학의 기능

장 프랑수아 리오타르Jean-François Lyotard에 의하면, 후기 근대성은 "19세기 말부터 과학, 문학, 예술의 게임의 법칙을 바꾸어 온 전환transformations이 일어난 후의 문화의 지위를 나타낸다"(『후기 근대Postmodern』, xxiii). 새로운 후기 근대의 '게임의 법칙'은 스탠리 아로노위츠Stanley Aronowitz가 말하였듯이 "토대가 되는 사고를 폐기함으로써 주목받게 된다." 더 명확하게 말하자면 후기 근대적인 이론가들은 근대의 토대가 되는 사고를 세 가지 측면에서 비판한다. 첫째로, 그들은 언어적·시각적 코드로 '재현된' 보편적인 의미를 해석하려고 애쓰는 것을 경멸하면서, 대신 표면과 맥락의 기호학을 지지한다. 두 번째로, 그들은 불협화음의 담론 구성체라는 그물망networks과 모순적인 주체 위치로 단일화된 주체를 해체시키고자 한다. 세 번째로, 그들은 보편(지배, 거대) 서사와 합법화 체계를 거부하고 대신 공동체 수준에서 국지적인localized 합법화를 채택한다. 다시 말해 후기 근대적인 문화에는 보편적인 토대도, 언어, 자아, 사회의 기반이 되는 불변의 진리도 존재하지 않는다. 공동 사회의 제약을 받으면서 생겨나는 가능성만이 있는 것이다.

그러나 고대 그리스에서 유래한 전통적인 수사학(나중에는 작문)은 거의 20세기 내내 아리스토텔레스의 다음과 같은 (시대착오적으로 '근대적인') 공식을 받아들였다. 즉 과학, 문학, 특히 철학은 진리의 영역에서 효력을 발휘한다. 정치, 법, 의례 담론의 형태인 수사학은 가능성의 영역에서 효과를 발휘한다. 근대적인 진리가 폐기될 때 수사학의 영역에 대한 아리스토텔레스학파의 설명에 무슨 일이 일어나는가? 후기 근대적인 환경 아래 인간 경험의 전 영역은—과학이든 법이든, 철학이든 정치든, 미학이든 의례든 간에—수사학의 영역에 속하게 되며, 언어적·시각적으로 기호화되는 모든 실천은 필연적으로 사회 정치적으로 동기화된다.

어떤 근대적인 비평가들은 후기 근대적인 이론가들의 회의적이고 상대주의적인 세계 인식이 바로 그 정치적 행동의 가능성을 파괴하는, 한계가 있는 비판적 태도로 이해한다. 상대적인 복수의 진리truths, 균열된 주체성, 합법화의 국지적 양식으로 이루어지는 후기 근대적인 세계에서의 정치적 기획은 그 기획이 요구하는 토대가 전혀 존재하지 않기 때문에 무력하다고 비판하는 것이다. 그들의 주장에 따르면, 정치적 기획은 '실제 세계'에서 사회적 실천을 실현 가능하게 하는—절대적인 진리, 진리의 정확한 재현, 통일되고 위계화된 주체, 보편 서사와 합법화 체계 같은—토대를 요구한다(예를 들어 노리스, 1~45). 이러한 근대주의자들에 따르면, 진리에 합법적으로 접근할 수 있는 자들은 (자연적으로) 그렇지 못한 자들을 지배한다. 하지만 토대가 되는 정치적 이상들이 엘리트주의meritocracy보다 민주주의를 높이 평가하는 후기 근대적 문화 이론가들에게는 혐오스럽다.

민주주의적인 후기 근대적 이론가들, 특히 장 프랑수아 리오타르, 앙리 지루Henry Giroux, 에르네스토 라클라우Ernesto Laclau, 샹탈 무페Chantal Mouffe, (최근 저작에서의) 자크 데리다는, 내가 '복수의 공동체 민주주의communal democracies'라고 부르려 하는 정치학을 지지한다.[1] 이 정치학은 다른 통치 형태를 능가한다. '복수의 공동체 민주주의'로 표현되는 이 정치 제도는 국제기구에서 개별적

1) 비록 직접적으로 공동체 민주주의라고 부르지는 않았지만, 이 정치 구성체에 대한 견해 중 가장 주목할 만한 것으로는 리오타르의 『정치적 글쓰기(Political Writings)』와 『포스트모던적 조건(The Postmodern Condition)』, 지루의 『교육과 희망의 정치(Pedagogy and the Politics of Hope)』, 라클라우와 무페의 『사회변혁과 헤게모니(Hegemony and Socialist Strategy)』, 데리다의 『다른 곶(The Other Heading)』이 있다.

인 가족 단위에 이르는 모든 공동체의 전 구성원들이 (경합하는 주체 위치에서부터 이해관계에 있으면서 권한이 동등한 시민들의 주체 위치에 이르기까지) 저마다 공동체의 정치적 관심사를 대표할 것을 요구한다. 또한 이 정치 제도는 공동체의 미래를 두고 벌이는 담론적 쟁투, 말하자면 규준에서 벗어난 재현들이 배리를 통해 합법화될 것을 요청한다. 이러한 복수의 공동체 민주주의는—모든 문화는 고유한 물질적 조건에 따라 세계를 다르게 재현하기 때문에 보편적이고 초사회적인trans-social '법'은 존재하지 않으므로—문화적 경계들을 횡단하려 하지 않는다. 공동체 민주주의의 정치적 가능성은 후기 근대적인 사회적 실천에 의미를 부여하는 후기 근대적인 비판적 태도에 의해 열리는 것이다. 또한 그것이야말로 후기 근대적인 글쓰기 교육에 활기를 불어넣는 급진적인 민주주의에 실제로 참여하는 목적이다.

후기 근대적인 복수의 공동체 민주주의라는 맥락에서 참여 시민들은 민주주의적인 행위를 가능하게 하는 두 가지 일반적인 능력을 저마다 갖추어야 한다. 첫째는 주변화된 재현, 불리한 주체 위치, 합법화의 편향된 양식을 비판하는 능력이다. 두 번째는 권능이 부여된 재현, 유리한 주체 위치, '합법화하는' 담론적 실천 영역이 기존의 제도 안에 여전히 남아 있는 것을 조정하는 능력이다. 비판과 조정이라는 이 두 가지 능력은 후기 근대적 교육에 결정적이다. 존 맥고완John McGowan이 지적하는 것처럼, "후기 근대주의는 비판의 타고난 해방적 능력에 대한 어떤 [근대적] 신뢰도 거부한다. 대신 완전한 통일체monolith와 싸우거나 그것을 침식시키는 새로운 미학적·텍스트적·정치적 전략을 개발하는 데 헌신한다"(14). 따라서 글쓰기 지도를 위한 후기 근대적인 교육학에서 학생들은 '합법화'의 국지적 양식이라는 유일한 제약 아래 파편화되고 종종 모순적인 주체 위치에서 자신이 속한 세계의 정치적 재현에 대해 읽고 쓴다. 학생들은 대안적이고 대개는 전복적인 주체성에 입각해, 특정한 방식으로 존속되는 문화에서 지배적인 재현이 생산, 배치, 소비되는 것을 비판한다. 또한 학생들은 존속되는 문화를 소멸시키기 위해 대안적인 재현을 생산하고 배치함으로써 이 재현에 순응하고 협상하며/협상하거나 저항한다.

내가 이 장에서 제시하는 작문 교육은 학생들과 나 자신이 속해 있는 문화적 세계가 후기 근대주의에 지배되고 있다는 것을 설명하기 위해 구상되었다. 즉 그것은, 제도 권력 구성체institutional power formation2) 안에서 다양하고 대개는 모순적인 주체 위치를 점하는 시민들이 국지적인 수사학적 표준들에 맞추어 재현을 합법화하거나 불법화하는 독자들(주체 위치가 다른 시민들)에게 제공하는 언어를 통해 세계를 정치적으로 재현하는 공동체일지라도, 필연적으로 상호 의존하면서 다양한 차이와 정체성을 인정하는 세계이다.

이 공동체는 제각기 권력의 위계질서가 있으며, 내가 여기에서 설명하는 교육의 목표는 학생들이 국지적인 제도 지식을 생

2) (옮긴이 주) 여기서 제도 권력은 공식적·비공식적 제도의 규칙과 절차를 통제하거나 그 제도 자체를 바꿀 수 있는 능력을 모두 가리킨다. 이러한 권력은 제도를 매개로 하여 상대방의 행위나 행위의 조건을 간접적으로 통제한다. 이 과정에서 지식은 제도의 규칙과 절차에 배태되어 있는 '암묵적 지식'의 형태로 나타난다(하영선, 『변환의 세계정치』, 을유문화사, 2007, 332쪽).

성하는 담론의 흐름에 참여하도록, 말하자면 복수의 공동체 민주주의를 특징짓고 촉진시키는 담론적 실천에 참가하도록 준비하는 것을 포함한다.

### 맥락적 글쓰기: 교육

여기에서 설명한 후기 근대적인 작문 교육 과정을 설계하기 위해 내가 한 첫 번째 작업은—교회와 종교, 학교와 교육 제도, 매체 기술, 가족 단위, 직장과 노조, 정당과 이익집단 등—폭넓게 생각해 볼 수 있는 사회 문화적 '제도들' 중 어느 것이 자신의 삶에 가장 큰 영향을 미치는가를 학생들이 협력해서 결정하는 것이었다. 가령 종교적 신념을 확고하게 내세우는 대학에 들어온 학생들은 일반 대학에 다니는 학생들보다 종교 제도에 더 큰 관심을 둘 수 있다. 전문대학에 다니는 학생들은 자유교양대학에 다니는 학생들보다 직장과 조합에 관심이 더 많을 것이다. 최근 두 학기 작문 수업에서 학생들과 나는—학생들 모두가 다방면에서 경험한 교육 제도인—고등교육 기관을 중점적으로 선택했다. 우리는 이 과정을 '맥락적 글쓰기: 교육'이라고 불렀다.

일단 수업에서 집중적으로 다룰 교육 기관을 선정하면, 다음 단계로 학생들이 완성해야 하는 구체적인 글쓰기 과제를 구상했다. 그 과제는 학생들이 후기 근대적인 복수의 공동체 민주주의에 참여하도록 촉진하면서, 재현과 주체성, 합법화 양식을 비판하고 글을 쓰는 방법을 가르칠 수 있어야 했다. 이 목적을 위해, '맥락적 글쓰기: 교육'이라는 글쓰기 과제에 따라 학생들은 먼저 고등 교육 기관에서 생생하게 경험한 것 중에서 몇 가지 측면을 비판한

다음, 비판을 통해 제기된 문제들을 다루도록 설계된 실천적·수사학적 글을 작성했다.

### 비판적 입장 진술

하지만 학생들 대다수는 '맥락적 글쓰기: 교육'의 주요 글쓰기 과제에서 처음 요구된 '비판적 담론'에 익숙하지 못했다. 따라서 학생들은 다양한 교육적 쟁점들을 다룬 읽기 자료에 답하는 입장 진술 글이라는 용어부터 익히기 시작했다. 예컨대 입장 진술의 하나는 허쉬E. D. Hirsch의 『문화적 문해력』에서 선택한 글에 답하여 '문화적 문해력'에 대해 진술하는 것이었으며, 다른 하나는 파울로 프레이리Paulo Freire의 『억눌린 자들의 교육학Pedagogy for the Oppressed』에서 선택한 글에 답하여 '문제 제기식problem-posing' 교육[3]에 대해 진술하는 것이었다. 또 하나는 테오도르 시저Theodore Sizer의 『호라티우스의 타협Horace's Compromise』에서 선택한 글에 답하여 '잠재적 교육 과정hidden curriculum'[4]에 대해 진술하는 것이었다. 수업을 듣는 학생인 다나 세먼Dana Semann는 입장 진술 글에서 문화적 문해력이라는 허쉬의 개념이 중요하며, 학교에서 다룰 필요가 있다고 쓴다("그렇지 않으면 모든 것이 특정 집단에서만 통용되는 조크inside joke가 될 것이다"). 하지만 그녀는 '문화적 문해력'을 구성하는 지식 체계를 전 세대와 전 사회가 똑같이 공유해야 한다

---

3) (옮긴이 주) 프레이리가 주창한 문제 제기식 교육은 수업의 주체인 학생들이 자율적이고 창의적으로 생각하고 비판하는 능력을 기르는 것을 목적으로 하는 학습자 중심의 대안적인 교육 방식이다.

4) (옮긴이 주) 잠재적 교육 과정은 학생들이 학교생활에서 경험하는 모든 것을 포괄한다. 이것은 공식적인 교육 과정에 부합할 수도 있고 배치될 수도 있다.

는 허쉬의 주장에 동의하지 않는다. 다나에게 '문화적 문해력'은 (지식의 일 체계를 공유하는) 특정한 문화 안에서의 의사소통 능력을 의미하므로, 허쉬가 대규모의 지식 체계을 정립하려고 시도하는 것은 불필요하고 비현실적이다. 다나는 해석을 필요로 하는 정치적 재현이라는 측면에서 허쉬의 텍스트에 접근하지만, 비판적 고찰 없이 그의 의견을 거부하는 것은 아니다. 빌 애커만 Bill Ackerman은 프레이리의 문제 제기식 교육이라는 개념이 학업 능력이 우수한 학생들에게 도움이 될 것이라고 주장한다. 하지만 기억할 사실은 학생들에게는 교육이 가능한 시기가 있다는 점이다. 다시 말해 문제 제기식 교육은 기본 지식의 도움을—즉 문제 제기를 위해 필요한—받기 전에는 제 역할을 다하지 못한다. 빌 역시 시저가 지적한 미국 고등학교와 학생들의 특징을 받아들이지 않는다. 고등학교를 네 군데나 옮겨 다녔던 빌에게 시저는 (비록 그가 보편 서사를 이용하고 있어도) 복잡하고 다양한 문제를 단지 자신의 논점을 입증하기 위해 단순화할 따름이다. "시저의 설명은 평균적인 고등학교와 평균적인 학생들에 대한 사실적인 서술을 의도했을 테지만, 고작 판에 박힌 전형stereotypes을 만들어내는 것으로 끝나고 말았다." 빌은 자기의 경험이 시저가 쓴 것과는 크게 다르다고 주장한다. 빌은 "그가 고등학교에 다닌 지 너무 오래 된 것 같다. 내가 다녔을 때와는 너무 다르기 때문이다"라고 쓴다. 빌에게 프레이리와 시저는 둘 다—자기와 같은 관점일 필요는 없는—특수한 이데올로기적 관점에서 교육 문제를 정치적으로 재현한다.

입장 진술에서 다나와 빌은 자신들이 읽은 글과 변증법적으로 상호작용하면서 문화적 문해력, 문제 제기식 교육, 잠재적 교육 과정이라는 논점과 관련해서 자기 위치를 정한다. 즉 그들은 (다양한 교육 문화에 대한 살아있는 경험을 통해 발전시킨 자신의 관점에서) 읽기 자료의 주장에 순응하고 저항하고 협상하는 것을 통해 자기 자신의 위치를 밝히는 것이다. 리처드 존슨이 지적하는 것처럼, "유용한 지식 창출을 위한 일종의 연금술"(38)인 후기 근대적인 문화 연구는 생산적인 방법으로 비판을 활용한다. 이 학생들의 입장 진술에서 비판적 읽기 과정은 생산적이다. 그것은 독자가 '타자'의 관점과 변증법적으로 상호작용하면서 쟁점에 대한 자신의 입장을 정하는 과정이기 때문이다. 이 학생들은 고작 선 결정된 보편 서사나 구조에 의거해 견해를 받아들이거나 거부하지 않는다. 오히려 그들은 국지적인 새로운 의미화 과정에서 정립되는 의미와 협상한다. 다나와 빌은 허쉬, 프레이리, 시저에 대한 비판적 읽기를 통해 문화적 문해력, 문제 제기식 교육, 잠재적 교육 과정에 대한 자신의 위치를 유기적으로 구성해내었으며, 그것은 자신의 교육적 경험을 비판하도록 요청하는 더 복잡한 비판적 에세이를 위한 출발점이 되었다. 따라서 비판적 입장 진술은 학생들이 비판에 더 집중하도록 하기 위해 구상된 창안을 위한 발견 학습의 역할을 담당했던 것이다.

### 첫 번째 글쓰기 과제

첫 번째 중요한 글쓰기 과제는 학생들에게 두 가지 작업을 제시한다. 하나는 비판적인 것이고 다른 하나는 실천적인 것이다. "첫 번째로, 여러분은 고등학교 교육의 목적과 특성 및 대학 교육과의 차이에 대한 '비판적 인식'을 드러내는 개인적인 에세이를 작성할 것이다. 두 번째로는 학생들이 대학 공부를 준비하기 위해 시간을 가장 잘 활용할 수 있는 방법을 알려주는 『고등학생을 위한 대학 진학 준비 안내서』(이하 『안내서』)를 쓸 것이다." 나는 비판적 글쓰기 과제에 대한 지침으로 아래의 발견 학습을 학생들에게 제공하였다.

발견 학습: 비판적 인식

이 글쓰기 과제의 첫 번째 작업은 고등학교와 대학교에서의 경험을 비판적으로 고찰하는 것을 목표로 합니다.

고등학교와 대학교에서 증진시키고자 하는 지식(논리, 문제 해결법, 암기 방법, 양적인 지식인 수학과 과학 대 질적인 지식인 영어와 역사 등)과 발전시키려는 실용적인 기술(글쓰기, 타자 기술, 목세공이나 금속 가공, 연설 등)에 의거해 양자를 비교·대조하고 비판하시오.

여러분들의 관점에 따라 답하시오.

- 고등학교에서 얻은 지식과 기술 중 무엇이 대학 진학 준비에 가장 큰 도움을 주었습니까?
- 대학에서의 경험으로 이어지지 않는 지식과 기술은 무엇입니까?
- 고등학교와 대학교에서는 어떤 교육(문화적 문해력, 문제 제기식 교육)이 실시되고 있습니까?
- 고등학교와 대학교의 잠재적 교육 과정은 무엇입니까?
- 고등학교에서 대학 진학 준비를 더 잘하기 위해 여러분들은 예전과 다르게 무엇을 했을 것 같습니까?

교육학을 전공하는 스코트 홀트Scott Holt는 대학 진학transition에 관한 비판적 에세이에서 자신이 다닌 고등학교의 잠재적 교육과정은 학생들이 대학에서 필요한 실용적인 기술을 계발하지 못하도록 도덕적 통제moral control를 가한 편이라고 주장한다. 예를 들어 스코트가 다닌 고등학교 교사들은 학생들이 자주 시험을 보지 않으면 숙제를 하지 않을 것이라고 생각했다. 그러나 스코트에 따르면 시험을 자주 치르는 것은 주요 내용 필기하기 같은 기술이 필요하다는 점을 무시하는 일이다. 스코트는 이렇게 적는다. “차이점은 내가 다닌 고등학교에서는 시험이 격주로 있었지만, 대학에서는 한 학기에 두세 번만 있다는 것이다. 고등학교에서 나는 수업 시간에 배운 주요 내용을 기억하기 위해 노트 정리를 할 필요가 없었다. 그렇지만 대학에서는 수업이 일주일에 두세 번만 있기 때문에 몇 번 있는 시험에 대비해 공부하려면 주요 내용을 필기하는 것이 아주 중요하다.” 스코트에 의하면 주목할 만하게도 시험을 자주 봄으로써 학생들을 도덕적으로 통제하려는 욕구는 대학에는 존재하지 않으며 (비록 스코트는 도덕적 통제가 출석 관리와 교실에서 지켜야 하는 예절 같은 다른 형태로 나타난다는 점을 날카롭게 지적하지만), 스코트 같은 학생들에게는 고등학교에서 교사들이 (의식적으로든 그렇지 않든) 무시했던 기술을 발전시키기 위한 자기만의 방책이 있다.

하지만 비판이 후기 근대적인 글쓰기 지도의 유일한 대상도 제1순위의 대상도 아니다. 후기 근대적인 복수의 공동체 민주주의에 참여하도록 학생들을 준비시키는 것은 비판적인 문화적 지식뿐만 아니라 지식을 적용할 수 있는 실천적·수사학적 기술을 제공하는 것까지 포함한다. 비판적 지식이 공적 담론으로 흘러들어가지 않는다면 그것은 지식을 소유한 자들의 침묵 속으로 사라져 버릴 것이기 때문이다. 따라서 후기 근대적인 글쓰기 교육에서는 학생들이 문화 비판을 통해 전면에 드러난 문제를 해결하는 담론을 만들어낸다.

이 첫 번째 글쓰기 과제의 두 번째 (실천적) 작업을 위해 스코트는 자신이 다닌 고등학교 학생들을 위한 팸플릿을 작성했고, 나는 과제 안내를 위해 그에게 (그리고 수업을 듣는 다른 학생들에게) 아래의 지침을 제공하였다.

> 여러분이 나온 고등학교를 위해 『고등학생을 위한 대학 진학 준비 안내서』를 만드시오. '비판적' 작업은 여러분에게 글쓰기 방향을 안내해 주기 위한 과제였습니다. 그 작업을 하면서 배운 내용을 여기에서 활용하시오. 이 『안내서』에는 적어도 고등학교 소개, 대학교 소개, 고등학생들이 대학 공부를 준비하기 위해 시간을 가장 잘 활용할 수 있는 방법이 들어 있어야 합니다.
>
> 이 『안내서』에서는 학교에서 선택한 방법을 비판하지 않으며, 대신 (거의 대부분이 1, 2학년생들일) 고등학생들이 대학에서 성과를 거둘 수 있도록 실력을 쌓는 방법을 제시해야 한다는 것을 기억하시오.
>
> 이 『안내서』를 팸플릿 형태로 만드시오. 즉 효과를 최대한 발휘하도록 글과 시각 자료를 잘 연결시키시오. 또한 여러분은 해야 할 일에 대한 간단한 점검표와 간략한 '토막tidbit' 조언 목록 같은 것도 실어야 합니다. 문체는 어린 고등학생들이 흥미를 느낄 수 있을 만해야 합니다.

스코트가 다닌 고등학교의 잠재적 교육 과정은 그가 주요 내용을 필기하는 효율적인 기술을 습득하지 못하게 만들었기 때문에 고등학교에서 대학교로 진학하는 것에 대한 비판적인 글은 그 점에 입각해 있다. 즉 『안내서』에서 주요 내용 필기하기에 초점을 맞추기로 한 것은 자신이 겪은 어려움 때문이었다(『안내서』에는 다른 주제들도 포함되어 있다). '노트 필기법'이라는 제목 아래 스코트는 고등학생들이 지금 듣는 수업에서는 불필요하다고 느낀다 해도 대학 진학 준비를 위해서 주요 내용을 필기하는 다음과 같은 방법을 시도해 보라고 제안한다.

– 내용이 다를 때는 별개의 색펜을 사용하시오. (요점이나 요약에는 빨간펜을, 상세한 내용과 사실에는 검은 펜을 사용하시오.)
– 제일 왼쪽 여백에 요점과 요약 내용을 적고 상세한 내용과 사실은 그 옆의 공백에 쓰시오.
– 항상 알아볼 수 있게 쓰고 실수는 주의 깊게 고쳐서 나중에 읽을 때 내용을 이해할 수 있게 하시오.
– 수업에서 핵심어가 나올 때마다 약자로 줄여서 쓰는 주요 핵심어 목록을 만드시오.
– 강의가 끝나면 메모한 내용을 가급적 빨리 공책에 베끼시오. 강의 직후에는 수업 중에 적지 못한 내용을 자세히 기억할 것입니다. 시간이 지나면 잊어버릴지도 모르는 내용을 상세하게 적어 두어야 합니다.

스코트가 주장하는 방법은 더 빨리 적기 위한 것일 뿐만 아니라 나중에 공부하기 위해 더 쉽게 적는 것이기도 하다. 비록 고등학생들이 (스코트가 다닌 고등학교의 잠재적 교육 과정에 담긴 도덕적 코드는 장기 기억을 평가절하하기 때문에) 정교한 필기법을 거의 이용하지 않는다 해도, 스코트는 고등학생들이 이 방법을 실천하면 고등학교 수업에서 대학 수업으로 이행하는 것이 더 쉬워질 것이라고 느꼈다. 그리고 효과적인 필기 방법을 이미 알고 있는 대학 신입생들은 필기 방법을 모르는 학생들보다 1학년 때부터 학문적 혜택을 더 많이 받을 것이다.

스코트는 대학 진학에 대한 비판적 에세이에서 서술한 문제점들을 다루는 방법으로 『안내서』를 이용한다. 그는 진학을 준비하면서 자신이 느낀 문제점을 정치적으로 재현한 다음 자기가 다닌 고등학교 공동체의 다른 구성원들을 위해 이 문제점을 해결하는 글을 작성한다. 스코트는 『안내서』에서 (대학에 진학할 때 어려움을 겪었으나 그것을 극복한 이전의 고등학생으로서) 효과적인 주체 위치를 구축하고 이용한다. 이 『안내서』의 수사학적 목적은 자기가 다닌 고등학교 공동체에 속해 있는 미래의 대학생들이 주체성을 강화하는 것이다.

### 두 번째 글쓰기 과제

'맥락적 글쓰기: 교육'의 두 번째 글쓰기 과제를 위해 학생들은 정치적 재현, 파편적인 주체성, 합법화의 국지적 양식과 다시 대결했다. 이 두 번째 과제는 첫 번째 과제처럼 두 가지 측면으로 이루어진다. 첫째로 학생들은 자신의 전공을 비판적으로 평가하는 글을 쓴다. 둘째로 비판을 통해 발견한 내용에 의거해

학과장이나 프로그램 책임자에게 교육 과정을 바꿀 것을 제안하는 편지를 쓴다. 학생들은 비판적 분석을 안내하는 아래의 지침을 제공 받는다.

이 과제의 첫 번째 측면은 세 가지 작업을 포함합니다.

첫 번째, 여러분이 선택한 분야를 전공하기 위해 대학이 요구하는 필수 요건(공식적 교육 과정)이 무엇인지 구체적으로 설명하시오. 어떤 과목을 필수로 들어야 합니까(과목의 수와 수준은 어느 정도입니까)? 어떤 과목을 선택할 수 있습니까? 이수해야 하는 실습(교생 실습, 실험)은 무엇입니까? 왜 이 필수 요건이 전공에 필요합니까? 필수 요건의 목적은 무엇입니까? 전공 필수 요건을 이수하는 데 어떤 지식과 기술이 가장 중요합니까?

두 번째, 전공자들이 졸업 후에 어떤 일을 하는지 자세히 설명하시오. 그들의 직업은 무엇입니까? 이 직업을 얻기 위해 필요한 지식은 무엇입니까? 이 직업을 얻기 위해 갖추어야 하는 실용적인 기술은 무엇입니까? 여러분이 선택한 전공과 관련이 있는 분야에서 경력을 쌓은 사람들 중 적어도 세 사람에게 인터뷰를 하고 에세이에서 이 인터뷰를 다루어야 합니다.

세 번째, 여러분이 택한 전공의 교육 과정을 비판하시오. 전공 필수 요건 중 무엇이 대학 졸업 후의 삶을 준비하는 데 도움이 됩니까? 전공 필수 요건 중 대학 졸업 후의 삶을 준비하는 데 도움이 되지 않아서 개선되어야 하는 것은 무엇입니까?

공학 학제 전공인 유전생명공학을 전공하는 마이클 카스넬리

Michael Casnellie는 독특한 문제로 이 과제를 시작했다. 그의 전공은 공식적 교육 과정이 정해져 있지 않았다. 마이클에 따르면, 유전생명공학 전공은 모든 공학 전공자들에게 공과대학에서 30학점을 이수할 것을 요구하며, 대부분의 유전생명공학 전공생들은 1학년 때 수강을 신청한다. 하지만 그에 대한 지침이 거의 없다. 유전생명공학 전공생들은 2학년 내내 연구 계획서를 쓴다(길고 지루한 과정이다). 마이클은 비판적 에세이에서 "연구 계획서에 적합한 견본도 없고, 유전생명공학 학위를 받은 교수나 상담자도 없기 때문에 참고할 자료가 거의 없다"라고 적는다. 마이클은 에세이에서 자신이 2학년 때 궁리해서 쓴 연구 계획서에 대해 설명하고 계획서를 그렇게 구성한 이유를 밝힌다. 그런데 마이클이 조목조목 설명하기를, "연구 계획서를 다 쓰고 나서야 의과대학의 입학 필수 요건에 대해 알게 되었다"는 것이다. 마이클은 공과대학에 제출한 연구 계획서가 대다수의 의과 대학이 요구하는 것을 거의 다루지 않았다는 점을 깨달았다. 그래서 마이클은 유전생명공학 전공자인 자신이 완벽하다고 생각할 수 있도록 연구 계획서를 수정했다. 가능한 한 높은 성적을 얻기 위해 매 학기마다 감당할 만한 연구량과 다양한 주제를 제시했고, 인문 과정humanities courses을 부각시켰다. 그렇게 한 것은 의과대학에서 자신이 앞으로 환자들과 효과적으로 의사소통하기 위해 잠재능력을 향상시키고 있다고 생각하도록 하기 위해서였다.

글쓰기 과제의 두 번째 (실천적인) 측면을 위해 마이클은 공학 학제 전공 학장에게 편지를 썼다. 이 편지에서 마이클은 "처음에 제가 유전생명공학에 끌린 것은 융통성이 매우 크기 때문이라면, 학생들, 특히 의학부 예과 학생들이 체계적으로 구성된 연구 계획서를 쓰도록 지침이 바뀌어야 합니다"라고 쓴다. 마이클이 제안하는 해결 방법 중 하나는 유전생명공학과에 들어온 신입생들에게 현 전공자들이 작성한 연구 계획서를 제공하는 것이다. 그래서 마이클은 편지에 자기가 수정한 연구 계획서 사본을 동봉하고 공학 학제 전공 학장이 공학 학사 지도사들에게 사본을 배포해 주기 바란다고 간청하였다. 글을 쓴 다음 마이클은 편지를 발송했고 몇 주 뒤에 공학 학제 전공 학장이 그에게 감사하면서 담당 교직원들과 학생들에게 연구 계획서 견본을 배포하도록 책임지겠다고 쓴 답장을 받았다.

마이클은 유전생명공학 전공에서는 학생들이 이용할 만한 보고서 견본이 없어서 새로 만들어야 할 필요가 있다는 것을 깨달았다. 그는 연구 계획서 작성이라는 유전생명공학 전공생들이 직면한 문제를 직접 해결하는 주체 위치를 이용하지 않은 반면, 공학 학제 전공의 담론 공동체에 주의를 기울이면서 주체 위치를 분명하게 선택하였다. 공학 학제 전공 학생으로서 마이클은 교수들과 행정가들이 부딪치지 않은 문제를 지적할 수 있었다. 전체적으로 볼 때 그 문제는 공동체에 해가 되므로 결국은 공동체의 다른 구성원들이 문제를 어느 정도 해결하려고 노력해야 했다. 마이클은 공학 학제 전공 학장이 실제로 그의 조언을 받아들였을 때 깜짝 놀랐다. 그렇지만 마이클은 공동체 민주주의의 일원으로서 자신의 주체 위치를 정립했을 때 변화에 대한 제안이 더 신뢰받게 되며, 그의 담론이 유전생명공학 전공이라는 특수한 공동체의 요구에 부합되기 때문에 정당하다는legitimated 사실을 깨달았다.

## 세 번째 글쓰기 과제

학생들은 세 번째 글쓰기 과제를 위해 공식적인 학교 문화와 잠재적인 학교 문화에 주의를 기울였다. 다음은 내가 학생들에게 나누어준 과제 안내문이다.

### 학교에 대한 비판적·실천적 에세이: 과제

이 에세이에서 여러분들은 '학교' 문화를 비판적으로 검토할 것입니다. 우리는 모두 학생입니다. 우리가 캠퍼스에 있건 집에서 공부하건 학교는 날마다 우리에게 영향을 미칩니다. 고등학교와 대학교는 우리가 성인으로 자라는 데 막대한 영향을 끼칩니다. 그러므로 학교에서 우리가 어떤 사람으로 성장할 것인지 결정하는 방식을 비판적으로 이해하는 것은 매우 중요합니다. 그랬을 때 우리는 학교가 결정한 역할을 받아들일 것인지 아닐지를 자신을 위해 선택할 수 있습니다.

이 과제는 두 측면으로 이루어져 있습니다. 첫째로 작년이나 그 이전에 들었던 수업 중 하나를 선택해서 공식적 교육 과정과 잠재적 교육 과정을 비판적으로 평가합니다. 두 번째로 교수자나 학교 행정가에게 실천적인 편지를 씁니다. 비판적 에세이는 공식적 교육 과정과 잠재적 교육 과정에서 맞닥뜨린 문제를 설명하는 것이어야 하며, 실천적인 편지는 문제의 일부를 해결하기 위한 것이어야 합니다.

### 학교 비판 에세이

이 에세이에서 여러분은 최근에 들었던 수업과 수업 자료(수업계획서, 수업 방침, 안내문, 교재 등)에 대한 글을 쓸 것입니다. 이 에세이에서 여러분이 쓰는 내용은 대부분 기억에 의존하는 것이지만, 수업 자료들은 경험을 '증명할 자료'를 제공하는 데 도움이 될 것입니다. 비판적·실천적 에세이에 교수자의 이름 및 자신이 신청한 수업의 분반번호와 학정번호를 적었다면 모두 지우시오.

학교 비판 에세이의 독자는 여러분이 설명하는 수업을 듣지 않은 대학생이어야 합니다. 다시 말해 독자는 이 대학에 대해서 전반적으로 잘 알고 있으나 여러분이 글을 쓰기 위해 선택한 수업에 대해서는 전혀 모른다고 가정하시오.

실천적 에세이

비판적 에세이의 초점으로 선택한 수업의 공식적 교육 과정과 잠재적 교육 과정을 철저하게 분석한 다음 교수자나 학교 행정가에게 편지를 씁니다. 이 편지는 현재의 공식적 교육 과정과 잠재적 교육 과정에서 개선될 점을 제안해야 하며, 어조는 독자에 적합해야 합니다.

학교에 대한 비판적·실천적 에세이 과제를 소개한 다음 나는 학생들에게 학교 비판 에세이의 길잡이가 되어 줄 비판적 맥락에 대해 알려준다. 나는 학생들에게 몇 가지 기본적인 발견 학습을 포함하는 안내문을 제공한다. 공식적 교육 과정과 잠재적 교육 과정을 설명하고 학교 경험을 조사하는 데 도움이 되는 창안 지침으로 사용하도록 하기 위한 것이다(부록 A를 보라).

이 안내문에 대해 논하는 동안 학생들은 교수자들이 잠재적 교육 과정 전략을 통해 정치적인 방식으로 수업의 공식적 교육 과정을 이해시킨다는 것을 알게 된다. 그리고 학생들은 다양하고 동등한 정치적 주체성에 입각해 이 잠재적 교육 과정 전략을 검토하며 그 결과로 수업에 대한 폭넓고 다양한 평가가 이루어진다. 비판적 에세이에서 비판—정치적 재현인—의 대상이 되는 사람들에게도 도움이 되도록 학생들은 자신의 주체성을 국지적인 공동체(해당 수업 공동체)의 일원이자 더 일반적인 공동체(자기가 속한 대학교)의 일원으로 정립한다. 그리고 실천적 에세이에서 학생들은 제도를 바꿀 수 있는 잠재적 능력이 있는 제도의 일원(해당 교수자이든 영향력 있는 위치에 있는 대학의 고위 행정가이든)에게 비판적 담론의 초점을 맞춘다. 그 결과 국지적이면서 일반적인 해당 공동체에 이로운 새로운 제도적 실천이 합법화됨으로써 잠재적 교육 과정 전략이 수정될 것이다.

학생들이 과제와 창안 안내문에 대해 연구하자마자 나는 그들이 학교에서 특정한 주체성을 정치적으로 재현하고 합법화하는 방식을 더 비판적으로 이해하도록 몇 가지 교실 활동을 시작한다. 우리는 시저, 허쉬, 프레이리의 저서를 다시 읽고 재검토 및 재토론하면서 이 활동을 시작한다. 책을 읽고 토론함으로써 학생들은 예전의 생각과는 달리 학교가 반드시 진리의 저장소는 아니라는 점에 대한 비판적 감각을 발달시킨다. 그들은 학교의 기능이 자신의 지식과 부분적으로 충돌하지만 부분적으로는 학생들에게 유익한 공동의 가치를 심어주면서 그들을 지역local 공동체와 지구global 공동체의 생산적인 시민으로 만들어준다는 점을 이해하게 된다. 다음으로는 대체로 읽기 자료에 대한 활발한 토론이 이루어지는데, 그때는 내가 실시하는 공식적 교육 과정과 잠재적 교육 과정 전략에 대한 토론 수업이 병행된다.

보통 이 토론은 학생들에게나 나에게나 힘이 드는 일이다. 이

제야 대부분의 학생들은 대학이 학문을 연마하고 있는 자신들에게 행사하는 사회적 권력을 다소 이해하게 되지만, 그러한 조작 행위에 참여하고 있는 나를 '비난하는' 것은 주저한다. 하지만 나는 대학의 위계질서에서 내가 차지하는 위치를 인정하면서 학생들에게 이 수업 공동체에서는 사실 그들이 특정한 시민이 되도록 '조장하기' 위해 잠재적 교육 과정 전략을 이용한다고 말해준다. 그리고 잠재적 교육 과정을 실제로 보여주기 위해서 보통 나는 출석 방침과 학생들에게 결석 횟수를 제한하는 이유를 설명하면서 시작한다. 출석 방침에 따라서 나는 학생들에게 네 번의 결석 '기회cushion'를 주며, 두 번 더 결석할 때마다 학기말 성적을 한 단계 낮춘다. 많은 대학생들이 결석을 제한하는 것은 불필요하며 학생들의 행동을 통제하는 방법이라고 신속하게 평가한다. 그들이 옳다. 학생들에게 나는 출석을 우수한 학생들을 구분하는 표지로 삼고 있다고—교육 제도에서 성공하는 학생들은 수업에 규칙적으로 들어오며, 5회 이하의 결석은 '규칙적인' 출석과 같은 것으로 정했다고(나는 좀 자의적이라는 것을 인정해야 한다)—설명한다. 사실 나는 모든 과제에서 통과 점수를 받았다 해도 (방침에 따라) '결석이 너무 많은' 학생들은 낙제시켰다. 또한 나는 한 번도 빠지지 않고 출석한 학생들에게 보상을 해주는 경향이 있다. 학생의 최종 성적이 경계선 상에 있을 때 나는 전 출석을 더 높은 성적을 줄 만한 이유로 삼곤 한다. 학생들은 내가 출석률이 높은 학생을 '우수한' 학생으로 만들고, 그렇지 못한 학생을 '열등한' 학생으로 만들어버린다고 자주 지적한다(학생들이 지적하지 전까지는 생각해보지 못했다). 가끔 그들은 출석이 자신들의 실제적인 글쓰기 능력 못지않게 성적에 영향을 미친다고 주장한다.

수업에 대해 토론하다 보면 다른 주제로 넘어가버리기 쉽기 때문에 나는 가급적 학생들이 한 말을 칠판에 모두 적으며, 결코 내 자신의 공식적 교육 과정이나 잠재적 교육 과정을 변호하지 않는다. 하지만 그런 식으로 교육적 실천을 하는 이유를 학생들에게 알려주려고 노력한다. 그렇지만 내 목적은 비판을 장려하는 것이다. 그리고 비록 내가 학생들에게 제도적 권력을 행사하는 위치에 있다 해도, 그들이 이 수업에 나를 기꺼이 끌어들이려 한다는 것을 알게 된다. 곧 우리는 창안을 위한 발견 학습을 전체적으로 살펴보고 대개는 작문 수업에 모두 적용한다. 학생들은 교실의 지리적 구조geographical design에 대해 비판한다. 예를 들어 물리적인 배치가 학생들과 교수자의 특정한 관계를 어떻게 암시하는가를 조사하는 것이다. 내가 수업하는 교실 중 하나는 계단식이며, 길게 구부러진 책상 세 줄이 교수자가 강의하는 교단 앞에 반원형으로 놓여 있다. 학생들이 앉는 좌석은 바닥에 나사못으로 고정되어 있어 배치를 바꾸는 것이 불가능하다. 그리고 (몇 명만 앉는) 맨 앞의 가장 낮은 반원형 책상은 교단과 다른 책상 사이를 막고 있기 때문에 교수자들이 학생들과 직접 대화할 기회가 거의 없다. 학생들은 이 교실이 교수자들이 원하든 그렇지 않든 어쩔 수 없이 그들을 권력을 가진 위치에 놓으며, 순전히 지형적 위압감geographical intimidation에 눌려 학생들이 수동적인 주체성을 받아들이게 된다고 주장한다. 나의 잠재적 교육 과정과 교실의 배치 방식이 암시하는 점에 대해 모둠

토론을 하면서 학생들은, (때로는 독단적인) 사회적 실천을 통해 강화되고 합법화되는 권력의 분명한 위계질서 안에 특정한 주체성을 지정하면서 정치적 재현을 이루어내는 제도인 학교를 비판하는 방법을 배운다.

교실 토론이 마무리될 즈음에 나는 공식적·잠재적 교육 과정을 개선하기 위해 자유롭게 제안을 받는다. 학생 몇 명이 출석 조건을 폐지하고 A를 '받을 만하다'고 생각하는 학생 모두에게 A를 주자고 제안하는 것을 피할 수는 없다. 하지만 그들은 보통 그러한 제안이 결국은 반대에 부딪쳐서 크게 바뀌지 않는다는 것을 알게 된다. 대다수의 학생들은 성적 기록부에 결석을 기록할 때 특별한 사정을 고려해 달라거나(실제로 나는 그렇게 하지만 학기말까지 그것을 말해 주지는 않는다), 나보다 그들을 열등한 위치에 놓는 고정된 의자/책상 대신 교실 바닥과 계단에 앉을 수 있도록 허용해 달라는 것 같은 좀 더 온건한 제안을 한다. 나는 대부분의 제안을 받아들이는 편이며, 남은 수업 내내 내가 의식적으로 그들의 제안을 따를 때에는 그 사실에 주목하게 한다. 문제가 된 공식적·잠재적 교육 과정에 대한 학생들의 제안을 받아들이지 않을 때에는 이유를 설명하고 평상시의 교육적 실천을 계속할 권한이 있음을 환기시킨다.

나는 이 수업에서 경험을 충분히 한 학생들이 최근에 들었던 다른 다양한 수업에 대해서도 비판을 통해 좋은 결과를 얻었다는 것을 알고 있다. 독자(나)를 '호출해 본' 경험은 그들에게 이전의 교수자 그리고/또는 행정가인 '환기되는' 독자에게 접근하는 방법에 대해 많은 것을 알려 준다. 아래의 내용은 한 학생이 대학에서 자신이 들은 수업의 공식적·잠재적 교육 과정에 대해 쓴 비판적 에세이에서 뽑은 것이다. 공식적 교육 과정에 대해 수잔은 이렇게 쓴다.

> '영어 2700'은 언어 연구 수업이며, 공식적 교육 과정은 우리들에게 큰 자극을 준다. 이 수업을 듣는 학생들은 '은어', '완곡어법' 같은 핵심어들의 의미를 배우지만, 수업의 초점은 무엇보다도 다문화주의에 맞추어져 있다. 이중언어교육(bilingual education),[5] 흑인 영어, 젠더 문제는 수업에서 가장 날카로운 화제가 되었다. 우리가 읽은 책과 시청한 비디오는 모든 사람들이 특유의 방언을 가지고 있으며 교육 제도는 말하고 쓰는 각기 다른 방식을 고려해야 한다고 설명하였다.

이 구절은 '언어 연구'라 불리는 수업 내용에 대한 공정하고 객관적인 서술로 이루어져 있다. 수잔은 여기에서 주제의 정치성politics에 대해 논하려고 하지 않는다. 더 중요한 점은 수업 내용을 전달하기 위해 선택된 교수법에 대해 논하지 않는다는 것이다. 그것은 수잔이 해당 수업의 잠재적 교육 과정에 대해 쓴 비판적 에세이 후반부에 나온다. '언어 연구'의 잠재적 교육 과정에 대해 수잔은 다음과 같이 쓴다.

---

5) (옮긴이 주) 이중언어교육은 제1언어인 모국어와 제2의 모국어를 학생들에게 교육시킬 것을 목적으로 한다. 다문화사회에서 국가정책으로 활성화되어 있으며, 미국에서는 1964년도에 언어교육을 입법화하여 현재 많은 학교에서 이중언어교육을 실시하고 있다.

X 선생님은 수업 참여를 대단히 중시해서 뜨거운 논쟁이 되는 문제에 답하도록 학생들을 무작위로 지명하곤 했다. 논쟁은 다양한 주제로 이루어졌으며, 수업 시간의 대부분은 보통 논쟁이 차지했다. X 선생님은 수업 시간에 격한 말로 자신의 윤리와 가치를 표명했고 선생님의 가치가 우리의 가치보다 우월하다는 것은 당연한 전제였다. 이중언어교육은 수업에서 논란이 된 화제였으나 그에 대한 논쟁은 대개 X 선생님의 의견에서 시작되어 X 선생님의 의견으로 끝이 났다. 거침없이 말하는 학생인 엘리자베스는 미국의 학교 제도가 이민자들의 영어 학습을 책임질 필요는 없다고 믿었으며, 자신이 다문화 사회에 살고 있다는 것을 인정하려 하지 않았다. 이 말을 듣자마자 X 선생님은 이중언어교육의 장점을 나열하기 시작했다. 다문화주의의 옹호자인 X 선생님은 엘리자베스와 우리들에게 미국이 다문화적임을 인정해야만 한다고 말했다. 물론 나는 X 선생님에게 동의했지만, 선생님이 자기 신념을 다른 사람에게 강요할 필요는 없다고 생각했다. 선생님의 잠재적 교육 과정은 왜 다른 사람들이 특정한 신념을 고수하는가를 알아보기보다는 그들의 신념을 비난하는 데 더 적합하다는 것을 암시했다. 나는 왜 엘리자베스가 그렇게 느꼈는지 알고 싶었다. 그 대신 나는 X 선생님이 엘리자베스의 생각을 바꾸려고 사실, 숫자, 개인적인 신념을 쏟아 내는 것을 지켜보아야 했다. 하지만 사실 X 선생님은 수업 분위기를 긴장시켰고, 많은 학생들은 공식적 교육 과정의 내용에 집중하지 못했다.

이 구절에서 수잔은 '언어 연구' 수업의 공식적 교육 과정을 전달하기 위한 교수자 X의—잠재적 교육 과정 전략인—특정한 교육적 실천을 비판한다. 이 수업에서 공식적 교육 과정은 학생들이 다문화 사회에 적합한 시민이 되기 위해 채택해야 하는 신념이자 도덕적 의무로 간주된다. 그렇지만 수잔이 지적하듯이 다문화주의에 대한 엘리자베스의 부정적인 시각은 이유가 있었을지도 모른다. 또한 교수자 X의 잠재적 교육 과정 전략은 엘리자베스의 말문을 막아버렸기 때문에 엘리자베스는 다문화주의 이론의 기반이 되는 민주주의적 추진력을 그 어느 때보다도 강하게 거부하게 될 것이다. 잠재적 교육 과정 전략은 공식적 교육 과정을 뒷받침할 수도 있고 파괴할 수도 있다. '언어 연구'에서의 수잔이 경험한 것은 공식적 교육 과정을 파괴시키는 잠재적 교육 과정의 사례이다. 물론 교수자 X의 교육적 목표는 학생들을 다문화주의자로 만드는 것이며, 제시된 읽기 자료들과 비디오들은 그 목표를 뒷받침해 준다. 그러나 비다문화주의적인 신념을 표명하는 학생들을 공격하는 교수자 X의 수업 전략은 엘리자베스만이 아니라 모든 학생들에게 부정적인 영향을 미치는 긴장감을 조성함으로써 공식적 교육 과정의 목표를 파괴할 따름이다.

비판적 에세이에서 지적한 몇 가지 문제를 해결하기 위해 수잔은 교수자 X에게 보내는 실천적인 편지를 쓰는 데 관심을 쏟는다.

**수잔의 편지**

X 선생님께,

저는 지난 학기에 '영어 2700' 수업을 들은 학생입니다. 저는 미국 교육에서 차지하는 다문화주의의 중요성에 대해 상당히 많이 배웠습니다. 그렇지만 저를 포함한 여러 학생들은 선생님의 수업 방식 때문에 이따금 불안을 느꼈습니다. 조금만 바꾸신다면 수업 환경이 확실히 더 좋아질 것입니다. 논의할 점이 많은 화제로 토론하는 동안 선생님은 논쟁에 가담한 학생들의 의견을 자주 무시하신 데다가 다른 학생들에게 선생님의 의견을 강제하려 하셨습니다. 저는 교수자인 X 선생님을 진심으로 존경합니다. 그렇지만 선생님의 수업 방식은 학생들의 수업 참여 의욕을 떨어뜨릴지도 모르며, 그들은 '영어 2700'에서 전해주려는 내용을 받아들이지 않을지도 모릅니다.

이것이 잠재되어 있는 문제일지도 모른다는 점에 동의하신다면, 학생들의 신념을 인정해주시고 왜 학생들이 선생님과는 다른 가치를 고수하는지 알아 보셨으면 좋겠습니다. 이 문제에 대해 더 자세히 논하고 싶으시면 망설이지 마시고 저에게 연락해 주세요.

마음을 담아서

수잔 드림

후기 근대적인 작문 수업에서는 비판적 담론의 목표를 더 생산적인 민주주의적·정치적 과정인 공동체를 형성하는 데 두며, 수잔은 교수자 X에게 단순히 불만을 털어놓기보다는 오히려 교수자 X에게 실천적인 편지를 쓰는 쪽에 방향을 맞춘다. 모든 사람들(교수자 X와 학생들 양쪽 다)이 연루되어 있는 문제를 실천적인 편지의 주제로 삼음으로써 자기 개인의 비판적 지식을 공동의 담론으로 변형시키는 것이다. 미래의 '영어 2700' 수업이 실제로 바뀔 수 있는 가능성을 높이기 위해서이다. 그러나 설사 교수자 X가 수잔의 의견을 받아들이지 않는다 해도, 자신의 비판적 지식이 공적 담론이 되는 한에서만 의미가 있음을 학생들이 알게 되는 것은 중요하다.

비판적 에세이와 실천적인 편지를 쓰면서 수잔은 재현이 정치적인 행위임을 배운다. 교수자 X의 '언어 연구' 수업에서 문제의 정확한 재재현True re-represention은 존재하지 않는다. 다만 경합하는 담론들이 있을 뿐이다. 그리고 수잔의 후기 근대적인 수사학적 작업은 그 담론들에 참여하는 것이자 전반적으로 더 나은 공동체를 위해 담론들을 중재하는 것이다. 게다가 과제를 하면서 수잔은 의식적으로 서로 다른 두 가지 주체성을 택했다. 수잔은 자신의 선생님인 교수자 X와 비판적 거리를 두면서 학생의 입장에서 비판적 에세이를 쓴다. 그리고 교수자 X의 가치와 연계되어 있음을 암시하는 대학 구성원의 어조로 실천적인 편지를 쓴다. 비판적 에세이와 같은 어조로 실천적인 편지를 쓴다면 교수자 X가 수잔의 주장이 (비합법적이어서) '비합리적'이라고 간단히 처리해 버릴 것임을 알고 있기 때문에 의식적으로 주체성의 위치를 바꾸는 것이다. 수잔은 자기중심적이고 공격적인 언어는 학생들이 공동체의 실제적인 변화를 꾀한다는 목표를 향해 나아가는 데 아무런 도움이 되지 못한다는 사실을 알고 있다.

전반적으로 더 나은 공동체를 만든다는 공동의 목표 아래, 학생들은 특정한 공동체의 전 구성원—규칙 위반자들까지—을 포함하는 사회 수사학적 전략을 배울 필요가 있다. 그것은 실천적인 공적 담론에 초점을 맞춘 후기 근대적 전환을 통해서만 가능하다. 학생들은 이 공적 담론을 통해 사회 수사학적 전략을 익힐 수 있는 것이다. 나는 '비판 의식'을 계발하거나 일깨우는 것 (혹은 파울로 프레이리가 의식화 운동conscientização 6)이라고 부른 것)—즉 '비판적 교육학'으로 알려진 프레이리 교육학에서 가장 중시하는 단 하나의 목표"—만으로는 불충분하다고 생각한다. 학생들

6) (옮긴이 주) 비판의식으로 번역되기도 하는 의식화 운동은 프란츠 파농의 『검은 피부 하얀 가면』에서 유래되었으나, 브라질의 교육사상가이자 개혁가인 파울로 프레이리가 공교육의 억압적 성격을 비판하고 그에 대한 대안을 제시하기 위해 이 개념을 사용함으로써 널리 알려지게 되었다. 제3세계 민중교육론의 고전인 프레이리의 『페다고지(Pedagogy)』(1968)에 달린 부제 '억눌린 자들의 교육학'이 시사해주듯이 그는 학생들을 수동적인 교육 대상으로 간주하는 전통적인 교육학을 비판하면서 '문제 제기식'의 교육을 통해 이들을 의식화된 능동적인 주체로 기르고자 하였다. 또한 교육을 받지 못한 피억압자들에게 자신의 삶을 변화시키기 위한 의식화의 수단으로 읽기와 쓰기를 가르치는 교육운동을 펼쳐 성공을 거두었다.

이 자신의 비판적 지식을 공동의 담론으로 전환시키는 것을 배우는 일 또한 매우 중요하다. 말하자면 설득적인 글쓰기를 통해 독자에게 영향을 미치는 문화적 실천을 하기 위해 독자를 중심에 둔 의사소통을 해야 하는 것이다. 비판적 에세이를 잇는 실천적인 편지를 통해 학생들은 비판 의식을 계발하는 것뿐만 아니라 후기 근대적인 글쓰기 과제를 통해 획득한 비판적 지식을 적용하는 데 필요한 수사학적 전략 또한 배운다. 그리고 이 수사학적 전략은, 그렇지 않았으면 불변의 실재와 보편적인 진리에 의해 통어되었을 공동체에서 학생들이 자신의 구상을 실현할 수 있는 능력을 부여하는 것이다.

### 결론

'정확성correctness'은 내가 맡은 모든 작문 수업에서도 중요하기는 하지만 나는 적당한 위치에 쉼표를 찍는 것보다 훨씬 더 효과적인 글쓰기가 있다는 것을 주장한다. 이것은 결코 급진적인 주장이 아니지만 나는 이 주장보다 한 단계 더 나아가고 싶다. 창안과 수정, 독자 인식은 내가 진행하는 작문 수업에서도 비중이 높은 것이지만, 나는 상세한 내용을 생성해내거나 저자 중심의 글을 독자 중심의 글로 수정하는 것보다 더 효과적인 글쓰기가 있다는 것을 주장한다. 글쓰기는 사회적 진공 상태에서 이루어지는 것도 아니고, 수사학의 삼각형이라는 보편적인 기하학에 한정되는 것도 아니다. 저자는 다양한 제도에 속해 있으면서 학습한 가치와 정체성에 대해 논쟁하며, 사회적·담론적 관계를 통해 형성되고 환기되는 독자의 요구에 맞는 글을 선택한다. 이 경우에 글쓰기는 정확성과 타당성의 수준을 넘어선다. 글은 담론적 실천의 규칙에 따라 우리가 쓰는 텍스트를 허용하거나 거부하는 제도의 이데올로기적 제한을 받으면서 생산되며, 텍스트들이 끊임없이 유동하는 담론 안에 놓여 있다.

따라서 나는 완성된 텍스트와 글쓰기 과정이라는 담론적 수준에서 날카로운 비판적·생산적 능력을 갖춘 학생들이야말로 언어의 사회적·공동체적 기능에 적합한 방식으로 글을 소비하고 생산한다고 주장한다. 수사학적 탐구를 위한 사회 과정 방법론을 내면화한 학생들은 자신이 속한 사회 공동체에 유해한 가치와 정체성을 담은 다양한 텍스트들을 폭로할 수 있을 뿐만 아니라, 이 해로운 가치를 전복시키거나 공동체의 필요와 목표에 더 부합하는 가치를 구현할 수 있는 생산적인 글을 쓸 수가 있는 것이다. 그렇게 해서 이론과 실천이라는 길고 구불구불한 길을 택한 나는 마지막으로 다음과 같이 호소하면서 여정을 마무리 짓는다. 나는 글쓰기 교수자들이 사회 과정 방법론을 현재의 작문 교육 과정과 통합시킬 것을 촉구한다. 말하자면 작문의 언어적·수사학적 수준을 무시하지 않으면서 사회적 맥락에 주목하고, 글쓰기 과정과 결과물에 스며들어 있는 이데올로기적 봉쇄에 주의를 기울이면서 그 수준을 강화하고 보충하기를 권하는 것이다.

## 부록 A 학교에 대한 비판적·실천적 에세이: 창안

다음의 발견 학습은 여러분이 현재 다니고 있거나 예전에 다녔던 학교에서 실시했던 공식적·잠재적 교육 과정을 조사하는 데 도움을 주기 위해 설계된 것입니다.

공식적 교육 과정은 학교에서 배운 모든 주제, 내용, 사실을 포함합니다. 대부분의 고등학교는 학생들의 '진로'를 구분하며(예를 들어 직업 준비와 대학 진학 준비), 각 진로에 맞게 교육 과정과 필수 학습 요건을 정합니다(예를 들어 수업과 반 편성 시험). 대다수의 대학교는 공식적 교육 과정을 '대학colleges'이나 '단과대학schools'(자유교양대학, 공과대학) 그리고 더 전문적인 전공으로 나눕니다(자유교양대학 – 음악, 작문, 전문적 글쓰기/공과대학 – 전기공학, 기계공학). 대학은 학생들이 이수해야 하는 수업 시수를 규정하는 일반적인 지침을 정해놓고 있습니다(자유교양 15학점, 보건학 15학점). 또한 그 지침에 따라 각 대학의 학생 구성원에게 알맞은 일반적인 (창의적·경험적) 지식을 결정합니다. 전공의 경우 학위를 받기 위해 학생들이 반드시 들어야 하는 필수 과목에 대한 특별한 요건이 정해져 있습니다(예를 들어 '영어 1200'). 전공의 공식적 교육 과정에 포함되는 과목들은 어떤 전공자라도 친숙해져야 하는 특정한 지식 그리고/또는 사고방식을 강조합니다.

잠재적 교육 과정은 특정한 교육적 실천을 통해 학생에게 (대개 무의식적으로) 강제되는 문화적 가치를 포함합니다. 문화적 가치는 무엇이 이상적인가를 말해줍니다. 공동체의 이상적인 시민은 생산적이며, 문화의 이상적인 소비자는 분별력이 있습니다. 이상적인 하위자subordinate는 권위를 존중합니다. 많은 학교에서는 스스로 정해 놓은 이와 같은 문화적 가치를 영속시키려고 합니다. 예컨대 학교 교사들과 행정가들은 교육이 학생들을 공동체의 생산적인 시민, 분별력 있는 문화의 소비자, 공손한 하위자로 만들도록 장려해야 한다(또는 훈련시켜야 한다)고 주장합니다. 교실 구조 배치하기, 엄격한 수업 예절 준수하기, 쉬는 시간 짜기, '건전하거나' '지성적인' 과외 활동을 하도록 격려하기와 같은 교육적 실천을 통해 학생들은 간접적으로 이러한 문화적 가치를 배웁니다. 학교는 학생들이 특정한 방식으로 행동하도록 제약하고 특정한 방식으로 사람들과 어울리도록 장려하면서 문화를 소비하는 방식을 가르침으로써 이들을 특정한 사람(이상적인 시민)으로 만들어냅니다.

잠재적 교육 과정이 작동하는 몇 가지 사례

교사들과 행정가들은 학생들이 공동체의 생산적인 시민이 되도록 북돋기 위해 잠재적 교육 과정 전략을 이용합니다. 그들은 학생들이 지속적으로 글을 쓰는 습관을 기르도록, (매주 제출하는) 큰 과제보다는 (매일 제출하는) 작은 과제를 몇 가지 요구합니다. 그들은 학생들이 교실을 옮겨 다니는 시간passing periods에 교제하지 않도록 지켜보며, '자유 시간'에도 생산적인 활동을 계속하는지 확인하기 위해 자습실을 감독합니다.

교사들과 행정가들은 학생들이 분별력 있는 문화의 소비자가 되도록 장려하기 위해 잠재적 교육 과정 전략을 사용합니다. 그들은 '저급한 문화'물(잡지, 만화책, 휴대용 스테레오 등)을 몰수하고 이를 '고급문화'물(권위 있는 문학, 클래식 음악 등)로 대체합니다. 또한 학생들이 '고급문화'를 직접 체험하도록 관현악단, 연극, 학교신문 제작 같은 과외 활동으로 대체합니다.

교사들과 행정가들은 학생들이 공손한 하위자가 되도록 북돋기 위해 잠재적 교육 과정 전략을 활용합니다. 계속 감독할 수 있도록 그들은 교실 맨 앞에 (보통 매우 큰) 교사용 책상을 놓습니다. 그리고 교사들은 언제나 말을 할 수 있지만 학생들은 손을 들어야 하며 말하기 전에 허락을 받아야 합니다.

많은 경우에 잠재적 교육 과정의 문화적 가치는 선의와 보람 있는 성과라는 명목으로 학생들에게 강제됩니다. 그렇지만 이 문화적 가치가 학생들이 고수하는 개인적인 가치를 거부할 때 학교 공동체 구성원 간에 충돌이 발생하기도 합니다.

다음은 여러분들이 현재 다니고 있는 (또는 예전에 다녔던) 학교의 잠재적 교육 과정을 조사하는 데 도움을 주기 위해 마련된 몇 가지 지침입니다. 잠재적 교육 과정의 다른 구성 요소들은 여러분이 학교의 다른 면을 검토하는 동안 저절로 드러날 것입니다.

- 학교 전체의 물리적/지리적 특징과 주요 공간(교실, 자습실, 교내 식당, 체육관, 탈의실, 화장실, 강당, 운동장 등) 중 몇 곳을 설명하시오. 왜 행정가들이 학교의 물리적/지리적 특징을 그와 같은 방식으로 배치한 것 같은지 설명하시오.
- 여러분이 선호하는 교사 한두 명과 선호하지 않는 교사 한두 명을 선택해서 그들의 교육적 실천에 대해 서술하시오(학생들과의 상호작용, 교수법, 수업 방침, 성적 처리, 교실 활동 등). 어떤 교육적 실천 때문에 한 교사가 다른 교사보다 우수한지 또는 그렇지 않은지 설명하시오.
- 학교에서 학생들에게 가장 인기 있는 과외 활동의 목록을 만드시오. 다음으로 가장 인기가 없는 과외 활동의 목록을 만드시오. 어떤 활동이 다른 활동보다 인기가 있는 이유를 설명하시오.

글쓰기를 통해 우리는 자신이 다니는 학교에서 작동하는 잠재적 교육 과정을 이해하고 비판할 수 있으며, 학교 공동체가 더 나아지도록 잠재적 교육 과정을 변화시킬 수 있습니다.

TEACHING COMPOSITION AS A SOCIAL PROCESS

# 해설

해설

# 문화 연구의 활성화가 대학 글쓰기 교육에 미친 영향과 전망

## 1. 대학 글쓰기 교육과 '문화'라는 문제 설정

한국의 대학 글쓰기 연구자들이 작문 분야의 이론적 기반을 다지기 위해 강도 높은 탐구를 끈질기게 지속해야 한다는 것은 거의 숙명적인 일이다. 그것은 북미의 연구자 페이글리Lester Faigley의 지적대로 "글쓰기 연구가 하나의 학문 분야(학과)로 존재하느냐, 아니면 글쓰기를 가르치는 이들의 공동의 문제와 이익 때문에 학문 분야로 존재한다고 가정하느냐"[1]라는 당혹스러운 질문

---

❖ 브루스 맥코미스키의 『사회 과정 중심 글쓰기: 작문교육 패러다임의 전환』은 작문 이론에 대한 폭넓은 이해뿐만 아니라, 사회 이론에 대한 전반적인 지식까지 요구한다. 이에 맥코미스키의 주장을 중심으로 후기 과정 운동을 자세히 설명하고 있는 이 논문이 해설에 적합하다고 생각되어 여기 싣는다(『작문연구』 10집, 2010.5.에 「인문학 연구의 활성화가 대학 글쓰기 교육에 미친 영향과 전망: 문화 연구와 비판적 담론 분석을 중심으로」라는 제목으로 실려 있음). 해설을 읽고 독자가 배경 지식을 넓히면서 맥코미스키의 제안을 비판적으로 수용하기를 바란다.

1) Lester Faigley, "Competing Theories of Process: A Critique and a Proposal", *College English*, 48(6), 1986.10, p. 527.

이 다른 학문 분야와는 달리 유독 대학 글쓰기 분야에만 제기될 수 있는 불편한 상황 탓이다. 이러한 질문은 역으로 대학 글쓰기 연구자들이 처해 있는 작금의 현실을 뚜렷이 부각시킨다. 글쓰기 분야의 역사가 그리 길지 않아, 연구자들은 앞으로도 오랫동안 이 영역의 존재 가치를 증명하면서 학문적 정체성을 수립해야 하는 것이다. 게다가 대학 글쓰기는 북미의 대학과 동일하게, 일차적으로는 대학의 실용적인 요구에 따라 생겨난 탓에 이 분야가 학문적 지위를 획득하는 것은 글쓰기의 정체성이 무엇인지를 명쾌하게 제시하지 않고는 불가능하다. 그래서 위 질문은 북미의 영어권 글쓰기 연구자들뿐만 아니라 한국의 글쓰기 연구자들 또한 숙고하고 답변해야 할, 의표를 찌르는 질문이다.

그런데 대학 글쓰기 분야에 터를 잡고자 하는 최근의 신진 연구자들에게 무척 다행스러운 것은, 글쓰기의 이론적 기반을 닦기 위한 가장 큰 진통은 선배 연구자들이 이미 겪어내었다는 점이다. 현재 대학 글쓰기에 대한 이론적 탐색은 북미에서든 (북미의 이론을 광범위하게 수용하고 있는) 한국에서든 상당한 성과를 얻은 상태이다. 특히 오늘날 대학 글쓰기 이론의 주류를 이루고 있는 인지구성주의 작문 이론이나 사회구성주의 작문 이론은 연구물들이 다량 축적됨에 따라 이론과 방법론을 더욱 정교하게 다듬을 수 있는 단계에 올라섰다. 따라서 이 논문은 그간 작문 이론 쪽에서 쌓아놓은 성과를 수렴하고 발전시켜 대학 글쓰기의 이론화를 도모하고 심화시키려는 추가적인 노력에 해당할 뿐이다. 그리고 다른 한편으로 이는, 지난 세기 후반에 정치, 사회 환경뿐만 아니라 교육 환경 전반에 걸쳐 근본적인 비판과 의문을 던지면서 본격적으로 등장한 구성주의에 대한 재검토 없이 대학 글쓰기의 이론화를 도모하기는 어렵다는 점을 말하는 것이기도 하다.

지금은 널리 알려져 있듯이, 기왕의 교육 상황이나 환경을 지배하였던 인식론적 (객관주의라 불리는) 입장에 날카로운 비판을 던지면서 등장한 구성주의는, 인간이 지식을 형성하고 습득하는 과정을 개인적인 인지 작용의 결과로 보는 상대주의적 인식론을 주창한 바 있다. 그리고 이는 교육학의 경우 정보화 시대 혹은 후기 근대 시대가 요구하는 교육 환경, 즉 학습자 스스로 자신의 학습에 대하여 주도적인 동시에 학습에 대한 책임을 지면서 능동적·적극적으로 학습할 수 있는 환경을 구현하려는 학습 이론으로 표현된다.[2)] 다른 모든 학문 영역과 마찬가지로 교육도 사회의 변화를 반영하면서 교육에 대한 사회의 요구를 충족시켜야 한다면, 20세기 후반의 변화된 환경은 기존의 지배적인 교육 이론을 해체하고 새로운 시각으로 교육 이론을 재정비할 것을 요청하였다. 그리고 이는 글쓰기 교육을 비롯한 교육학 전반에 걸쳐 이론과 방법의 변화를 촉진시켰던 것이다.

이 중 본 논문에서 우리 시대의 대학 글쓰기 교육과 관련해 주목하려는 것은 1970년대 서구에서 이 구성주의 관점이 담론 연구를 이론적으로 뒷받침하기도 했다는 사실이다. 물론 이 시기에 담론 연구의 세 가지 다른 이론적 관점인 구조주의(와 기호학), 후기 구조주의, 해체주의(후기 근대주의) 또한 글쓰기 교육에

---

2) 강인애, 『왜 구성주의인가』, 문음사, 1997, 4~6쪽.

영향을 미쳤다는 것은 잘 알려져 있다.[3] 그리고 이 세 가지 이론적 관점은 구성주의의 한계를 보완할 수 있는 실제적인 가능성을 내포하고 있다는 점에서 여기서 함께 언급할 가치가 있다.

이 세 이론들은 구성주의와 마찬가지로 그 근본에 있어서는 텍스트에 대한 인간의 이해 능력을 설명하려 했다.[4] 그렇지만 이 이론들은 구성주의와 밀접하게 관련되어 있음에도 불구하고, 인간을 구성적이며 능동적인 행위자로 간주하기보다는 구조나 이데올로기, 혹은 담론의 산물로 보는 경향이 강하다. 이와 달리 구성주의적 관점에서는 인간이 개인으로 존재하든(인지구성주의) 담론 공동체라는 집단으로 존재하든(사회구성주의) 간에 이들을 구성적인 행위자로 보며 인간의 지각·이해·기억 등의 생성적이고, 조직적이며, 선택적인 특성을 강조한다.[5]

북미와 한국에서 후기 근대주의적 교육학을 수립하려는 글쓰기 연구자들은 대체로 인간을 해체적인 관점에서 바라보는 것에 동의하지 않는 경향이 있다. 일례로 한국에서 후기 근대주의적 교육학을 정립하기 위해 노력하고 있는 목영해는 서구에서 생산된 후기 근대적 관점의 가치는 인정할 수 있지만, 서구의 후기 근대주의 문화 논리 속에서 만들어진 자아가 해체된 인간은 교육적 인간상으로서 정당성을 갖기 힘들다고 주장한다. 그는 인간의 자아가 고정불변한 것이 아닌 타인과의 관계, 사물 사건들

3) 나이즐 스피비(N. N. Spivey), 신헌재 외 4인 옮김, 『구성주의와 읽기·쓰기』, 박이정, 2004, 169쪽.

4) 위의 책, 같은 쪽.

5) 위의 책, 19~21쪽.

과의 관계 속에서 끊임없이 창조된다는 의미에서 열린 자아이며, 바로 이것이 후기 근대주의 시대에 적합한 이상적 인간상이라고 본다.[6] 인간을 해체적 자아가 아닌 구성되는 자아이자, 창조적·대화적으로 열린 존재라고 보는 것은 기왕의 구성주의적 인간관·주체관을 고수하는 일이다. 목영해와 같이 후기 근대주의 이론을 선택적으로 수용하는 태도는 서구의 글쓰기 연구자들에게서도 쉽게 발견되는 현상이다. 서구의 경우 작문 교육에서의 후기 근대주의는 학생들의 비판 의식을 일깨우기 위해 문학이론으로서의 후기 구조주의를 들여온 것에서 찾을 수 있다.[7] 가령 비젤은 학생들의 비판적 의식을 고무하기 위해 작문 이론에 후기 구조주의를 끌어들였다. 요컨대 후기 근대주의적 관점의 수용은 선택적이든 그렇지 않든 우리 시대에는 불가피한 것이다.

한편으로 이와 같은 변화된 상황은 글쓰기 연구자들이 철학과 문학, 사회과학 등의 학문적 성과를 수렴하면서 작문 이론을 다듬어나가는 것이 결코 글쓰기 이론의 빈약함을 반증하는 일이 아님을 말해 주는 것이기도 하다. 글쓰기 이론의 변화를 주

---

6) 목영해, 『후현대주의 교육학』, 교육과학사, 1994, 109~113쪽. 그는 『현대 상대주의 철학과 교육』(교육과학사, 1998)에서도 이와 같은 관점을 고수한다. 한편, 그는 탈근대주의적 관점을 수용하면서 근대주의적 지식관과 다른 열린 자아를 형성할 수 있는 모든 경험이 지식이 되는 열린 지식관, 탈정전 중심의 교과서관, 다매체를 활용하는 수업, 통합교과형 교과서의 편찬 등의 필요성을 주장한다. 그에 따르면 전통적인 지식관과 교육관은 지식과 교과의 세분화를 촉진해 상호복합적인 자연·사회·인간의 문제를 해결할 수 있는 문제해결력을 쇠퇴시켰다. 따라서 개개인의 욕구와 흥미를 충족시키면서 복합적인 사회문제의 해결력을 길러주기 위해서는 교육 과정의 통합이 불가피한 것이다(『후현대주의 교육학』, 116~125쪽).

7) 이수진, 「후기 과정중심 작문교육이론 연구」, 한국교원대학교 석사논문, 2001, 29쪽.

도한 것은 변화된 현실 상황이듯이, '경계와 영역의 해체'가 특징인 후기 근대적 상황은 글쓰기 영역에서도 근대적인 영역주의의 고수가 아닌, 다양한 분과학문들의 소통과 접맥을 요청한다. 그렇기 때문에 학제 간interdisciplinary 연구가 심화되고 있는 오늘날에는 오히려 학문적 소통이 학문의 정체성을 규정하고 설명하는 방식의 하나가 될 수밖에 없는 것이다.

비록 한국의 글쓰기 연구자들 대다수는 현재 인지주의에 기초한 과정 중심 쓰기 방법론의 마련에 관심을 집중하고 있기는 하나[8] 사실 글쓰기의 주제적 측면에는 이미 후기 근대주의나

---

8) 예컨대 이재승은 「작문 연구의 동향과 방향」에서 "조사 연구나 실험 연구(양적 연구와 질적 연구)를 앞으로 좀 더 많이 할 필요가 있다"고 주장한다. 그가 "실증적인 증거를 바탕으로 한 연구가 많아질수록 작문 교육 연구가 한 단계 진보할 수 있을 것"이라고 주장하는 이유는 그동안의 문헌연구식의 방법에 기초한 논문들이 "생각과 느낌을 늘어놓는 '수필식' 글쓰기"라고 할 만큼 엄밀성이 떨어졌기 때문이다. 또한 글쓰기의 실제적인 방법론이 절실하게 필요했던 현실적인 상황도 이와 같은 주장을 하게 된 큰 원인이다. 하지만 "연구 주제가 너무 사변적이고 추상적이거나 작문 교육 현실을 반영하지 못한 점"을 비판하면서 "작문 교육 현장에서 필요로 하는 연구 문제를 도출한 다음 이를 이론적으로 설명해 가는 접근이 필요하다"는 주장은 작문을 실용적인 분야로만 한정하는 요인이 되기도 한다(이재승, 「작문 연구의 동향과 방향」, 『청람어문교육』 32집, 2005.12, 111~112쪽). 이러한 주장은 실용성과는 거리가 있어 보이는 이론의 탐구는 등한시하는 한국의 글쓰기 연구 경향을 강화시킬 가능성이 있다.

한편, 이재승과는 다른 접근 방법을 선택해 한국의 글쓰기 연구 상황을 조사한 이재기의 구분법에 따라 이재승의 관점을 평가하자면, 그는 비판적 접근법, 표현주의 접근법, 수사학적 접근법 중 수사학적 접근법을 논의의 중심에 두고 있다. 이재기에 따르면 미국의 글쓰기 연구에서는 위 세 가지 접근법이 공존하고 있지만, 한국의 연구에서는 비판적 접근법, 표현주의 접근법을 찾기 어렵다. 그리고 이는 과정 중심 작문 교육 연구에 초점을 맞춘 수사학적 접근법이 지나치게 조명되고 비대해진 상황과 관련이 있다. 물론 대학의 글쓰기 교재의 전체적인 구성이 글쓰기의 도구성과 효율성을 강조하는 수사학적 접근에 맞추어져 있다 해도, 제재글과 연습 과제에서 주요 담론에 대한 논리적·비판적 해석을 중시하는 비판적 접근이 분명히 존재한다. 그러나 이러한 비판적 읽기가 텍스트의 논리를 가능하게 하는 컨텍스트 자체를 비판하거나 대항적 컨텍스트를 동원해서 텍스트를 비판하는 것까지 허용하고 있지는 않은 것이다(이재기, 「작문 연구의 동향과 과제: 작문에 대한 세 가지 가치론적 접근

구조주의, 후기 구조주의적 관점이 광범위하게 영향을 미치고 있는 것이 현실이다. 예컨대, 2003년에 출간된 연세대학교의 교재 『글쓰기』는 '약호의 세계와 문화 읽기, 다시 읽기로서의 패러디, 새로운 매체와 의사소통, 탈민족시대와 민족어, 공간 분석과 현장 기술' 같은 후기 근대적 상황에 어울리는 글쓰기 주제를 제공하였다.[9] 2008년에 간행된 연세대학교의 『대학 글쓰기』[10]는 전체적으로 과정 중심 쓰기 원리에 입각해 있지만[11] 세부적인

---

법」, 『청람어문교육』 제38호, 2008.12, 186~194쪽).

본고에서는 이재기의 지적에 동의하지만, 비판적 접근법에 대한 그의 평가는 최근의 경향을 반영하고 있지 못하다고 본다. 그는 비판적 교수법이 작문 능력과 신장보다는 지배적 담론으로부터의 해방을 더 중시하기 때문에 작문 과정이나 작문의 형식적 특징에도 크게 상관하지 않는다고 평가하나, 맥코미스키와 페이글리 등의 연구는 이러한 견해를 수정하도록 요청한다. 이에 대해서는 3장에서 구체적으로 다룰 것이다.

9) 신형기 외 7인, 『글쓰기』, 연세대학교출판부, 2003, 7~8쪽.

10) 정희모 외 7인, 『대학 글쓰기』, 삼인, 2008.

11) 정희모, 「대학 글쓰기 교육과 과정 중심 방법의 적용」, 『현대문학의 연구』 29, 2006. 한편, 곽경숙의 조사에 따르면 연세대, 조선대, 가톨릭대 등은 과정 중심을 지향한 교재를 사용하지만, 그 외의 대다수 대학은 텍스트 요인에 여전히 의존한 교재를 이용하고 있다(곽경숙, 「대학 글쓰기 교재의 비교 분석」, 『한국언어문학』 제68집, 2009, 122쪽). 그런 점에서 과정 중심 방법을 적용한 대학 글쓰기 교재는 대학 글쓰기 교육의 질적 향상을 위한 혁신적인 시도였다고 평가할 수 있다.

하지만 "글쓰기에 대한 학문적 주장은 이 세 가지 어느 이론보다도 더 넓은 과정의 개념에 기초해야만 한다"는 페이글리의 주장처럼(Lester Faigley, *Ibid.*, p. 528), 인지주의에 기초한 기왕의 과정 개념은 협소하기 때문에 확장이 필요하다. 3장에서 자세히 다루고자 하는 연구자인 맥코미스키는 과정 개념의 확장을 작문연구에서의 후기 과정 운동(The Post-Process Movement in Composition Studies)이라 칭한다. 여기에서 '후기(Post)'는 기왕의 연구 성과에 대한 거부가 아닌 확장을 의미한다. 이 외에도 후기 과정 운동에 참여하고 있다고 볼 수 있는 연구자에는 제임스 벌린, 파트리샤 비젤 등이 있다. 켄트와 도브린 역시 Post-Process를 주장하지만 이는 후기 과정이 아닌 탈과정 운동이라 하는 것이 적합하다. 과정 중심 방법에 대한 두 연구자의 강경하고 비판적인 논문은 후기 과정 운동에 대한 도식적인 이해와 비판을 낳게 한 원인이 되기도 하였다. 참고로, 켄트의 대표적인 글로는 Kent T., "Beyond System: The Rhetoric of Paralogy", *College English*(51), 1989가 있으며, 도브린의 대표적인 저서로는 Dobrin S. I., *Constructing Knowledges: The Politics of Theory-Building and*

글쓰기 주제나 이를 위해 제공하는 예문은, '외국인 노동자 같은 사회적 소수자, 문화다원주의, 일상의 역사, 21세기 대안가족, 지배 문화 비판, 세계화시대와 영어공용어화, 세계화 시대의 이방인, 디아스포라, 코시안들의 국가 찾기, 혼종성, 민족주의 비판'과 같이 21세기의 변화된 상황에 맞게 다채롭다. 하지만 문제는 이와 같은 주제들이 그에 적합한 새로운 글쓰기 방법론과 아직 만나지 못하고 있다는 점이다. 지금 한국 대학의 글쓰기 수업에서 이 주제들은 인지-사회구성주의에 입각한 과정 중심 글쓰기의 틀 안에서만 다루어지고 있는 상황이다. 글쓰기 방법론이 주제와 일치되지 못하는 형국인 것이다.

사실 후기 근대주의나 구조주의, 후기 구조주의적 사유 방식이 글쓰기 교육에 미칠 수 있는 긍정적인 영향은 주제적 측면에 한정되지 않는다. 방법론의 측면에서도 이는 유용한 틀을 제공해 줄 수 있다. 즉 후기 근대적 사회가 야기한 인식론의 변화는 인식 내용의 변화만이 아닌 인식 방법의 변화도 동반하는 만큼, 글쓰기 분야에서도 글의 주제뿐만 아니라 글쓰기 방법론의 측면에서도 그에 부합되는 연구가 충분히 이루어져야 우리 시대에 알맞은 글쓰기 교육을 시도할 수 있다. 그러므로 후기 근대적 상황에 적합한 글쓰기 주제를 그에 합당한 방법론과 함께 제공하기 위해 이제는 과정 중심 쓰기 방법에서 더 나아간 글쓰기 방법론을 모색하는 것도 중요한 연구 대상이 되어야 할 터이다.

이 글에서는 지식의 구성 과정에 초점을 맞춘 글쓰기 교육 방

---

*Pedagogy in Composition*, Albany: State University of New York Press, 1997가 있다.

식을 넘어서서 21세기의 변화된 상황에 부합하는 글쓰기 방법론을 제안할 것이다. 이를 위해 북미의 연구 사례를 참고하면서 최근 급부상하고 있는 문화 연구와 비판적 담론 분석의 긍정적인 측면을 적극적으로 수용할 것을 주장하고자 한다. 따라서 본고는 '문화'와 '담론 연구'를 핵심어로 선택해, 문화 연구와 비판적 담론 분석의 성과가 글쓰기 교육에 왜 수렴되어야 하는지, 또 어떤 식으로 수렴될 수 있는지를 고찰하는 방향에서 전개될 것이다.

## 2. '문화적 전환'의 시대와 대학 글쓰기

'문화'를 중심으로 논의를 전개하는 것에는 특별한 의미가 있다. 무엇보다 이것은 후기 근대적 문화 사회로의 이행이라는 우리 시대의 특성에 따른 문제 설정 방식이다.[12]

문화가 문학과 사회학, 최근에는 역사학에 이르기까지 주목의 대상이 되고 있는 것은 레이몬드 윌리엄스가 『문화와 사회』(1958)와 『맑시즘과 문학』(1977)[13]을 쓴 이래의 일이다. 윌리엄스가 문화 연구에 기여한 것은 무엇보다 문화를 사회적인 개념으

---

12) 심광현, 「교육개혁과 문화교육운동: 지식 기반 사회에서 문화사회로의 이행을 위해」, 심광현 편, 『이제, 문화교육이다』, 문화과학사, 2003, 56쪽.

13) 전자는 『문화와 사회』(나영균 옮김, 이화여자대학교출판부, 1988)라는 제목으로 출판되어 있다. 후자의 번역본은 『이념과 문학(Marxism and Literature)』(이일환 옮김, 문학과지성사, 1982)과 『문학과 문화이론(Marxism and Literature)』(박만준 옮김, 경문사, 2003)이 있다.

로 보는 시각을 정립했기 때문이다. 문화를 정치나 사회, 경제 영역과 분리된 독립적이고 개별적인 영역으로 간주하면서 단순히 문화 현상만을 설명하려고 한 문화주의적 관점과는 달리,[14] 그는 문화란 사회의 물질적 삶과 분리될 수 없으며 개인과 집단의 특정한 삶의 방식을 만들어주는 사회적 과정이라고 보았다. 윌리엄스의 영향으로 많은 연구자들이 사회에서 문화가 차지하는 위치에 주목하게 되었고, 후기 근대주의자 들뢰즈에 이르러서는 문화 안에 경제, 사회, 법률 등이 계기적으로 공존한다는 문화에 대한 가장 급진적인 견해가 등장한다. 그는 위의 각 요소들이 위계적 구조가 아닌 계기적 구조를 이루고 있어 문화적

14) 대표적인 학자가 매슈 아놀드이다. 그는 『교양과 무질서』(윤지관 옮김, 한길사, 2006)에서 문명과 문화를 대립시키면서 문화는 내면성과 도덕성과 같은 정신 활동을 특징으로 한다는 입장을 견지했고 이를 바탕으로 인문주의적 교양의 가치를 크게 강조했다. 이는 지금까지도 대학의 교양교육이 갖는 의미를 규정하는 데 심대한 영향을 미치고 있다. 그렇지만 매슈 아놀드적인 교양주의적 관점은 오늘날에는 부적합하다. 매슈 아놀드의 엘리트주의적인 전인적 인간관 및 교양관에 영향을 받은 전통적인 교양주의적 관점은 글쓰기의 고유성을 지키는 데도, 통학문적 사고를 키우는 데도 크게 도움이 되지 못하기 때문이다. 더욱이 보편적이고 객관적인 지식의 전달을 통해 지적 도야와 인격의 완성을 추구하고 있는 서구의 전통적인 자유교양적 교육 이념(목영해, 『현대 상대주의 철학과 교육』, 126~129쪽)은 보편적이고 객관적인 인간뿐만 아니라 그러한 지식도 존재하지 않는다는 관점에 의해 회복 불가능한 치명타를 입었다. 따라서 이는 오늘날엔 더 이상 신뢰할 수 있는 이념이 되기 어렵다. 따라서 대학 글쓰기의 정체성 추구를 위해서는, 그동안 글쓰기의 존재 증명을 위해 참조했던 인문학적 교양 교육에 대한 전통적 관념을 앞으로 살펴 볼 급진적인 문화 이념에 근거해 재점검해야 한다.

한편, 파슨스는 사회적 상호작용과 사회질서의 문제를 해결하는 과정에서 인성체계, 사회체계, 문화체계라는 세 가지 체계 개념을 제시한 바, 이는 전체 사회가 정치, 경제, 사회, 문화라는 네 가지 하위체계로 구성되어 있다는 식의 통속적이고 단순한 방식으로 일반에게 소비되었다. 이중 실체가 명확하지 않은 문화는 잔여범주가 되어 사회 집단의 가치와 상징체계를 지칭하는 제한된 의미로 사용되었다(김종엽, 「문화 개념의 역사적 변동과 지형」, 『동향과전망』 통권 72호, 2008.2, 335~337쪽). 지금도 파슨스식의 문화 이해는 여전히 위세를 떨치고 있으며, 이 논문에서 해체하고자 하는 것 중 하나도 이와 같은 관점이다.

인 것의 실재적 결합 관계들은 그만큼 다양하다고 주장하였는데, 이는 문화와 사회의 관계를 관계의 외부(외재적 접근)에서가 아닌 내부에서 파악(내재적 접근)하는 데 기여하였다는 점에서 의미 있는 것으로 평가 받고 있다.[15] 즉 문화와 사회는 더 이상 분리되어 파악되지 않게 된 것이다.

문화 연구는 문화에 대한 이와 같은 관점의 변화와 긴밀히 관련되어 있다. 이 연구는 1964년 레이몬드 윌리엄즈, 스튜어트 홀 등이 주도한 버밍엄대학의 현대문화연구소에서 시작되었다. 그 중 스튜어트 홀은 문화 연구를 위해 프랑스 구조주의, 기호학, 탈구조주의, 그람시의 헤게모니론 등 다양한 이론들을 끌어들였다는 점에서 주목된다. 이에 따라 문화 연구는 현대 사회이론의 주요한 전통을 거의 다 자기 안에 흡수하는 이론적 용광로 역할을 수행하게 되었기 때문이다.[16] 이후로도 문화 연구는 탈식민주의, 페미니즘, 문화기술지적 연구ethnography, 서발턴subaltern 등의 소수자 연구, 기타 정치사회적 연구 성과들을 수용하면서 학문 전반에 걸쳐 광범위한 영향력을 행사할 만큼 성장한다.

그런데 근래에 문학, 사회학, 심지어 역사학까지 '문화적 전환'의 중요성을 강조하면서 문화 연구의 성과에 관심을 기울이는 것은 문화 연구가 단지 영향력이 크기 때문이 아니라 개별 분과 학문을 넘어선 통학문적 성격을 지니고 있기 때문이다.[17]

---

15) 이득재, 「문화와 이념」, 『문화과학』 통권 53호, 2008년 봄, 457쪽.

16) 김종엽, 앞의 글, 343쪽.

17) 문학 분야에서는 이미 10여 년 전부터 문화 연구의 방법론을 적극적으로 활용하면서 문학 연구를 진행하고 있는 상황이다. 문학 연구자 중 천정환은 「'문화론적 연구'의

후기 근대적 시대 상황에 따른 학제 간 연구가 중요해지면서 학문의 특정 분야에 한정되지 않는 문화 연구가 '문화적 전환'이라는 거대한 시대 변화에 부합하는 학문의 나침반 구실을 기꺼이 떠맡고 있는 것이다.

그렇다고 이것이 시대 상황에 순발력 있게 적응해야 한다는 순응적 사고에 의해 문화 연구라는 통학문적 접근 방법이 생겨났다는 점을 의미하는 일은 아니다. 오히려 문화 연구는 달라진 시대를 이해하고 분석하며, 비판하고 재구성하기 위해 존재한다. 요시미 슌야의 지적처럼 문화 영역이 근·현대에 존립하는 그 자체를 되묻는 문화 연구는, 문화를 경제나 정치와 분리된 고정적인 영역으로 여기거나 또 경제나 정치에 종속적인 표층의 질서로 여기는 것이 아니라, 오히려 권력이 작동하고 경제와 결합하여 담론의 중층적인 경쟁 속에서 끊임없이 재구성되는 것으로 문제화해 나간다.[18] 이처럼 문화 연구는 현실의 영역뿐만 아니라 학문의 영역마저 그 경계가 해체되고 있는 우리 시대에 필요한 연구 방법론을 예시하기 때문에 커다란 영향력을 발휘하고 있는 것이다.

물론 문화가 보편주의적 언어가 되면서 초래될 수 있는 문제

현실 인식과 전망」(『상허학보』 제19집, 2007.2)에서 가장 적극적으로 문화론적 전환의 필요성을 역설하고 있어 주목된다. 한편, 사회학 분야의 대표적인 연구로는 『사회학의 문화적 전환』(최종렬, 살림, 2009)이 있으며, 역사학 분야의 대표적인 연구로는 『포스트모더니즘과 역사학』(김기봉 외, 푸른역사, 2002)이나 『새로운 역사학: 역사는 진실인가』(박성수, 삼영사, 2006) 등이 있다. 서구 연구자 중 국내 연구자들에게 큰 영향을 끼친 연구자로는 레이 초우(『원시적 열정』 등)와 린 헌트(『문화로 본 새로운 역사』 등) 등을 들 수 있다.

18) 요시미 슌야, 박광현 옮김, 『문화연구』, 동국대학교출판부, 2008, 22~23쪽.

에 대한 고민도 필요하다.[19] 지식 생산의 다양한 영역이 폐쇄적일 때 생길 수 있는 문제를 지적하는 것은 중요하나, 이러한 지적이 전통적인 지식 생산의 경계선이 무너지고 있는 상황을 더욱 촉진하여 오히려 특정 학문의 영역을 붕괴시키기도 한다는 점도 염두에 두어야 하는 것이다. 이를테면 문화와 권력의 관계를 살피기 위해 다른 학문을 선택적으로 활용하는 문화 연구의 간학제적 특성[20]이 악용되어 '학제성'이나 '문화횡단적 다원성'이라는 명목으로 수요가 적은 학문 분야가 대학에서 내쳐지는 데 이용되는 것은 북미에서든 한국에서든 현재 무시될 수 없는 현실이다.

그러므로 애초부터 제도적으로 주변화되어 있었던 글쓰기 분야의 정체성을 탐색하는 일은, 학제 간 연구가 심화되고 있는 최근의 후기 근대적 상황을 염두에 두되, 학문의 고유성을 살리는 측면에서 전개되어야 한다.[21] 하지만 이는 현행의 교수 학습

---

19) 레이 초우는 『디아스포라의 지식인: 현대 문화연구에 있어서 개입의 전술』(장수현·김우영 옮김, 이산, 2005, 178~190쪽)에서 이와 같은 문제의식을 드러내고 있다. 특히 미국에서의 제3세계에 대한 문화적 관심이 전통적인 지식 생산의 경계선이 무너지고 있는 상황에 따른 시장경제의 산물일 수 있다는 지적은 통렬하다. 특히 학자들이 '중국', '일본' 또는 '인도'를 '연구'한다는 이유만으로 하나의 학부에 모이게 되면, 실제로 벌어지는 일은 이른바 '학제성'이 식민영토와 국민국가의 모델에 입각해 편성되는 것뿐이라는 지적은 문화 연구의 함정이 무엇인지를 깨닫게 한다. 즉 그녀는 문화 연구에서 우리가 수용해야 하는 것은 무엇인가에 대한 진지한 고민을 요구하는 것이다.

20) 크리스 바커·다리우시 갈라신스키, 백선기 옮김, 『문화연구와 담론분석』, 커뮤니케이션북스, 2009, 41쪽.

21) 이와 관련하여 "분과학문 체제를 넘어서는 일"이 "분과학문을 부정하는 일"은 아니며, 문제가 되는 것은 "개별 분과학문의 존립이 아니라 이들 사이에 장벽을 설치하는" 현재의 대학 학문 제도와 체제라는 강내희의 주장은 경청할 만하다(강내희·심광현 편, 「문화교육을 위한 대학 학문제도의 개혁 방안」, 『이제, 문화교육이다』, 문화과학사,

방법을 고수하는 것으로써 이루어질 수 없다는 점 역시 분명하다. 말하자면 글쓰기 연구자들이 지금과 같은 과정 중심 쓰기 원리에 따라 글쓰기 방법론을 탐구하는 데만 몰두하는 것은 글쓰기 영역을 스스로 게토화하거나 한정된 틀 안에 가두는 일이 될 수도 있다. 이는 곧 대학 글쓰기를 글쓰기 기술만을 훈련하는 분야로 스스로 확정하는 일이 되기 때문이다.

또한 후기 근대라는 21세기의 변화된 현실에 알맞은 글쓰기 방법론을 모색하기보다는 연구자들이 글쓰기의 도구적 성격을 강화하는 것은 후기 근대적인 지식관으로 극복하려고 했던 근대적 지식관을 다시 불러들이는 일이라는 비판을 받기 쉽다. 말하자면, 기존의 지식관을 발본적으로 재성찰할 것을 요구한 구성주의적 지식관은 명제적 지식이 근대주의적 지식관에 기반해 있다고 비판하면서, 과정 지식을 중시하고 지식의 수행성performativity을 재고하고자 한다. 하지만 과정 지식이나 지식의 수행성을 강조하는 것은 이미 근대 초부터 시작된 것이다. 작업 과정과 경험 속에 내포된 암묵적 지식을 일반화하는 작업은 바로 도구적 합리성과 오성중심주의를 근간으로 하는 근대적 지식 생산 방식의 주된 특징이었다.[22] 그러므로 글쓰기 과정과 절차를 탐구하는 지금의 연구 관행이 실제로 근대적 지식관과 교육관을 해체하는지는 정밀하게 재검토되어야 하는 것이다.

---

2003, 118쪽).

22) 심광현, 앞의 글, 60쪽.

## 3. 비판적 담론 분석과 대학 글쓰기의 방법론

앞 장에서 문화 연구는 후기 근대라는 달라진 시대 상황을 이해, 분석, 비판하고 재구성하기 위해 존재한다고 밝혔듯이, 대학 글쓰기가 문화 연구의 장점을 수용하려면 '문화적 전환'이라는 시대적 특성에 적응하기보다는 그에 대한 비판적 개입 방법을 찾아야 한다.

비판적 개입을 위한 방법론을 탐색하기 위해서는 후기 근대주의론의 장점을 글쓰기에 수용한 사례를 참고하는 것이 도움이 될 터이다. 비젤은 '문화적 전환' 시대를 비판적으로 탐사하고 그에 개입하는 데 시사점을 주는 대표적인 학자이다.[23] 그녀는 인지-사회구성주의 작문이론에서 강조하는 담론 공동체가 결국은 동질적인 사회적 맥락에만 주목하기 때문에 글쓰기 수업의 목표가 학생들의 성공적인 담론 공동체 진입을 위해 '봉사'하는 데 머물렀다고 통렬하게 비판한 바 있다. 비젤이 보기에 학생들에게 필요한 것은 학술적 담론 공동체의 관습에 굴복하여 무비판적인 글을 정교하게 재생산하는 능력이 아니라 제도 지식을 탈신비화할 작문 구성력이다. 물론 구성주의 작문학자들처럼 그녀도 대학의 담론에 숙달하는 것이 필요하다고 보지만, 이는 비판력 획득의 전제 조건으로서만 의미 있는 일이다.

학술적 담론 공동체를 지탱하는 학문적 지식이 제도화된 권

23) 비젤 외에도 벌린(James Berlin, "Rhetoric and Ideology In the Writing Class", *College English* 50, 1988)과 페이글리(Faigley L., *Fragments of Rationality: Postmodernity and the Subject of Composition*, Pittsburgh: University of Pittsburgh Press, 1992) 등이 내놓은 중요한 연구 성과들도 참고할 만하다.

력으로 헤게모니를 행사한다고 지적한 비젤이 지식 생산 방식을 비판적으로 살피기 위해 주목한 분야는 문화 연구에 의해 부상된 담론 연구[24)]이다. 그녀에 따르면 최근 10년간 작문학에 대한 비판적 담론 분석[25)]의 영향은 증대되어 왔다. 비판적 담론 분석의 가치는, 사회 상황을 멀리하고 보편적 인지를 선호하는 과정 분석과 달리, 쓰기의 사회적 상황을 인식하고 있다는

---

24) 담론은 인문학과 사회과학의 경계를 가로지르면서 지식과 상징의 영역을 통한 실천과 현실 개입, 그리고 지식생산 자체가 다변화되고 대중화되고 있는 다매체, 탈전통화, 탈장르주의 시대의 특성을 적절하고 포착하는 대표적인 단어이다. 최근 10여년간 인문학과 사회과학의 분야에서 문화 연구와 문화 비평의 주도 아래 부상하기 시작한 담론 이론은 반인간주의, 반본질주의, 반근본주의를 특징으로 하며, 정체성, 다문화주의, 정치공론장, (식민지적) 근대성과 같은 개념들을 분석하는 데 매우 유용한 분석틀로 운용되고 있다. 또한 정치사상과 미디어 연구, 사회학, 여성학, 문화사, 문화 연구, 그리고 과학 연구의 분야에서 간학제적 접근방식의 대표적 유형으로 활발하게 활용되고 있다(이기형, 「담론분석과 담론의 정치학」, 『언론과사회』 14권 3호, 2006년 가을, 109~119쪽).

25) 초기에는 비판 언어학(Critical Language: CL)이라 불렸던 비판적 담론 분석(Critical Discursive Analysis: 북미에서는 통상 CDA라 불림)은 언어학이 문화 연구와 후기 구조주의 담론 이론 및 이데올로기 비판과 만남에 따라 생겨난 것이다. 비판적 담론 분석은 권력 관계로서의 언어에 관심을 기울이면서 언어가 세계를 형성하고 구성하며 실현하는 방법을 분석하는 데 초점을 맞춘다. 대표적인 학자는 노만 페어클라우(Norman Fairclough)로, 그의 저서인 *Critical Discursive Analysis: The critical Study of Language*(London: Longman, 1995, printing, 1980)와 *Language and power*(London: Longman, 1989)가 가장 널리 알려져 있다. CDA는 1990년대에 들어서면서부터 북미의 글쓰기 연구자들에게 중대한 영향을 미치고 있다.
 그런데 본고의 3장에서 자세히 다루고자 하는 연구자 중 한 사람인 맥코미스키는 그 동안 비판적 담론 분석이 글쓰기에 접맥되었을 때 언어보다는 내용을 중시한 경향이 있었다고 비판하고 있어 주목된다. 말하자면 비판적 담론 분석가들은 읽기와 쓰기에 의해 사회화가 완수되는 언어적 기호적인 의미보다는 사회화라는 개념에 더 주목하였던 것이다. 하지만 그는 이와는 다른 방식의 사회적 글쓰기 교육과 비판적 담론 분석을 연결시켜 가르칠 때 글쓰기 교육에 대한 가장 최근의 사회적 접근이 제공하는 것보다 더 체계적인 방법을 교사들과 학생들에게 제공할 수 있다고 주장한다(McComiskey B., *Teaching Composition as a Social Process*, Logan, Utah: Utah State University Press, 2000, p. 86). 그 구체적인 내용과 방법론에 대해서는 본문의 3장에서 설명할 것이다.

점에 있다. 과정 분석이 개인들은 상호 협력하는 지적 작업 안에 있다고 애써 강조한다 해도 이는 학문적 성공으로 가는 열쇠인 개인의 천재성이라는 신화를 약화시키지 못한다.26) 하지만 담론 분석은 과정 이론의 개인화·보편화(쓰기 모델의 보편화) 경향에 따른 개인의 천재성이라는 신화를 해체시키는 데 크게 기여할 수 있다. 말하자면 학술적 담론 공동체가 개인의 정체성 구성에 관여한다면, 이에 대한 비판적 검토는 과정 이론이 아닌 담론 분석으로 가능한 것이다. 그렇기 때문에 비젤은 담론 연구를 통한 담론과 공동체, 지식 간의 관련성에 대한 숙고가 작문학의 특별한 영역으로 자리 잡아야 한다고 강조한다.27)

비판적 담론 분석을 중시하는 비젤의 견해가 힘을 얻을 수 있는 것은 이 방법으로 담론 공동체에 대한 기능과 재현 방식을

26) 과정 중심 작문 이론은 담론 공동체를 기능적으로 이해하는 경향이 강해 교실 현장에서는 학생들이 속해 있는 담론 공동체에서 통용되는 학술적 글쓰기 형식을 익히는 일에, 즉 어떻게 하면 학술적인 글을 잘 쓸 수 있을까 하는 점에 수업의 목표를 맞추기 쉽다. 이렇게 되면 학생들이 대학의 담론 공동체가 요구하는 글쓰기 방식을 익힘으로써 대학 사회에 성공적으로 진입하는 것 이상을 기대하기 힘들다. 이를 통해 학생들은 자기 능력과 성취라는 개인주의적 성공 신화를 강화할 것이다(김미란, 「대학의 글쓰기 교육과 장르 선정의 문제」, 『작문연구』 제9집, 2009.11, 86쪽).

27) Patricia Bizzell, "College Composition: Initiation Into the Academic Discourse Community", *Curriculum Inquiry*, 12(2), 1982, pp. 112~126.

참고로 펄커슨(Richard Fulkerson)에 따르면 21세기 미국 작문학계의 동향은 비판적(문화적) 연구(critical/cultural studies[CSS]), 표현주의(expressivism), 절차 중심 수사학(procedural rhetoric)으로 대별된다. 이중 비판적(문화적) 연구는 포스트모더니즘, 페미니즘, 영국의 문화 연구의 영향을 받은 작문학의 새로운 주요 영역이다(Richard Fulkerson, "Composition at the Turn of the Twenty-First Century", *CCC*(56:4), June 2005. pp. 655~657).

참고로 이재기가 비판적 접근법, 표현주의 접근법, 수사학적 접근법으로 나누어 국내외의 연구 동향을 살펴보는 것은 펄커슨의 접근법에 의거해 이루어진 것이다(이재기, 앞의 글).

치밀하게 탐구할 수 있기 때문이다. 곧 담론 공동체를 가치중립적인 것으로 가정하는 구성주의 작문 이론이 담론 공동체의 기능을 활성화하는 데에만 초점을 맞추는 것과 달리, 담론 분석은 공동체의 성격 자체를 비판적으로 고찰하면서 그 기능적 측면에 대해 발본적으로 사유할 수 있도록 길을 터주는 것이다.

하지만 비판적 담론 분석을 중시하는 비젤 같은 작문 연구자들의 견해는 입장이 다른 연구자들에 의해 심각한 비판을 받는다.[28] 가장 설득력 있는 비판은 펄커슨에 의해 이루어졌다고 볼 수 있다. 수사학적 접근을 선호하는 펄커슨은 비판적 접근이 글쓰기의 향상이 아니라 지배 담론에서의 해방을 목표로 삼는다고 지적한다.[29] 확실히 이는 비판적 접근법을 택한 북미의 여러 연구자들에게서 분명하게 나타났던 문제점이었다. 하지만 맥코미스키의 글쓰기 방법론이나 페이글리와 셀저가 내놓은 글쓰기 교재[30]의 방법론은 이와 같은 비판이 더 이상 타당성을 얻지 못한다는 것을 예증한다.

그렇다면 지금부터 맥코미스키의 관점과 글쓰기 방법론을 검토해 볼 필요가 있을 것이다. 먼저 그는 펄커슨과 벌린 등이 시도한 작문 연구의 동향 분석이 작문 연구를 몇 가지 접근법에

---

28) 특히 과정 중심 쓰기 방법을 전면적으로 비판한 켄트와 도브린이 과정 중심 학습법을 지지하는 작문 연구자들을 곤혹스럽게 만들었다. 또한 이들이 실제적인 글쓰기 교수법을 위한 어떠한 전략도 제공하지 않았다는 것은 서구에서든 한국에서든 이들의 논의를 수용하기 어렵게 만든 결정적인 약점이 되었다.

29) Richard Fulkerson, *Op. Cit.*, p. 660.

30) Lester Faigley & Jack Selzer, ***Good Reasons with Contemporary Arguments***, Longman: New York, 2009.

따라 분리하고 구분하는 태도에 입각해 있다고 지적하면서, 실제로는 분할과 범주화가 아닌 통합과 협상[31]이 작문 연구의 미래를 정의하고 있는 상황이라고 주장한다. 이에 따라 그는 글쓰기 연구자들과 교사들을 분리시키는 경계들에 초점을 맞추는 대신 이들의 공통성을 규명하는 작문 연구의 새 지도map를 제안한다. 즉 작문 연구의 새로운 지도는 텍스트적이고, 수사학적이며, 담론적인 작문의 세 수준을 표현할 수 있어야 한다. 텍스트적이든, 수사적이든, 담론적이든 어느 하나의 수준에만 과도한 관심을 기울이는 것은 글쓰기 작업에 대한 제한적이고 불균형적이며 부정확한 관점을 학생들에게 제공하는 일이기 때문이다.[32]

그가 위 세 수준의 상호 관련성을 유지하고 각 수준의 균형을 맞추면서 글쓰기를 교육하기 위해 택하는 방법은 발견 학습heuristic[33]에 기초한 '사회 과정 수사학 탐구social-process rhetorical inquiry'

31) 린다 플라워의 '사회 인지적 접근'은 대표적인 협상의 예에 해당한다. 『의미 협상의 구조』에서 플라워는 과정 속에서 표현주의적인 수사학과 사회 인지적인 수사학간의 입장을 협상하는, 문해력과 작문에 대한 "사회—인지적" 접근을 명료화한다. 이러한 종류의 협상은 글쓰기 교육에 대한 사회적 접근 대 인지주의적 접근과 같은 전통적인 대립의 아포리아를 분절시킨다. 그리고 맥코미스키는 이러한 종류의 협상의 충동이 글쓰기 교육의 역사를 거부하기보다는 확장하는 "후기 과정(post-process)" 작문 연구의 이론적이고 실천적인 기초를 형성한다고 주장한다(McComiskey B., *Op cit.*, p. 49).

32) 맥코미스키에 의하면, 작문의 텍스트적 수준에 지나치게 초점을 맞추는 글쓰기 과정은 특수한 수사학적 상황을 통해 글쓰기에 부과되는 압력을 무시하고, 문법과 문체를 학습하는 과정이 되는 경향이 있다. 수사학적 수준에 지나치게 초점을 맞추는 글쓰기 과정은 학생들의 글쓰기 과정에 텍스트와 사회 제도들이 미치는 영향을 무시하고, 수정과 독자에 대한 인식을 강조하는 경향이 있다. 그리고 담론적 수준에 지나치게 초점을 맞추는 과정은 글쓰기 과정을 전적으로 무시하고, 문화 연구 과정이 되는 경향이 있다(*Ibid.*, p. 11).

33) *Ibid.*, 1장 참조. 텍스트의 수준, 수사적 수준, 담론적 수준에서 이루어지는 발견 학습의 사례는 위의 책 12쪽에 상세하게 서술되어 있다.

이다. 이 방법은 문화적 생산, 맥락적 배치, 비판적 소비의 순환[34] 과정을 밟으면서 글쓰기 준비(창안)를 할 수 하도록 일련의 발견 학습을 위한 질문들을 제시하는 것이 특징이다. 그에 따르면 작문 연구는 담론을 생산하는 인지적·사회적 과정을 광범위하게 탐구해 왔지만, 배치와 소비의 과정(그리고 생산·배치·소비의 전체적 순환 과정)은 대부분 무시되어 왔다. 이러한 수사적 과정의 통합이 사회 과정 수사학 탐구의 목표이다.

하지만 사회 과정 수사학 탐구의 구체적인 방법론이 무엇인지가 밝혀져야 여기에서 맥코미스키의 제안을 다루는 가치가 분명해질 것이다. 이 방법론의 핵심은 탐구 주제를 정한 학생들이 비판적·담론적·제도적 해석을 더 원활하게 수행하도록 촉진하는 일종의 안내서를 제공한다는 데 있다. 즉 이 안내서는 발견 학습을 통해 생산(글쓰기 결과물)뿐만 아니라 배치, 소비의 과정까지 탐색하도록 하기 위한 길잡이이다. 예를 들어 그는 학생들에게 대학 안내 책자의 기호학을 수사학적으로 탐구하는 것을 글쓰기 과제로 제시한다. 이는 CDA에 기초한 사회 과정 발견 학습에 해당하는 것으로, 장점은 학생이 어떤 경로를 따라 비판적이면서도

---

그에 따르면, 텍스트의 수준, 수사적 수준, 담론적 수준은 각기 다음과 같은 역할을 맡는다. 즉 체재(format), 문체, 장르는 독자를 특정한 역할로 끌어들이는 텍스트의 호출에 초점을 둔다. 작가의 역할, 독자의 태도, 작가의 목적, 기대하는 행위는 작가와 독자의 수사적 관계에 초점을 맞춘다. 제도, 주체성, 문화적·사회적 가치는 의사소통의 담론적 문맥에 초점을 둔다. 그리고 각 주제에 따른 텍스트적·수사학적·담론적 수준의 질문들은, 글쓰기 상황에 대해 세 수준 중 하나만을 분석했을 때보다 훨씬 더 많은 것을 드러낸다(*Ibid.*, pp. 12~13).

34) 생산·배치·소비의 순환에 주목하는 것이 맥코미스키의 고유한 견해는 아니다. 비판적 담론 분석에서는 텍스트를 생산·배치·소비의 사회적 과정 안에 놓고 있기 때문이다. 하지만 이 과정을 통해 정립한 글쓰기 방법론은 그만의 고유한 것이다.

생산적인 글쓰기를 해야 하는지 이해하기 쉽다는 데 있다. 특히 그가 안내 책자 프로젝트라고 부르는 이 글쓰기 과정은 학생들이 텍스트적·수사학적·담론적 접근을 구체적으로 어떻게 해야 하는지 상세히 알려준다는 점에서 텍스트적·수사학적 접근에 한정되어 글쓰기의 사회적 맥락을 놓치고 있는 한국의 대학 글쓰기 교재와 차이를 보인다. 그 과정을 요약하면 다음과 같다.[35)]

글쓰기 목표:

① 대학 안내 책자의 문화적·사회적 가치를 비판하는 글쓰기를 함으로써 비판적 담론 분석 방법을 배움.

② 새로운 가치를 생산하는 글쓰기를 함으로써 자신이 선택하는 텍스트의 특징을 이해하고 그에 어울리는 작문 전략을 세우는 방법을 익힘.

수업 절차:

① 대학 안내 책자의 문화적·사회적 가치를 비판하고 새로운 가치를 생산하는 것이 어떠한 글쓰기 과제인지 교사가 상세히 설명함. 발견 학습을 연습함. (안내서 1개 제공)

② 첫 번째 과제인 "대학 안내 책자의 문화적·사회적 가치 비판하기"를 위해 학생들은 대학 안내 책자의 사회 기호학에 대한 수사학적 탐구를 해야 함. 이를 위해 CDA에 기초한 발견 학습에 따라 세밀한 창안

35) *Ibid.*, 5장. 이하 맥코미스키의 방법론에 대한 서술 역시 5장을 참조한 것으로 별도의 각주를 달지는 않는다.

기록(invention note)을 행함. 이어서 안내 책자에서 장려하는 문화적·사회적 가치들을 설명하고 비평하는 비판적 에세이를 씀. 이 과제를 위해 모둠 활동(협력학습)을 함. (안내서 4개 제공)

③ 두 번째 과제인 "대학 안내 책자에 알맞은 문화적·사회적 가치 생산하기"를 수행하기 위해 학생들은 가치를 증진시키는 수사학적 전략을 사용하여 그들 자신을 위한 대학 안내 책자를 만듦. 이 과제를 위해 모둠 활동(협력학습)을 함. (안내서 1개 제공)

이 과제를 위해 맥코미스키는 총 6개의 발견 학습 안내서를 제공하고 있다. 다음은 수업 절차 ②의 첫 번째 과제를 위한 4개의 안내서 중 첫 번째 안내서와 ③의 두 번째 과제를 위한 안내서이다.

수업 절차 ②를 위한 안내서 첫 번째: 대학 내부의 문화적 가치

▌안내 책자에 서술된 문화적 가치를 분석하시오. (브레인스토밍)
- 대학 문화를 서술한 안내 책자에서 핵심어구들의 목록을 만드시오.
- 대학 문화를 서술한 안내 책자에서 중요 구절들을 옮겨 쓰시오.
- 대학 문화를 묘사한 안내 책자에서 두드러지는 시각 자료들에 대해 서술하시오.
- 핵심어구들, 구절들, 시각 자료들이 함축하고 있는 문화적 가치의 목록을 만드시오. (이상적인 대학은 이래야 한다. …)

▌안내 책자에 설명되어 있지 않는 대안적인 문화적 가치를 증명하시오. (브레인스토밍)
- 안내 책자에 재현되어 있지 않은, 다르거나 대립되는 핵심어구의 목록을 만드시오.
- 안내 책자에 재현되어 있지 않은, 대학 문화의 특징을 설명하는 다르거나

대립되는 구절들을 적으시오.
– 안내 책자에 재현되어 있지 않은, 대안적인 시각 자료에 대해 서술하시오.
– 이 다르거나 대립되는 핵심어구들, 구절들, 시각 자료들이 함축하고 있는 문화적 가치의 목록을 만드시오. (대안적으로 볼 때, 이상적인 대학은 이래야 한다. …)

▮ 안내 책자에 있는 문화적 가치를 하나나 그 이상의 대안적인 담론의 관점에서 비판하시오. (자유롭게 쓰기)

수업 절차 ③을 위한 안내서:
대학 안내 책자에 알맞은 문화적·사회적 가치 생산하기

이 과제는 여러분에게 여러분 자신의 문화적·사회적 가치, 그리고 이상적인 정체성을 구축할 수 있는 기회를 제공합니다. 자신이 원하는 대학을 위해 시각 자료가 담긴 간략한 안내 책자를 만드십시오. 그렇지만 먼저 여러분이 가장 장려하길 원하는 가치와 정체성이 무엇인지 결정하고, 어떤 수사학적 전략이 이 가치와 정체성을 가장 잘 전달할 수 있을지 결정해야 합니다.
이를 위해 여러분이 할 일은 다음과 같습니다.

▮ 적어도 한 쪽의 창안 기록지를 작성하시오. 자신이 원하는 대학에서 장려하고 싶은 문화적 가치, 이상적인 학생, 사회적 가치, 이상적 시민에 대해 브레인스토밍하시오.

▮ 안내 책자를 위한 '설계'를 하시오.
– 안내 책자는 필수적으로 적어도 다섯 쪽이 되어야 하고 한 장의 표지가 있어야 함. 두세 쪽은 문화적 가치를 세우기 위한 것이어야 하고, 한두 쪽은 이상적인 학생을 정립하기 위한 것이어야 하며, 적어도 한 쪽은 사회적 가치와 이상적인 시민을 정립하기 위한 것이어야 함.
– 각 쪽의 디자인을 설계할 때 목표가 되는 가치와 이상적인 정체성을 용지 제일 위쪽에 분명하게 적어두어야 함.
– 설계는 위치가 배정된 "사진"란(간략한 설명 제공함)과 "글"란으로 이루어짐.

▌상호평가를 위해 안내 책자 초고 전체를 복사하시오.
– 안내 책자 초고는 완성된 시각 자료와 사진으로 이루어져야 함. 그리고 참고할 수 있도록 창안 기록지와 설계지를 가져와야 함.

▌완성된 두 번째 안내 책자 과제를 투포켓 서류철에 넣어 제출하시오.
– 왼쪽에는 창안 기록지와 설계지, 초고를 넣어야 함.
– 오른쪽에는 완성된 안내 책자를 넣어야 함.

먼저 위 두 안내서에서 눈에 뜨이는 것은 인지주의적 관점에서 정의된 과정 개념이 사회적 영역으로 확장되어 있다는 점이다. 맥코미스키는 글쓰기를 사회적 과정으로 보면서, 과정 중심 접근법을 담론의 사회적 세계로 넓히는 작업을 시도하고 있는 것이다. 즉 그가 학생들에게 제공하는 안내서는 텍스트적·수사학적·담론적 접근을 모두 포함하는 사회 과정 수사학 탐구의 특징을 잘 보여준다. 그리고 이를 위해 그가 선택하는 텍스트는 모방할 수 있는 이상적인 텍스트가 아닌 대학 안내 책자와 같은 분석 대상으로서의 문화적 텍스트이다. 물론 여기서 문화적 텍스트란 작문 교실의 영역 안과 밖에 있는 글쓰기를 위한 요건들을 구성하는 제도가 독자들에게 부과하는 사회적 가치의 재현물에 해당한다.36)

36) 한국에서 맥코미스키의 견해를 부분적으로 수용하고 있는 연구자는 박영민이다. 그는 맥코미스키가 제안한 글쓰기 전 입장 진술하기(position statements)가 갖는 가치를 적극적으로 평가한다(박영민, 「비평적 쓰기를 통한 작문 지도 방법 연구」, 교원대학교 박사논문, 2003, 8쪽). 학생들이 쓰는 이 진술문은 본문에서 제시한바, 대학 내부의 문화적 가치를 분석하기 위한 안내서에 나타나 있는 '자유롭게 쓰기(freewriting)'를 가리키는 것이다. 즉 이는 후기 과정 이론의 패러다임에 기초한 글쓰기 방법론으로, 교수자는 학습자에게 논쟁적인 문화적 텍스트들을 제공하고 학습자

들은 글쓰기를 본격적으로 하기 전에 이에 대한 자신의 입장을 다각도로 자유롭게 진술한다. 즉 교수자들은 자신이 어떠한 정치적 관심사에도 공평한, 학문적이고 교육적인 방법을 가르친다고 가정하는 태도에서 벗어나야 하듯이(Patricia Bizzell, "what Is a Discourse Community?", *Academic Discourse and Critical Consciousness*, University of Pittsburgh Press, 1992, p. 230) 학생들 역시 모든 텍스트들을 상대화하여 비판적으로 분석할 수 있어야 하는 것이다.

그럼에도 불구하고 박영민은 맥코미스키가 대상 텍스트를 문화적인 측면에 한정하여 다루고 있으며 경쟁적 관계에 있는 텍스트를 이분법적으로 바라보는 시각에서 탈피하는 것을 강하게 의식하다 보니 글쓰기 교육의 실제적 상황을 놓치고 있다고 비판한다(박영민, 위의 글, 8쪽). 하지만 이것은 근대적인 영역주의를 고수하는 문화에 대한 협소한 관점에 의한 평가이자 실제적인 글쓰기 교육에 대한 맥코미스키의 기여를 도외시한 결론이다. 앞서 논하였듯이, 후기 근대적 상황에서 문화는 다른 분야와 구별되는 개별 영역이 아니며 문화 안에는 정치, 경제, 사회와 같은 다양한 요인들이 계기적으로 공존한다. 급진적인 문화 연구에 해당하는 비판적 담론 분석을 대학에서의 글쓰기 방법론으로 채택하는 맥코미스키 역시 텍스트를 정치적·경제적·사회적 차이를 드러내는 다양한 문화적 가치들이 서로 경합하는 장으로 이해하고 있다. 또한 그는 텍스트를 특권화하여 탈맥락화할 위험성을 경고하면서, 텍스트의 바깥에 있는 실제 세계가 재현되는 방식을 맥락화하여 살피는 것이 중요함을 강조하고 있는 것이다(McComiskey B., *Op. Cit.*, p. 87).

참고로, 박영민이 관심이 기울이고 있는 주체성의 '위치(position)' 문제는 문화연구와 비판적 담론 분석의 영향을 받은 글쓰기 이론가들에게는 매우 중요한 것이다. 그리고 수사학적 접근에서의 저자-독자 관계 설정만으로는 충분히 포착하기 어려운 '위치'의 문제는 비판적 담론 분석에서는 매우 손쉬운 일이다. 또한 이 주체성의 위치 문제는 후기 근대주의나 후기 구조주의의 '차이의 정치학'이 갖는 한계를 벗어나는 데 결정적인 기여를 한 바 있다. 한동안 차이의 정치학은 기존에 생각하지 못했던 방식으로 정체성의 문제를 재고하게 해주었기 때문에 인문과학 연구자들의 관심을 한 몸에 받았다. 인종, 성별, 계급, 학력, 지역, 국적 등의 수많은 차이는 개인의 정체성을 형성하는 원천이다.

그런데 신선한 자극을 주었던 이 정체성의 정치학은 이후 단일하고 본질적인 주체 개념을 가정하고 있다는 신랄한 비판을 받는다. 이러한 가정은 정체성이 동일성에 기반하든 차이에 기반하든 그것은 모두 본질주의의 논리를 따른다는 점에서 한계가 있기 때문이다(차이의 정치학이 갖는 한계에 대한 지적은 고동현의 「'정체성의 정치'의 이론적 구성과 전략들」, 『연세학술논집』, 1999, 127~129쪽). 이는 정체성을 자연화하여 존재의 불가피한 특성처럼 만들어 버리곤 한다. 그리고 연구자가 개인을 구성되는 존재라고 간주한다 해도 연구 과정에서 본질주의의 덫에 걸려드는 것은 생각보다 쉽다. 연구자들이 자신의 연구가 이해관계에서 벗어난 의심할 여지없는 위치를 자기에게 제공한다고 생각할 때 그 위험은 더욱 커진다. 그래서 비젤은 의심할 여지없는 위치란 없으므로, 누구의 지식이 더 정당한가 하는 논쟁은 합리적으로 추구되어야 한다고 주장하는 것이다(Patricia Bizzell, *Ibid.*, p. 233). 이처럼 자신의 위치를 인식하는 것은 학생들뿐만 아니라 글쓰기 연구자들과 교수자들도 갖추어야 맥코미스키가 제안하는 사회 과정 수사학 탐구는 한국의 글쓰기 연구자와 교수자들이 대학 글쓰기의 방법론을 모색하는 데 중요한 시사점을 제공한다. 무엇보다 이 탐구법은 기왕의 글쓰기 이론의 성과를 수렴하는 동시에 한계를 극복하고 있다는 점에서 의미가 크다. 지금은 린다 플라워 같은 인지주의 작문이론가들이 사회구성주의 작문이론가들의 견해를 받아들여 '사회-인지적 접근'을 중시하게 되면서 글쓰기 교육에 대한 인지적 접근과 사회적 접근의 날카로운 대립이 해소되기는 하였으나, 담론의 전체적 순환 과정은 인지와 사회를 통합하고자 하는 최근 북미의 작문 이론에서조차 여전히 간과되고 있기 때문이다. 한국의 글쓰기 교육에서도 사정은 다르지 않다.[37]

또한 맥코미스키가 선택하는 글쓰기 주제나 제시하는 텍스트가 매우 현실적이면서 신선하다는 점이 주목된다. 하지만 가장 중요한 점은 문화 연구와 비판적 담론 연구의 강점을 수용한 그의 방법론이 한국의 대학 글쓰기 교재에서 생략되어 있거나 간과되어 있는 맥락 중심 학습 과정을 매우 구체적으로 보여주고 있다는 데 있다. 사실 한국 대학의 글쓰기 수업에서는 문화 연구와 비판적 담론 분석에서 활성화시킨 글쓰기 주제를 교수자들이 자주 택하지만, 주제를 맥락화하여 다루는 방식이 교재에 서술되어 있지 않기 때문에 교수자가 방법을 짜내서 개별적으로 학습시켜야 하는 상황이다. 그래서 이 과정은 생략되거나 자

할 태도이며 비판적 담론 분석은 이를 가능하게 해주는 이점이 있다.

37) 인지-사회 통합적 작문이론의 한계와 성과에 대해서는 김미란의 앞의 논문을 참조할 수 있다.

의적으로 이루어지는 경우가 다반사이다.

맥코미스키의 방법이 갖는 장점은 페이글리와 셀저가 내놓은 글쓰기 교재에서도 마찬가지로 드러난다. 논증적 글쓰기를 중심에 둔 이 교재 역시 텍스트적·수사학적·담론적 접근이 통합적으로 이루어질 수 있는 글쓰기 교수-학습법을 제공하고 있다. 교재라는 특성상 그 방법은 매우 구체적이면서 체계적이다. 수사학적 분석 방법론을 제시하고 있는 교재 5장을 살펴보면서 이를 확인해 보자. 이 장에서 두 저자는 맥락context 분석과 텍스트text 분석을 상호보완적인 관계로 보면서 수사학적 분석을 해야 한다고 강조한다. 교재에서 흥미로운 점은 분석 실습의 전단계로 분석 방법을 실제로 적용하는 과정이 매우 상세하게 소개되어 있어 학생들이 어떤 방법으로 접근해야 하는지를 충분히 이해한 뒤 실습을 할 수 있다는 것이다. 이것은 한국의 대학 글쓰기 교재에서는 아직 시도된 적이 없는 새로운 방식이다. 이 과정을 간단히 정리하면 다음과 같다.[38]

수사학적 분석이 실제로 어떻게 이루어지는가 보여 주기

(분석 과정을 사례로 제시함)

분석 대상: 실코(Silko)가 쓴 논증글 「Border Patrol State」

- 이는 시민의 권리라는 미국 사회의 주제를 다루고 있음. 특히 실코는 Border Patrol의 이민과 귀화 업무(INS)에 대한 법을 바탕으로 실제적 이슈를 통해 글을 전개하였음.

38) Lester Faigley & Jack Selzer, *Op. cit.*, pp. 69~89.

분석 과정:

▌텍스트 분석:
– 글의 배치 방식이 주제 강화에 기여하는지 분석
– 문체와 어조가 글의 신뢰성을 강화하는지 분석

▌맥락 분석(수사학적 상황 분석):
– 실코의 정보 분석: 인종, 계급, 성, 지금까지 저술한 글의 성격 등
– 간행물이 놓인 맥락 분석:
  어떤 정치적 성향의 잡지에 실렸으며 이를 읽는 독자는 누구인가?
  간행물에는 어떤 방식으로 실코의 글이 배치되었는가?
  글이 간행된 시기에 이민 정책은 쟁점화되었는가? 등
– 실코의 정치적 목표 분석

## 수사학적 분석과 글쓰기(학생 실습)

1단계: 분석할 논증글(Argument) 선택하기
– 특별한 독자들을 겨냥한 연설, 설교, 신문의 특집, 잡지의 광고나 토크쇼의 코멘트 등에서 분석할 논증글 찾기

2단계: 맥락 분석하기

▌저자는 어떤 사람인가?
– 웹이나 도서관을 뒤져 글을 쓴 저자에 대한 정보 알아내기
– 분석하고자 하는 이 글이 이전에 저자가 쓴 글을 어떻게 반복하고 있는가 살피기
– 저자가 이전에 쓴 글에서 논증(argument)과 개념을 빌려왔는지 여부 확인하기
– 저자가 글을 쓰게 된 동기와 목적이 무엇인지 찾아내기

▌독자는 어떤 사람인가?
– 탐색을 통해 논증이 나타난 위치와 이를 읽는 독자에 대해 가능한 한 모두 조사하기
– 예상 독자 고려하기
– 글쓰기를 위한 공개토론회나 행사가 논증에 미친 영향 생각하기
– 이 논증이 만약 다른 곳에서 이루어진다면 기술 방식이 어떻게 달라질

지 생각해보기

– 신문이나 잡지에 이 글을 발표하게 된 동기 분석하기

3단계: 텍스트 분석하기

▌논증 요약하기

– 중심 주장 찾기

– 주장을 지탱하는 근거는 무엇인가?

– 어떻게 논증(argument)을 조직할 것인가?

논증의 구성 요소는 무엇이며, 왜 구성 요소를 그렇게 배치하여 제시했는가?

▌매체와 장르는 무엇인가?

– 어떤 매체를 선택했는가?

– 어떤 장르를 선택했는가?

사설, 에세이, 연설, 광고와 같은 장르에 대해 독자들은 무엇을 기대하고 예상하는가?

▌어떻게 호소력을 발휘하고 있는가?

– 에토스 분석: 저자는 자신을 어떻게 제시하는가? 저자는 토픽에 대해 권위를 입증할 만한 자격을 갖추고 있는가? 여러분은 저자를 신뢰하는가? 그렇다면 혹은 그렇지 않다면, 그 이유는 무엇인가?

– 로고스 분석: 논증에서 사실과 증거를 어디서 찾을 수 있는가? 저자는 어떤 종류의 사실과 증거(직접적 관찰, 통계, 인터뷰, 표본조사, 이미 발표된 연구물 같은 이차적 자료, 권위 있는 글 인용)를 제시하는가?

– 파토스 분석: 저자는 정서적 반응을 유발하려는 의도가 있는가? 가치를 공유할 수 있는 호소력을 어디서 찾을 수 있는가? 여러분은 독자의 한 사람이다. 그렇다면 저자와 어떤 가치를 함께 공유하는가, 어떤 가치를 함께 공유하지 못하는가?

▌어떻게 문체(style)를 특징적으로 드러낼 것인가?

– 문체가 형식적(formal)인가, 비형식적인가, 풍자적인가, 그 밖에 다른 무엇인가?

4단계: 초고 작성하기

▌도입

– 자신이 분석하려는 논증글을 짧게 설명하라. 누가 쓴 글이며 어느 정도

길이인지, 어디서 발표된 글인지를 함께 밝혀라.
- 여러분의 독자들에게 논증글의 쟁점이 낯선 것이라면, 그에 필요한 배경을 제공하라.

▌전개
- 2단계에 따라 맥락을 분석하라.
- 3단계에 따라 텍스트를 분석하라.

▌마무리
- 여러분의 의견을 더욱 간결하게 요약하라. 가령 논증을 대표할 수 있는 예로 마무리할 수도 있다.
- 저자의 의견에 동의하거나 동의하지 않는 것 중 하나의 태도를 선택해서 글을 끝낼 필요는 없다. 여러분에게 할당된 과제는 저자가 사용한 전략을 분석하는 것이다.

5단계: 검토, 편집, 교정

(*이를 위한 자세한 점검표가 제시되어 있으나 여기서는 생략함)

페이글리와 셀저의 글쓰기 교재는 각 장에서 글쓰기 과제를 하나만 제시하고, 학생들이 이 과제를 충실하게 수행할 수 있도록 글쓰기를 위한 전 과정을 모든 장에서 안내한다는 점이 특징적이다. 이 글에서 살펴본 5장에서는 맥락 분석 혹은 수사학적 상황 분석이 중요하며, 이는 수사학적 사건이 조직적으로 진행되는 사회적 상황까지 이해할 것을 요구하고 있다. 따라서 이것이 통상적인 수사학적 상황 분석에서 벗어나 담론 분석으로 확장된 것임을 어렵지 않게 짐작할 수 있다. 이를 통해 학생들은 논제를 둘러싸고 있는 다양하고 구체적인 맥락을 이해하면서 깊이 있는 글을 쓰게 된다. 몇 년에 걸쳐 수업에 적용해 본 뒤 간행된 페이글리와 셀저의 교재에는 학생들이 쓴 결과물 몇 편이 예시로 제시되어 있으며 그 수준은 상당히 높다. 수업은 하나의 주제를 충분히 탐색하기 위해 일종의 프로젝트 형식으로 진행되는 것으로 보인다. 학생들은 한두 주 정도의 짧은 시간 안에 한 편의 글을 쓰고 바로 새로운 글을 준비하기 시작해야 하는 것이 아니라, 3~4주 이상의 긴 시간을 할애해 글쓰기 주제를 여러 방향에서 탐색하면서 자유로운 글쓰기를 하고 총괄을 위한 논증적 글쓰기로 프로젝트를 마무리하는 것이다. 그 결과는 학생들의 글 수준에서 나타난다.

이처럼 북미권에서는, 글쓰기 방법론에 취약하여 이론을 위한 이론에 불과하다거나 글쓰기 교육이 아닌 사회과학적인 문화 연구에 해당할 뿐이라고 비판받았던 비판적 접근법의 약점이 점차 극복되고 있다. 그러나 한국의 경우는 이러한 접근법에 대한 기본적인 검토조차 충분히 이루어지지 못한 상황이다. 이제는 북미 연구자들의 시범 사례를 살피면서 그에 대한 이론적 검토뿐만 아니라 구체적인 적용까지 시도해 볼 때라고 생각한다. 물론 모든 대학의 글쓰기 수업에서 이 방법을 적용하는 것이 필요하며 또 가능할 것인가 하는 문제는 신중하고 주의 깊게 다루어져야 할 일이지만 말이다.

## 4. 마치면서

글쓰기의 정체성을 과정 중심의 문제 해결 전략에 입각한 글쓰기 방법론을 통해서 획득하고자 하는 태도는 인지-사회를 통합하고자 하는 최근 작문 이론의 경향에 동의한다 하더라도 한계가 있다. 이를 극복하기 위해서는 문화 연구와 담론 연구의 통영역적·통학문적 사유 방식을 비판적으로 흡수하는 것이 필요하다. 후기 근대라는 변화된 사회 환경에 능동적으로 대처해야 하는 상황은 대학의 글쓰기 분야 역시 피해가기 어렵다. 하지만 현재 글쓰기 수업에서 문화 연구는 다양한 문화적 현상을 주제화하는 데에만 소용되고 있다. 이처럼 그 의미와 역할이 제한되었을 때 '일상생활의 총체적 비판으로서의 문화 연구'[39]의 가치는 축소되거나 소거될 것이다. 그리고 문화 연구의 가치를 살릴 수 있는 비판적 담론 분석을 글쓰기 방법론의 정립을 위해 도입할 필요가 있다. 이러한 측면에서 본고에서는 우리 시대에 알맞은 글쓰기 주제 선정과 방법론 채택을 위해 맥코미스키 및 페이글리, 셀저의 방법을 응용할 것을 주장하였다. 이는 한국의 대학 글쓰기 수업에 필요한 주제뿐만 아니라 방법론을 모색하는 데 많은 시사점을 제공해 주기 때문이다. 위 방법론에 따라 한국의 대학생들을 위한 글쓰기 교재를 어떻게 개발해야 하는가는 후속 연구 과제로 남겨둔다.

39) 요시미 슌야, 앞의 책, 10쪽.

# 참고문헌

Aronowitz, Stanley. "Postmodernism and Politics". *Social Text* 6 (1987): 99~115.

Bartholomae, David. "Inventing the University". *When a Writer Can't Write: Studies in Writer's Block and Other Composing Process Problems*. Ed. Mike Rose. New York: Guilford, 1985. 134~165.

Berlin, James A. "Composition and Cultural Studies". *Composition and Resistance*. Ed. C. Mark Hurlbert and Michael Blitz. Portsmouth, NH: Boynton /Cook, 1991. 47~55.

____________. "Contemporary Composition: The Major Pedagogical Theories". *College English* 44 (1982): 765~777.

____________. *Rhetoric and Reality: Writing Instruction in American Colleges, 1900~1985*. Carbondale: Southern Illinois UP, 1987.

____________. *Rhetorics, Poetics, and Cultures: Reforming College English Studies*. Urbana: NCTE, 1996.

Bizzell, Patricia. *Academic Discourse and Critical Consciousness*. Pittsburgh: U of Pittsburgh P, 1992.

Brent, Doug. *Reading as Rhetorical Invention: Knowledge, Persuasion, and the Teaching of Research Based Writing*. Urbana: NCTE, 1992.

Brodkey, Linda. *Writing Permitted in Designated Areas Only*. Minneapolis:

U of Minnesota P, 1996.

Brown, Richard Harvey. "Social Science and Society as Discourse: Toward a Sociology for Civic Competence". *Postmodernism and Social Theory*. Ed. Steven Seidman and David G. Wagner. Cambridge, MA: Blackwell, 1992. 223~243.

Clifford, John. "The Subject in Discourse". *Contending with Words: Composition and Rhetoric in a Postmodern Age*. Ed. Patricia Harkin and John Schilb. New York: MLA, 1991. 38~51.

Crowley, Sharon. "Linguistics and Composition Instruction, 1950~1980". *Written Communication* 6 (1989): 480~505.

Derrida, Jacques. *The Other Heading: Reflections on Today's Europe*. Trans. Pascale-Anne Brault and Michael B. Naas. Bloomington: Indiana UP, 1992. (김다은·이혜지 옮김, 『다른 곶』, 동문선, 1997)

Dobrin, Sidney I.. *Constructing Knowledges: The Politics of Theory-Building and Pedagogy in Composition*. New York: State U of New York P, 1997.

Donahue, Patricia, and Ellen Quandahl, eds.. *Reclaiming Pedagogy: The Rhetoric of the Classroom*. Carbondale: Southern Illinois UP, 1989.

Driskill, Linda. "Understanding the Writing Context in Organizations". *Writing in the Business Professions*. Ed. Myra Kogen. Urbana: NCTE, 1989. 125~145.

Ede, Lisa, and Andrea Lunsford. "Audience Addressed/Audience Invoked: The Role of Audience in Composition Theory and Pedagogy". *College Composition and Communication* 35 (1984): 155~171.

Elbow, Peter. "Closing My Eyes as I Speak: An Argument for Ignoring Audience".

*College English* 49 (1987): 50~69.

__________. *Writing Without Teachers*. New York: Oxford UP, 1973.

Ellsworth, Elizabeth. "Educational Media, Ideology, and the Presentation of Knowledge through Popular Cultural Forms". *Popular Culture, Schooling, and the Everyday Life*. Ed. Henry A. Giroux and Roger I. Simon. New York: Bergin and Garvey, 1989. 47~66.

Emig, Janet. *The Composing Process of 12th Graders*. Urbana: NCTE, 1971.

Faigley, Lester. *Fragments of Rationality: Postmodernity and the Subject of Composition*. Pittsburgh: U of Pittsburgh P, 1992.

Fairclough, Norman. *Critical Discourse Analysis: The Critical Study of Language*. London: Longman, 1995.

_______________. *Discourse and Social Change*. Cambridge: Polity, 1992.

_______________. *Language and Power*. London: Longman, 1989.

Fairclough, Norman, and Ruth Wodak. "Critical Discourse Analysis". *Discourse as Social Interaction*. Ed. Teun van Dijk. London: Sage, 1997. 258~284.

Farmer, Frank. "Dialogue and Critique: Bakhtin and the Cultural Studies Writing Classroom". *College Composition and Communication* 49 (1998): 186~207.

Fiske, John. *Introduction to Communication Studies*. 2nd ed. London: Routledge, 1990. (강태완·김선남 옮김, 『커뮤니케이션학이란 무엇인가』, 커뮤니케이션북스, 2001)

Fitts, Karen, and Alan W. France, eds. *Left Margins: Cultural Studies and Composition Pedagogy*. New York: State U of New York P, 1995.

Flower, Linda. *The Construction of Negotiated Meaning: A Social Cognitive*

*Theory of Writing*. Carbondale: Southern Illinois UP, 1994.

Foucault, Michel. *The Order of Things: An Archeology of the Human Sciences*. New York: Vintage, 1970.

Fowler, Roger. *Language in the News: Discourse and Ideology in the Press*. London: Routledge, 1991.

Fowler, Roger, Bob Hodge, Gunther Kress, and Tony Trew. *Language and Control*. London: Routledge, 1979.

Freire, Paulo. *Education for Critical Consciousness*. New York: Continuum, 1992. (채광석·심지연 옮김, 『교육과 의식화』, 새밭, 1978; 채광석 옮김, 개정판, 1979)

Fulkerson, Richard. "Four Philosophies of Composition". *College Composition and Communication* 30 (1979): 343~348.

George, Diana, and Diane Shoos. "Issues of Subjectivity and Resistance: Cultural Studies in the Composition Classroom". *Cultural Studies in the English Classroom*. Ed. James A. Berlin and Michael J. Vivion. Portsmouth, NH: Boynton/Cook, 1992. 200~210.

George, Diana, and John Trimbur. *Reading Culture: Contexts for Critical Reading and Writing*. 1st ed. New York: HarperCollins, 1992.

Giroux, Henry A. *Pedagogy and the Politics of Hope: Theory, Culture, and Schooling*. Boulder, CO: Westview, 1997.

Gradin, Sherrie. *Romancing Rhetorics: Social Expressivist Perspectives on the Teaching of Writing*. Portsmouth, NH: Boynton/Cook, 1995.

Grossberg, Lawrence. "Strategies of Marxist Cultural Interpretation". *Critical Perspectives on Media and Society*. Ed. Robert K. Avery and David

Eason. New York: Guilford, 1991. 126~159.

Hairston, Maxine. "Diversity, Ideology, and Teaching Writing". *College Composition and Communication* 43 (1992): 179~193.

Hall, Stuart. "Encoding/Decoding". *Culture, Media, Language: Working Papers in Cultural Studies*, 1972~1979. Ed. Stuart Hall, Dorothy Hobson, Andrew Lowe, and Paul Willis, London: Hutchinson, 1980. 128~138.

Halliday, M. A. K. *Explorations in the Functions of Language*. London: Edward Arnold, 1973.

________________. *Grammar, Society, and the Noun*. London: H. K. Lewis, 1967.

________________. *Learning How to Mean: Explorations in the Development of Language*. London: Edward Arnold, 1975.

________________. *Spoken and Written Language*. Oxford: Oxford UP, 1989.

________________. *System and Function in Language: Selected Papers*. Ed. Gunther Kress. London: Oxford UP, 1976.

Harris, Joseph. "The Other Reader". *Composition Theory for the Postmodern Classroom*. Ed. Gary Olson and Sidney I. Dobrin. New York: State U of New York P, 1994. 225~235.

Hodge, Robert, and Gunther Kress. *Social Semiotics*. Ithaca, NY: Cornell UP, 1988.

Hurlbert, C. Mark, and Michael Blitz, eds.. *Composition and Resistance*. Portsmouth, NH: Boynton/Cook, 1991.

Hurlbert, C. Mark, and Samuel Totten, eds. *Social Issues in the English Classroom*. Urbana: NCTE, 1992.

Johnson, Richard. "What Is Cultural Studies Anyway?" *Social Text* 6 (1987): 38~80.

Kent, Thomas. "Beyond System: The Rhetoric of Paralogy". *College English* 51 (1989): 492~503.

____________. "Paralogic Hermeneutics and the Possibilities of Rhetoric". *Rhetoric Review* 8 (1989): 24~42.

Killingsworth, M. Jimmie. "Product and Process, Literacy and Orality: An Essay on Composition and Culture". *College Composition and Communication* 44 (1993): 26~39.

Kress, Gunther. *Learning to Write*. 2nd ed. London: Routledge, 1994.

____________. "Representational Resources and the Production of Subjectivity: Questions for the Theoretical Development of Critical Discourse Analysis in a Multicultural Society". *Texts and Practices: Readings in Critical Discourse Analysis*. Ed. Carmen Rosa Caldas-Coulthard and Malcom Coulthard. New York: Routledge, 1996. 15~31.

____________. *Writing the Future: English and Making of a Culture of Innovation*. Urbana: NCTE, 1995.

Kress, Gunther, and Robert Hodge. *Language as Ideology*. London: Routledge, 1979.

Laclau, Ernesto, and Chantal Mouffe. *Hegemony and Socialist Strategy: Towards a Radical Democratic Politics*. London: Verso, 1985. (김성기 외 옮김, 『사회변혁과 헤게모니』, 터, 1990)

Lauer, Janice. "Heuristics and Composition". *College Composition and Communication* 21 (1970): 396~404.

LeFevre, Karen Burke. *Invention as a Social Act*. Carbondale: Southern Illinois UP, 1987.

Long, Russell C. "Writer-Audience Relationships: Analysis or Invention". *College Composition and Communication* 31 (1980): 221~226.

Lunsford, Andrea A. and Lisa Ede. "Representing Audience: 'Successful' Discourse and Disciplinary Critique". *College Composition and Communication* 47 (1996): 167~179.

Lyotard, Jean-François. *Political Writings*. Trans. Bill Readings and Kevin Paul Geiman. Minneapolis: U of Minnesota P, 1993.

__________. *The Postmodern Condition: A Report on Knowledge*. Trans. Geoff Bennington and Brian Massumi. Minneapolis: U of Minnesota P, 1989. (유정완 외 옮김, 『포스트모던의 조건』, 민음사, 1992; 이현복 옮김, 『포스트모던적 조건: 정보사회에서의 지식의 위상』, 서광사, 1992)

Marx, Karl. "Introduction to a Critique of Political Economy". *A Contribution to the Critique of Political Economy*. Trans. S. W. Ryazanskaya. Ed. Maurice Dobb. New York: International, 1970. 188~217. (김호균 옮김, 『정치경제학 비판을 위하여』, 중원문화, 1988; 김호균 옮김, 『정치경제학 비판 요강 I』, 그린비, 2000)

McComiskey, Bruce. "Composing Postmodern Subjectivities in the Aporia between Identity and Difference", *Rhetoric Review* 15: 350~364. Copyright 1997 by Rhetoric Review; reprinted by permission of Rhetoric Review.

__________. "Postmodern Cultural Studies and the Politics of Writing

Instruction", *TETYC* 26: 144~153. Copyright 1998 by the National Council of Teachers of English. Reprinted with permission.

______________. "The Post-Process Movement in Composition Studies", In *Reforming College Composition*, ed. Wallace, Jackson, and Lewis. Copyright 1999 by Greenwood/Heinemann, an imprint of Greenwood Publishing Group, Inc, Westport, CT.

______________. "Social-Process Rhetorical Inquiry: Cultural Studies Methodologies for Critical Writing about Advertisements". *JAC* 17 (1997) : 381~400.

______________. "Writing in Context: Postmodern Theory and Practice in the Composition Class", *Composition Forum* 8 (1997): 32~41.

McGowan, John. *Postmodernism and Its Critics*. Ithaca: Cornell UP, 1992.

Miller, Susan. *Rescuing the Subject: A Critical Introduction to Rhetoric and the Writer*. Carbondale: Southern Illinois UP, 1989.

__________. *Textual Carnivals: The Politics of Composition*. Carbondale: Southern Illinois UP, 1991.

Morley, Dave. "Texts, Readers, Subjects". *Culture, Media, Language: Working Papers in Cultural Studies, 1972-79*. Ed. Stuart Hall, Dorothy Hobson, Andrew Lowe, and Paul Willis. London: Hutchinson, 1980. 163~173.

Murray, Donald. "Teach Writing as a Process not Product". *The Leaflet* (November 1972): 11~14.

Norris, Christopher. *What's Wrong with Postmodernism: Critical Theory and the Ends of Philosophy*. Baltimore: Johns Hopkins, 1990.

Odell, Lee. "Beyond the Text: Relations between Writing and Social Context".

*Writing in Nonacademic Settings*. Ed Lee Odell and Dixie Goswami. New York: Guilford, 1985. 249~280.

Ong, Walter. "The Writer's Audience Is Always a Fiction". *PMLA* 90 (1975): 9~21.

Park, Douglas. "The Meanings of 'Audience'". *College English* 44 (1982): 247~257.

Parker, Frank, and Kim Sydow Campbell. "Linguistics and Writing: A Reassessment". *College Composition and Communication* 44 (1993): 295~314.

Penrod, Diane, ed. *Miss Grundy Doesn't Teach Here Anymore: Popular Culture and the Composition Classroom*. Portsmouth, NH: Boynton/Cook, 1997.

Phelps, Louise Wetherbee. "The Dance of Discourse". *Pre/Text: The First Decade*. Ed. Victor Vitanza. Pittsburgh: U of Pittsburgh P, 1993. 31~64.

Porter, James E. *Audience and Rhetoric: An Archaeological Composition of the Discourse Community*. Englewood Cliffs, NJ: Prentice Hall, 1992.

Reither, James A. "Writing and Knowing: Toward Redefining the Writing Process". *College English* 47 (1985): 620~628.

Richardson, Kay. "Critical Linguistics and Textual Diagnosis". *Text* 7 (1987): 145~163.

Said, Edward. *Orientalism*. New York: Random House, 1978. (박홍규 옮김, 『오리엔탈리즘』, 교보문고, 1991; 증보판, 2000; 개정 증보판 2007)

Sullivan, Patricia A., and Donna J. Qualley, eds. *Pedagogy in the Age of Politics: Writing and Reading (in) the Academy*. Urbana: NCTE, 1994.

Tobin, Lad. "How the Writing Process Was Born and Other Conversion

Narratives". *Taking Stock: The Writing Process Movement in the 1990s*. Ed. Lad Tobin and Thomas Newkirk. Portsmouth, NH: Boynton/Cook, 1994. 1~16.

Trimbur, John. "Taking the Social Turn: Teaching Writing Post-Process". *College Composition and Communication* 45 (1994): 108~118.

Turner, Greame. *British Cultural Studies: An Introduction*. New York: Routledge, 1992. (김연종 옮김, 『문화 연구 입문』, 한나래, 1995)

Van Dijk, Teun A. *Elite Discourse and Racism*. Newbury Park, CA: Sage, 1993.

________________. *Racism and the Press*. London: Routledge, 1991.

Yagelski, Robert. "Who's Afraid of Subjectivity? The Composing Process and Postmodernism or a Student of Donald Murray Enters the Age of Postmodernism". *Taking Stock: The Writing Process Movement in the 1990s*. Ed. Lad Tobin and Thomas Newkirk. Portsmouth, NH: Boynton/Cook, 1994. 203~218.

Young, Richard E. "Paradigms and Problems: Needed Research in Rhetorical Invention". *Research on Composition: Points of Departure*. Ed. Charles R. Cooper and Lee Odell. Urbana: NCTE, 1978. 29~47.

# 찾아보기

**사회 과정 중심 글쓰기: 작문교육 패러다임의 전환**
(원제: *Teaching Composition as a Social Process*)



1판 1쇄 인쇄 _ 2012년 6월 25일
1판 1쇄 발행 _ 2012년 7월 5일

지은이 _ 브루스 맥코미스키(Bruce McComiskey)
옮긴이 _ 김미란
펴낸이 _ 양정섭

펴낸곳 _ 도서출판 경진
등 록 _ 제2010-000004호
주 소 _ 경기도 광명시 소하동 1272번지 우림필유 101-212
블로그 _ http://kyungjinmunhwa.tistory.com
이메일 _ wekorea@paran.com

공급처 _ (주)글로벌콘텐츠출판그룹
대 표 _ 홍정표
기획·마케팅 _ 노경민 배정일 배소정
경영지원 _ 안선영
주 소 _ 서울특별시 강동구 길동 349-6 정일빌딩 401호
전 화 _ 02-488-3280
팩 스 _ 02-488-3281
홈페이지 _ http://www.gcbook.co.kr

값 12,000원
ISBN 978-89-978-89-5996-150-4 93370